高等院校"十二五"市场营销专业规划教材
市场营销优秀教学团队建设成果系列教材

营销技能培养与检测

陈爱国 刘 博 主编

上海财经大学出版社

图书在版编目(CIP)数据

营销技能培养与检测/陈爱国,刘博主编.—上海:上海财经大学出版社,2013.8
高等院校"十二五"市场营销专业规划教材
市场营销优秀教学团队建设成果系列教材
ISBN 978-7-5642-1552-1/F·1552

Ⅰ.①营… Ⅱ.①陈… ②刘… Ⅲ.①市场营销学-高等职业教育-教材 Ⅳ.①F713.50

中国版本图书馆 CIP 数据核字(2013)第 006665 号

□ 责任编辑　何苏湘
□ 封面设计·张克瑶
□ 责任校对　胡　芸　卓　妍

YINGXIAO JINENG PEIYANG YU JIANCE
营 销 技 能 培 养 与 检 测
陈爱国　刘博　主编

上海财经大学出版社出版发行
(上海市武东路 321 号乙　邮编 200434)
网　　址:http://www.sufep.com
电子邮箱:webmaster @ sufep.com
全国新华书店经销
上海华教印务有限公司印刷装订
2013 年 8 月第 1 版　2013 年 8 月第 1 次印刷

787mm×1092mm　1/16　16 印张　399 千字
印数:0 001-4 000　定价:35.00 元

编委会专家团队

市场营销专业创新团队
职教专家参与指导
行业协会协调支持

编委会顾问名单

王晋卿：中国商业经济教指委常务副主任
赵宏大：中国市场学会秘书长
范云峰：中国市场营销协会执行会长
何苏湘：上海财经大学出版社副总编辑
黄学全：中教畅享(北京)科技有限公司总经理

前　言

市场营销本身是一门实践性很强的学科,特别是近年来,我国企业对市场营销人才的需求量几乎每年都位列排行榜首。从就业信息中我们可以发现,各类院校、各种专业的大学生毕业后,相当多的人从事的第一职业就是市场营销或是与市场相关的工作。但是,在传统的市场营销人才培养过程中,偏重知识传授、轻视实战训练的问题仍很突出,对学生能力的训练已经越来越迫切,本书正是顺应这种人才培养需要的新特点而编写的。

本书立足于营销岗位所需基本理论,从市场营销活动的实际出发,共四个部分、八章内容。第一部分是营销技能型人才职业特质及培养,从职业教育规律出发,阐述营销能力培养的基本方法;第二部分是市场营销人才技能培养与训练,强调理论与实践的结合,每章包含理论基石、经典案例、小资料、技能培养、感情营销等环节,内容丰富,便于学习;第三部分是营销技能的技巧化,在营销实践中理论是基础,而技巧则是在实践中发展出来的具体应用,因此掌握丰富营销技巧,更有助于解决一些常见营销问题,本部分针对一些常见营销场景对营销技能进行具体的介绍;第四部分是营销人才技能检测,针对营销知识设计了多种测试,帮助学生进行营销能力自测。

本书由陈爱国教授负责全书架构的设计、统稿、总纂及审阅,并进行了第一、八章的内容写作,刘博参与了全书章节的初步设计,并撰写了第六、七章;第二、三章内容由孙丽姗撰写;第四、五章内容由文秀勤撰写。在撰写过程中,大家吸收了所承担的市场营销方面的国家课题、省教改项目的部分内容,借鉴了省优秀教学团队建设的经验和做法,相互提供了许多参考资料,较好地发挥了团队合作精神。本书基本涵盖市场营销基础知识点及所需能力的培训,突出案例教学和实训教学。可作为自学参考书及企业培训教材,也可作为高等院校市场营销、电子商务、工商管理、国际贸易等相关专业的教材。

在编写过程中,编者还参考了大量的相关教材、著作及论文,采用了其中许多资料和观点,在此向这些作者表示衷心的感谢。

鉴于编者的水平和能力所限,书中不妥之处,敬请读者和同行们不吝赐教,以便再版时修正和提高。

编者

2012 年 12 月

目 录

前言 ··· 1

第一部分 营销技能型人才职业特质及培养

第一章 营销技能型人才职业特质及培养概述 ··· 3
第一节 市场营销高级技能型人才的职业特质研究 ··· 3
第二节 美、德等国高校市场营销专业教学的主要做法及启示 ································· 7
第三节 高职教育市场营销专业教学整体解决方案设计 ··· 11
第四节 高职教育市场营销专业教学整体解决方案的实施 ····································· 15
第五节 实施效果 ·· 20

第二部分 市场营销人才技能培养与训练

第二章 市场商机把握能力培养与训练 ··· 25
第一节 市场营销认识能力 ·· 25
第二节 市场环境分析能力 ·· 33
第三节 市场商机发掘能力 ·· 40
第四节 消费者购买行为分析能力 ·· 46

第三章 目标市场战略能力培养与训练 ··· 54
第一节 市场细分能力 ·· 54
第二节 目标市场选择能力 ·· 61
第三节 市场定位能力 ·· 65

第四章 营销组合能力培养与训练 ·· 71
第一节 产品策略能力 ·· 71
第二节 品牌策略能力 ·· 87
第三节 定价策略能力 ·· 102
第四节 分销渠道策略能力 ·· 112
第五节 推销能力 ·· 120

第六节　公关能力……………………………………………………… 124
　　第七节　广告能力……………………………………………………… 127
　　第八节　销售促进能力………………………………………………… 135

第五章　营销战略与整合营销能力培养与训练…………………………… 140
　　第一节　营销战略能力………………………………………………… 140
　　第二节　整合营销能力………………………………………………… 149
　　第三节　营销计划与控制能力………………………………………… 155

第三部分　营销技能的技巧化

第六章　推销常用技巧……………………………………………………… 165
　　第一节　推销你自己…………………………………………………… 165
　　第二节　说服技巧……………………………………………………… 167
　　第三节　消除顾客异议………………………………………………… 170
　　第四节　成交技巧……………………………………………………… 173
　　第五节　推销技巧……………………………………………………… 176
　　第六节　推销过程中的感情关系……………………………………… 179
　　第七节　推销员自信心的培养………………………………………… 181

第七章　其他营销技巧……………………………………………………… 184
　　第一节　常用营销技巧之一…………………………………………… 184
　　第二节　常用营销技巧之二…………………………………………… 205

第四部分　营销人才技能检测

第八章　技能检测…………………………………………………………… 233
　　一、市场营销技能测试题一…………………………………………… 233
　　　（一）市场调研部分………………………………………………… 233
　　　（二）市场营销部分………………………………………………… 233
　　　（三）推销与谈判部分……………………………………………… 234
　　　（四）公共关系部分………………………………………………… 234
　　二、市场营销技能测试题二…………………………………………… 234
　　　（一）市场调研部分………………………………………………… 234
　　　（二）市场营销部分………………………………………………… 235
　　　（三）推销与谈判部分……………………………………………… 235
　　　（四）公共关系部分………………………………………………… 235
　　三、市场营销技能测试题三…………………………………………… 236
　　　（一）市场调研部分………………………………………………… 236

(二)市场营销部分 ·· 236
(三)推销与谈判部分 ·· 237
(四)公共关系部分 ·· 237

参考答案 ·· 238

参考文献 ·· 243

第一部分

营销技能型人才职业特质及培养

第一章 营销技能型人才职业特质及培养概述

第一节 市场营销高级技能型人才的职业特质研究

一、职业活动调查

(一)调查目的

通过对营销专业人才的要求及需求的调查,为职业特质的研究提供依据。

(二)调查地点与方式

校内:查找大河报、郑州晚报以及互联网(如51job.com.cn)招聘广告,以此来分析社会各界用人单位对营销专业人才的要求及需求。

校外:走访了专家和有关企事业部门主管10余人次,具体有:郑州大学工商管理系周修亭主任;河南商专营销系赵敏主任;民生证券管理总部副总经理石聚山;苏宁电器集团副总经理金明;卫华集团总经理韩宪暴;宇通集团人力资源总监石秀珠;郑州水工人力资源部主任张帆等等。通过座谈的形式进行调研,他们一致认为营销专业具有广阔的发展前景,社会、企业各行各业对营销人才需要量大,尤其是泛郑州一小时经济的建立与发展,将会进一步增大对营销人员的需求量。

(三)营销与策划专业人才需求情况分析

1. 对营销人才的需求

调查发现市场营销专业仍是市场上比较热门的专业,国有、集体、民营、外资企业都不同程度地对本专业学生有偏好,真正地体现了营销在企业中的龙头地位。特别是郑州地区,市场营销专业的人才还会大幅度增加,随着我国经济建设的不断发展,这种趋势会越来越明显,同时也对我们的专业教育提出了更高的要求。

据调查知,我国现有生产型企业平均每家至少有10个营销业务人员,截至2012年底,我国营销业务人员最少有180万个。从目前我国的生产销售量估计,未来5年内生产加工型企业将在现有的基础上再增加18万家,到那时,我国共有36万家以上的生产加工型企业。根据我国现有企业拥有人才的平均比例计算,我国最少需要180万个营销人员为他们服务。像TCL、海尔、长虹、美的等这些特大型企业,市场营销人员几乎占到整个公司、集团人员的40%。美的企业每年招聘的营销人员多达上千人。

据了解,每年我国各高校的管理类毕业生总共有13万人左右,如果13万毕业生全都从事市场营销行业的工作,今后5年我国也仅能培养65万市场营销人才,这与180万的需求量具有很大差距。也就是说,今后将欠缺2/3的市场营销人才。

2. 对营销人才的要求

通过我们的调查,了解到企业对营销人才的要求,一般注重以下几点:

(1)市场营销人员要竭尽全力的为国家、企业着想,全心全意地为顾客服务,把顾客需要的满足程度视为检验市场营销活动的标准。

(2)具有对商品的各种认识。这是市场营销人员从事业务工作最基本的要求。市场营销人员必须对本企业所生产或者经营的商品特点、性能、用途、价格、使用方法、维修、保养、管理程序及工艺过程和本企业的概况有深刻的了解,同时,还必须了解竞争对手的商品性能、价格、销售等方面的情况,这样和购买者进行洽谈、说服、诱导时更加灵活和有针对性。

(3)具有强烈的事业心和责任感。市场营销人员的事业心主要表现为:应充分认识到自己工作的价值,热爱市场营销工作,要有献身于市场营销事业的精神,对自己的工作充满信心,积极主动,任劳任怨,全心全意地为顾客服务。市场营销人员的责任感主要表现为:忠实于企业、忠实于顾客。本着对所在企业负责的精神,为企业树立良好的形象和信誉做贡献,不允许发生有损害企业利益的行为,本着对顾客利益负责的精神,帮助顾客解决实际困难和问题,满足顾客的需求。

(4)有良好的职业道德。市场营销人员单独的业务活动比较多,在工作中,应有较强的自制力,不利用职务之便坑蒙拐骗顾客,不侵吞企业的利益。市场营销人员必须以社会主义的道德严格要求自己,自觉遵守国际大政策、法律,自觉抵制不正之风,正确处理个人、集体和国际三者之间的利益关系,依照经济法等有关法律规范推销产品。

(5)企业知识。市场营销人员要熟悉本企业的发展历史、企业规模、经营方针、规章制度;企业在同行业中的地位;企业产品种类和服务项目,定价策略、交货方式、付款条件及付款方式等情况。

(6)市场知识。推销人员要懂得市场营销学的基本理论,掌握市场调查和预测的基本方法。善于发现现实和潜在的顾客需求,了解产品的市场趋势规律和市场行情的动向。

(7)法律知识。市场营销人员要了解国际规范经济活动的各种法律,特别是与推销活动有关的经济法规。譬如,经济合同法、反不正当竞争法、产品质量法、广告法、商标法以及专利法等。

(8)身体素质。市场营销人员应精力充沛、头脑清醒、行动灵活。而营销工作比较辛苦,营销人员要起早贪黑、东奔西走、经常出差、食住常无规律,还要交涉各种推销业务。这样不仅要消耗体力,还需要有旺盛的精力,这些均要求市场营销人员具有健康的体魄。

(9)对顾客的需求、兴趣予以满足,并对顾客真诚的关心。市场营销的过程就是与顾客打交道的过程,也是对顾客了解的过程。在接触顾客前一定要了解顾客购买动机是什么。任何购买动机都源于某种需要,人的需要具有层次性、多样性及可诱导性,市场营销人员在做业务前结合本产品的特点,要有一个基本估计。要了解谁是对购买起决定性作用的人。起决定作用的人不一定是直接购买者,甚至不是拍板的人,要具体分析才能确定。销售对象的性格、爱好甚至相貌特征也都应尽量详尽了解,以便更好的接触。

(10)具有能以动听的语言说服顾客的能力;有独具慧眼的尖锐见地;具有能记忆客人面貌和名字的能力;具有较好的仪态风范和语言表达、文字书写的能力;具有较强的组织能力,以使企业的市场营销工作能有序、有效的开展;具有相当的交际能力;有识别人的能力;具有幽默感;有社会性的公共关系;具有良好的判断能力和常识。

二、市场营销专业高技能人才职业特质内涵

（一）市场营销专业职业技术综合能力内容

高职市场营销专业人才应具备的职业技术综合能力包括态度能力、知识能力和职业能力。态度能力是能力结构中深层次、导向性的核心能力，态度能力决定知识能力和职业能力的形成与发展。这部分能力所有专业的高职毕业生都应该具备，是高职毕业生能够顺利转换社会角色，融入工作状态所必须具备的最基本的能力，也是最关键的能力。

知识能力是衔接核心能力与职业能力的中间层次，同样也是高职毕业生必须具备的能力，主要是在处理与知识、学习相关事件时表现出来的能力。高职市场营销专业人才的知识能力包括：求知欲望、学习能力、收集信息能力、系统思考能力、创新能力以及理论转化能力。

职业能力是指运用专业技术知识完成某种特定职业岗位任务的能力，包括技术规范运作能力、技术组合能力、技术质量判断能力、技术分解复原或改造能力等。高职市场营销专业人才的职业能力包括：市场调查与分析能力、市场营销策划能力、商品鉴别能力、销售管理能力、营销心理能力、公共关系能力、商务谈判能力、客户管理能力以及电子商务能力。

（二）市场营销专业职业技术综合能力的特点

1. 针对性与应用性

能力本位教育是一种以满足社会生产需求为主，以生产第一线技术型人才培养为主的职业教育，其教育结果是与工作场所的操作任务直接相关的，它要求职业院校培养出来的学生在某一专业的专项技术岗位上具有熟练的操作技能，从而实现学生毕业时的零距离上岗。因此，具有极强的针对性和应用性

2. 技术与人文并重

综合职业能力教育，既要重视专业技术能力的培养，同时也要重视学生人文素质的形成；既着重职业性能力的构建，又注重社会性能力的地位与作用；既注重能力培养的针对性，又注重能力建设的迁移性，强调针对性与迁移性的整合，为学生在未来社会中的可持续发展奠定坚实的基础。

3. 综合性

现代技术的发展不断走向整体化、综合化，产业技术应用的广泛性、复杂性、精确性越来越高。技术岗位的更新不断促使低技术岗位的消亡，高新技术岗位的增加。因此，现代职业教育不仅要培养劳动者在某一专业岗位上的熟练操作技能，还要培养学生在较宽专业基础上综合运用相关专业理论的能力，进而使学生具备在一定职业领域内转岗的应变能力，缩短职业再教育的周期。

4. 着眼于学生终身可持续发展

现代职业教育已经进入到学习化社会和终身教育的时代，这种教育包括人的终身各个阶段。当今时代的新知识爆炸、技术进步加速、竞争不断加剧，使终身教育显得比以往任何时候都要重要。在学习化社会中，唯有具备终身学习能力和自主发展能力的人，才能适应社会并创造未来。因此，综合职业技术能力教育要着眼于学生的终身可持续发展。教是为了不教，重要的是直接培养学生的自我发展能力。可见，正规职业学校教育已经不再是一个学生为一生准备的地方，知识和技术需要时时追加和更新，学习伴随人的一生，要让学生"学会"、"会学"，要使学生学会学习、学会发展。

三、市场营销专业高技能人才职业特质形成机制

(一)培养模式

人才培养模式是指学校为实现其培养目标而采取的培养过程的构造样式和运行方式。高职高专的人才培养模式主要有"订单式"模式、大订单模式、双专科模式及双元模式。

第一,所谓"订单式"培养,就是学校根据与企业签订的培养合同即"订单"确定教育目标,企业则在确定培养目标、人才规格、知识技能结构、课程设置、教学内容与学习成果评估等方面发挥重要作用。"订单式"培养将企业直接引入职业教育,使用人单位直接参与人才培养过程,实现人才培养与使用之间的"零距离"。高职市场营销专业人才采用"订单式"培养可以很好地解决供需之间的矛盾,真正实现以就业为导向的办学目标,可操作性强,优势明显,是高职市场营销专业人才培养模式的最佳选择。但是,"订单式"培养存在以下局限性:一是订单的数量问题。企业生产经营特点千差万别,而每个企业对营销专业毕业生的需求数量必然是有限的。由于市场的变化,根据竞争情况,企业的经营手段需要及时调整,企业对市场营销人员的需求与企业经营业绩的好坏、规模的大小具有必然的联系,势必造成企业在用人规模上的不可测性,使"订单式"培养受到影响。其次,接受"订单式"培养的毕业生的适应性相对较弱。

第二,大订单模式是针对"订单式"培养模式的局限性出现的,主要是针对某一行业培养专门的市场营销人才,在操作上更具灵活性、效益性。一般可以考虑在三年学制中,前一年半以学习基础知识和市场营销专业知识为主,后一年半根据学生就业意向以及学校与企业的合作协议,作出人才需求方面的分析预测,将学生分成小班,定向学习相应的产品专业知识,如服装、纺织、汽车、机电、IT、商业、保险等。在这种模式下,市场营销专业知识就像一个平台,人才的具体规格、类型、特色则由专业产品知识体现,同时要求学校整合教学资源,加强校企合作。

第三,双专科培养模式,即在招生时就明确专业培养的方向,如纺织品市场营销、汽车市场营销、保险市场营销等,经过三年学习,整合市场营销与专业知识的学习,培养既有较强的市场营销专业技能,又具备相应专业知识的复合型市场营销人才。

第四,"双元制"借鉴模式,所谓"双元制",就是学生在学校学习的同时到企业实习的一种教育模式,是企业与高职院校密切配合、理论与实际相结合的职业教育模式,目前在我国真正采用这种模式还有许多困难,而且不是高职院校单方面所能够解决的。

(二)课程体系

课程体系反映着职业培养的具体内容。首先应从市场营销课程体系的构建出发,在理论课程设置上要打破以学科为本位的教学体系,建立以职业能力为核心的职业素质培养为本位的课程体系、课程内容及相应的评价体系。在对市场急需的营销人才应具备的职业能力进行分析的基础上构建科学的课程体系,应是高职院校营销专业课程设置的原则。在此基础上,再进行必要的课程整合及课程建设。营销专业课程整合的目的是为更好地实现专业培养目标。因此,在专业培养要素调整的过程中应以市场对营销人才的动态需求为导向,淡化原有的课程界限,对一些相互之间有内在联系的课程进行有机融合,对课程内容中重叠的部分裁减重组,形成一组新课程的过程。如将《推销技巧》、《商务礼仪》、《商务谈判》三者整合为《推销技巧与商务谈判》,将《国际贸易原理》、《国际贸易实务》与《国际金融》三者整合为《国际贸易与金融》等等。营销专业的课程建设包括精品课程的建设及校本课程的建设。对本专业的主干课程,如《市场营销学》、《国际市场营销》、《网络营销》等进行重点课程建设。课程建设中,以职业能

力模块为出发点整合课程内容，进行教材、试题库、案例库的建设，以此促进其他课程的改革。

(三)教学方法

教学方法可以直接影响到能力培养的效果。学校在教学组织和实施手段上应以"学生为主体"作为基本教学策略，通过各种贴近现实的教学方法，以提高教学效果和教学效率。市场营销专业学生的营销调研、决策、策划能力，营销管理能力以及相应的商务运作等职业能力很大程度上依赖于在相关专业课程教学中来培养。由于营销的专业课程多为实践性、操作性极强的学科，教学中需要学生充分地理解、掌握营销的理论知识，在理论层面上训练学生的分析和创造力，之后他们才能以营销的专业视角观察、分析营销实践问题，运用各种营销技巧。

(四)师资水平

教师的素质对学生职业素质培养极为重要。建立起一支专业知识和实践技能兼备的高素质"双师"型教师队伍是对学生进行职业素质培养的重要措施之一。要把学生培养成"具有较强从事市场营销实际工作素质和技能、有全面职业素质和综合职业能力的高等技术应用型人才"，教师除应具备精深的专业知识、良好的师德、人格魅力外，自身首先就应具备一定的营销实践经验和较高的营销职业素质。教师只有具备了这样的经验和素质才能在教学中有目的、有针对性地对学生进行职业素质培养，在生活中用自身的良好职业习惯对学生产生潜移默化的影响。教师的营销职业素质培养可以通过以下几方面进行：一是可以通过教师进入企业营销部门顶岗实习进行；二是教师在教学之余在校外企业兼职；除此之外，高职院校也可从外部引进有企业工作经验的教师和鼓励内部教师参加职业资格鉴定考评员培训、经济师考试等方式，提高教师的营销职业素质。

第二节 美、德等国高校市场营销专业教学的主要做法及启示

一、主要做法

(一)美国高校市场营销专业教学的主要做法

美国是现代市场营销学的发源地，其高校教育也较先进，其原因在于美国是商品经济、企业制度最为发达的国家，从文化传统到现行制度都非常鼓励企业家精神。市场营销所倡导或培养的正是企业家——它不像工程技术、会计、金融那样专门化，却又在各类企业和非营利组织的管理中无所不至。

1. 与学生未来就业方向相结合

美国高校开设的课程具有多样性，允许学生根据自己需要自由选择课程，学生可以在学习完基础市场营销课程之后，根据就业意向选择相关课程。比如，希望从事广告、销售、分销管理和产品管理的学生选择的课程可能就不完全一样。在培养过程中，紧紧围绕学生的就业方向进行理论与实践的学习训练，而且学校还对学生进行择业教育，表现为教导学生进行自我评价、撰写求职信等具体内容。

2. 营销专业人才培养规模大

有关资料显示，全美约四分之一的工作是直接从事营销或与营销密切相关的商品配销活动。所以，几乎所有的工商管理学院都设有营销专业。

3. 营销专业课程设置按营销活动的各环节安排

在美国各高校工商管理学院里,营销专业的课程设置有序而全面,要求学生懂得经济学、心理学、社会学、人类学、传播学、管理学和统计方法,专业课设置则基本按企业实施营销活动的各个环节程序安排,包括市场调研、产品和定价、促销原理、广告、零售、销售管理、消费者行为、营销战略等。

4. 强调学生要具备运用各种知识去解决复杂问题的能力

美国大学的管理学教授大多在企业兼职(主要作咨询顾问),社会团体的学术交流也十分活跃。

5. 重视培养营销专业学生的创新能力和实践能力

美国高校一直对培养营销专业学生的创新能力和实践能力非常重视。这类大学通过教学与工业创新、企业界的全面合作联系在一起,改变了大学传统的人才培养模式。由于不少大学的课内外学时比例在1∶4以上,大约1/3～1/2的课程是"基于课题"的,要求学生独自或以小组形式完成,从而锻炼了分析问题、解决问题的能力,还培养了团队精神。

(二)德国高校市场营销专业教学的主要做法

德国高校市场营销专业教育中,采取"双元制"教学模式,高校一般都与企业界联系密切,重实践过程、重方法训练、重能力培养。在专业课教学中,讲授的内容大部分直接来源于生产实践,很多是结合了企业界正在使用的新方法。教授在安排教学计划时,会尽量给学生提供进入企业的机会。

1. 专业培养对象

市场营销专业着重培养工商企业市场营销部门的管理人员以及其他部门涉及市场调查、企划、公关、广告等的工作的人员。

2. 产学紧密结合是专业培养的基本模式

第一,德国高等职业技术学院一律采取"双元制"培养模式。这是德国实行高职教育最基本的制度和最主要的特点。"双元制"是同时在两个地点、有两个施教主体。学生的整个培养过程是在企业和职业院校中完成的。学生在高等职业技术学院学习的三年,除国家法定假日外没有寒暑假。学生一半时间在学校,一半时间在企业。一般情况下,在学校接受教育的在籍生中,只有一半学生在学校学习。学校的教学任务主要是给学生从事市场营销工作所必备的专业理论和专业知识,为学生到企业进行营销培训进行铺垫,巩固、提高学生在企业中培训的成果,解决学生在企业培训中遇到的问题,加深和补充专业理论和专业知识。

第二,进入高职学院学习的学生,必须在取得大学录取资格的同时,与企业签订培训协议,即企业承诺接受该生培训,确定培训时间,保证培训质量,支付培训期间一定的生活费用。对于进入私立职业技术学院学习的学生,必须向学校支付一定的培养费。协议规定学生必须遵守企业的规章制度和认真学习。协议由行会和同业公会监督执行。至于就业,学生有另外的选择权,协议企业不得干预。但多数学生毕业后都回到协议企业工作。学生签订协议的企业,有学生自己找的,也有教授、学校为其推荐的。

第三,德国企业广泛参与职业教育。职业技术学院市场营销专业教学计划制定必须有企业有名的营销专家参加,而且审定时企业营销专家要达到三分之一,以强化市场营销专业人才培养方案的实践针对性和有效性。

第四,德国高职教育非常重视毕业设计(毕业论文)。学生的毕业设计必须来源于企业实践,必须是解决企业或经济中的实际问题,否则不能作为毕业设计(毕业论文)选题。因此,学生做毕业设计前,必须要到企业和社会经济实践中去寻找课题。在这个基础上,由老师指导寻找问题的答案,或进行产品设计和产品改良。

产学结合的模式,使每个学生不仅接受了严格的专业理论教育,而且接受了社会环境的影响、严格的实践操作训练、职业道德和职业习惯的养成,加上毕业时须参加国家统一的职业资格考试等多重训练,毕业生一般具有良好的职业道德、团队精神、责任心和比较熟练的职业本领,受到企业的欢迎。

3. 严格的师资建设制度

德国建立了一套比较严格的师资建设制度。比如对教师的学历和资历、专职与兼职的结合、教师的培训和进修、品德与技能的示范作用、严格的考核制度都作了严密的规定。与此同时,也十分注意教师的物质生活待遇。进门难、要求严、待遇高是其师资队伍建设的主要特点。通过激烈的竞争,其任职教师大都具有良好的品质、精湛的技能、较强的教研能力、快捷的效率。高等职业技术学院市场营销专业教师由四部分组成:

第一,学院专职教授。专职教授有两种情况,一是不挂博士头衔的教授。这在教授队伍中所占的比重很小。二是挂博士头衔的教授。获得博士学位后必须有五年的职业经历,通过国家统一组织的教师资格考试的人才能成为高职院校的教授。教授为国家公务员,拿固定工资且待遇高,法律规定这类院校教授每周必须承担18课时的教学任务。当然,如有科研、教研、毕业设计指导任务可适当减少课时。德国教授不存在超工作量或有科研成果增加报酬问题。但即使没有另外的报酬,教授也愿意接受科、教研项目(科研任务极少),承担其他社会任务,以满足自我实现的需求。教授工作满15年以后就成为终身教授。

第二,实验师。德国职业技术学院特别强调理论与实践的结合,配备专门的人员从事实践教学和实训工作。这些人员必须接受大学教育,具有丰富的实践经验和相应的执业资格。如工程师或是某一方面的技术专家。

第三,兼职教授。德国职业技术学院有一支专兼结合的教授队伍,而且兼职教授占一半以上的比重。德国企业工程技术人员把任学校兼职教授当作一种荣耀,不太重视其报酬多少。

第四,企业培训教师。学生在企业培训期间,采取师傅带徒弟的方式。德国企业对培养学生的师傅要求严格,必须具有师傅级(高级工)或工程师的,才可以成为学生的培训老师。

4. 课程设置紧紧围绕教学目标

一是开设的课程比较少。二是主干课程开设时间长。如贸易经济学、市场营销学都开设三年。第一学期上理论课,第二学期上实践课,第三学期上理论课,第四学期上实践课。理论与实践反复的不间断交替,必然促进相互的渗透与提高。三是没有与培养目标无关的课程和学生从总体上无法掌握其理论与实际技能的课程。

5. 教学方法灵活多样

德国高等职业教育市场营销专业理论课程教学采取学术自由、师生对话、相互讨论、共同切磋、教学相长的方法。

第一,实行弹性学制,学生没有教材。州政府教育主管部门颁布课程标准和详细的考试规则,教师依据课程标准和考试规则,编写、印发讲义,启发学生学习思考。学生学习死记硬背的东西很少,消化课堂上老师讲授的内容,要看很多课外书籍和资料。在这个基础上完成综合性的作业,鼓励学生在作业中创新。

第二，老师的教学与考试分离。学生一律实行代码制，加上按课程编班，师生之间建立感情很难，不存在人情分问题。

第三，教学过程中师生平等。老师授课过程中，如果学生未听懂或有疑问，可打断老师的授课，提出问题，让老师解答，老师解答不了也没有关系，下课后查阅资料，再作说明。

第四，实行讨论式教学法。在很多课程的教学过程中，老师都把学生分成若干个学习小组，在讲授一定的内容后，老师在提出问题的同时提供参考书目、资料，由学习小组在一起讨论，经过讨论，小组意见比较一致，观点比较统一后推荐一名同学到课堂上讲并接受同学的提问与质疑，代表小组发言的同学可免考所学课程，每个同学都会遇到这样的实践机会。坚持学术自由。老师在理论教学时涉及学术上的不同观点时，不太习惯介绍主流观点和自己的观点，而是将各种观点一一介绍，然后提供阅读、参考资料，让学生自己去分析比较，以形成自己的看法。

第五，师生切磋，教学相长。产学结合的人才培养模式使得理论教学和企业实践不断交流，理论与实践中的问题信息，学生充当媒体沟通并与老师在一起商量解决。老师从学生带来的问题中得到学习提高的机会，学生从老师解决问题中升华理论。学生的行为比较自由。德国学生在学校最大的约束就是学籍管理与考试，虽是弹性学制，但要遵守学籍管理制度。在规定学制内不能毕业最多可以延长两年，再延长者必须自付学费。

第六，充分利用现代教学手段。职业技术学院的教室一般都配备多媒体、投影仪等现代教学设备。学校要求老师运用现代教学手段教学，推进教学现代化。但从实践情况来看，利用最多的还是幻灯投影，老师授课不太习惯从概念到概念，从理论要点到理论要点，而是将要讲的内容概括成图、表、例，制作成幻灯片，运用投影仪，进行分析讲解。当然，幻灯屏幕边的黑板仍然是不可缺少的。特别是学生现场提出问题的解决，在语言表达的同时板书辅助说明，更使学生一目了然。

二、重要启示

一个国家的职业教育制度是由该国的社会生产力发展水平、经济结构、社会发展和文化背景所决定的。学习国外高职教育市场营销专业人才培养的经验，必须与国情、省情密切结合。

（一）明确专业定位和培养目标

营销专业的定位，不同的学校各有不同，但基本上将其定位为管理学、经济学、心理学、社会学、数学、计算机、艺术等多专业相互渗透的一门工商企业管理专业。培养目标以市场需求为导向。注重营销技能与技巧方面的系统训练，强调分析和解决问题的基本能力、沟通能力和创新能力的培养，培养能够适应竞争激烈、变化迅速的市场环境的高素质营销管理人才，使学生具有从事市场营销工作的基本技能，具有较强的实践操作能力。

（二）课程设置以培养学生的职业能力和创新精神为主

国外市场营销教育注重对学生的职业能力和创新精神的培养，在课程的设置上没有与学生职业能力培养无关的课程。专业课课时一般都较长，突出理论与实践的结合。此外，还开设一些反映学术界目前研究兴趣或现实营销活动中某些热点问题的特别专题课，紧密结合实际并鼓励学生进行创新。

（三）注重教师队伍建设

只有一支既懂得市场营销专业理论又具有营销实践经验，与营销工作紧密联系的教师队伍才能培养出高素质、具有营销综合能力的学生。师资队伍建设上，在加强对专职教师培养的基础上，应借鉴国外做法，建立兼职教师队伍并授予相应的专业技术职务，造就兼任学校教师光荣的良好社会舆论环境,并实行弹性教学制度解决兼职教师"工教"矛盾。

(四)专业学术协会交流对市场营销教育的促进作用

美国营销协会(AMA)是国际知名的营销协会,美国相当一部分大学(如加州大学、耶鲁大学、纽约大学、哈佛大学等)都与 AMA 联合培养学生,鼓励营销专业学生加入 AMA,参与学术、实践等一些活动,了解营销专业前沿知识,培养锻炼自身专业知识应用能力。而且国外营销期刊分类规范,如 AMA 发行的《营销调研学刊》,文章以探讨营销调研中所应用的最新方法、发展趋势为主;《营销学刊》创刊已 70 多年,主要提供各营销研究领域的原创性研究;《营销教育者季刊》主要了解营销教育者在营销教育方面的发展动态。

(五)与企业密切联系、强调产学合作,注重专业培养方向的细分

国外营销专业在培养学生时,除学习市场营销方向的综合知识外,还强调细分化方向的学习,如品牌战略、渠道管理、广告策略、价格的心理学研究、决策或新产品推出等等,让学生根据自己的兴趣,选择几个领域进行深入学习,学术活动和实践也侧重。也可以根据学生对不同行业的偏好,针对不同行业所对应的职业岗位群,设置相应专业方向模块课程群,达到适应市场需求,实现培养复合型营销人才的目标。

(六)教学方式多样化,注重学生实践和创新能力的培养

国外高校的营销专业教学方式多样化,积极拓展实践教学模式,注重以能力为本位的实践性教学,积极运用案例教学法、互动讨论法、课堂呈现、模拟教学法(企业模拟、角色模拟、动态模拟等)、项目教学法、体验式教学法(沙盘推演、拓展训练、行为学习等)等。这种以学生自身高参与性为主的多样性的教学方式,使得课堂内容丰富、生动有趣,课堂气氛比较活跃,自由开放,学生能够主动去学,增强了学生的实践和创新能力。

第三节 高职教育市场营销专业教学整体解决方案设计

一、职业面向分析

郑州作为河南省城市群的省会城市,是全省的商贸流通中心。近年来,随着外资零售企业的大举进入和连锁经营的快速发展,各大商业企业对卖场基层主管、基层门店长等高技能人才的需求激增;随着河南产业经济的蓬勃发展,各类生产制造、分销代理、中介服务企业也对区域销售代表、区域市场主管、区域销售经理等岗位人才产生了大量、迫切的需求。

与本科院校所办的市场营销专业相比,高等职业教育的营销专业突出学生实践能力培养,以培养高素质高技能营销人才为目标;与中专类市场营销专业相比,高等职业教育的营销专业的学生基本素质好,专业基础扎实,勤奋务实,能够快速适应特定行业的营销岗位,适应社会发展、行业发展,符合国家和河南省"十一五"规划精神。

我国高等职业教育市场营销专业毕业生职业面向的主要岗位是:生产企业的销售代表或区域销售经理,流通企业的销售主管或部门经理,以及与营销专业相近的其他岗位。

二、职业需要的证书分析

依据国家持证上岗的相关政策,并调查相关企业发现,高等职业学校市场营销专业学生能

够获得体现现代营销能力的四张证书。它们分别是：①国家高级营销员职业资格证书。这是体现学生专业能力的一张证书。②普通话三级甲等证书。这是衡量学生语言表达能力的一张证书。③计算机应用能力一级证书。这是反映学生利用网络从事电子商务、物流等工作的能力。④高职英语应用能力B级证书。随着全球经济一体化趋势的出现，企业越来越需要那些熟练掌握一门外语从事国际营销的专业人才，该证书是保证学生拥有这种能力的基础。

三、培养目标的确定

高职院校市场营销专业要使学生形成良好的职业技术综合能力必须构建先进的培养模式，构建完善的教学模式，提供一定的资源保障条件，拥有高素质的师资水平并采取适当的教学方法和措施。

培养目标要遵循以能力为本位的原则，根据市场的需要和培养模式来确定，并要根据市场变化和劳动力需求状况作适时调整。本课题组在调查了全国及河南对市场营销专业人才市场需求情况、分析了高职层次市场营销专业人才就业特点的基础上，充分听取用人单位对市场营销专业毕业生的职业岗位特点和素质要求的建议后，强调我国高等职业教育市场营销专业人才的培养目标是：培养拥护党的基本路线，德、智、体、美全面发展，具有扎实的专业知识、较强的专业技能，能够从事产品（或服务）营销业务与管理工作的高素质、高技能型营销人才。

四、专业课程体系的构建

根据市场营销专业人才培养目标的要求，市场营销专业的课程设置和教学内容体系结构设计应本着以职业素质培养为核心的原则，基础理论课程设置上要打破以学科为本位的教学体系，在对市场急需的营销人才应具备的职业能力进行分析的基础上构建科学的课程体系，以"必需、够用"为度，不追求系统性和繁琐的论证推导；专业课教学加强针对性和实用性，对本专业的主干课程，如《市场营销学》、《国际市场营销》、《网络营销》等进行重点课程建设。

课程建设中，以职业能力模块为出发点整合课程内容，进行教材、试题库、案例库的建设，以此促进其他课程的改革。注重满足企业一线营销岗位的实际需要。建立以职业能力为核心的职业素质培养为本位的课程体系、课程内容及相应的评价体系。在特色定位上，强调情景模拟、营销竞赛、顶岗实习，让学生掌握更扎实的应用技能。市场营销专业各项技能要求如表1—1所示。

表1—1　　　　　　　　市场营销专业学生职业技能分析

素质和能力		能力要素分析	课程设置	考核要求
基本素质	思想政治素质	具有正确的政治方向和共产主义信念，具有科学正确的世界观、人生观和价值观，热爱祖国，遵纪守法，文明礼貌，诚实守信，有强烈的事业心和社会责任感。	思想道德修养与法律基础、毛泽东思想邓小平理论和"三个代表"重要思想概论、形势政策	合格
	身心素质	具有健康的体魄，掌握有关体育运动的知识和锻炼身体的技能，具有良好的心理素质和乐观向上的人生态度。	体育、心理健康教育	达标 合格
	科学文化素质	了解我国传统文化，熟悉掌握市场营销专业所需的社会主义市场经济知识、经济学基础、科学文化知识、计算机文化基础、经济法规等专业基础知识。	高等数学、计算机基础、经济法、经济学基础、管理学基础	合格

续表

素质和能力		能力要素分析	课程设置	考核要求
基本能力	语言表达能力	普通话表达能力，语言沟通能力，英语听力和口语表达能力，中英文书面写作能力，能阅读、分析专业英文资料。	经济应用写作、大学英语	合格 大学英语四级300分以上或大学英语应用B级以上
	社会交往能力	人际沟通能力、与人谈判交涉能力、组织协调能力、团队合作能力。	商务礼仪、组织行为学、消费心理学	合格
	计算机应用能力	有计算机操作能力，熟悉计算机硬件结构、掌握操作系统的使用及汉字信息处理技术，能利用网络进行营销活动。	计算机基础、电子商务概论、网络营销	合格 具备计算机二级应用能力
专业技能	市场调研分析能力	能够对市场进行调查，并能对调查的资料进行分析。	市场调查与预测、市场营销学、经济应用写作	合格
	市场开发能力	掌握一般的商品知识，具备销售能力，熟悉商品的销售渠道、掌握推销技能。	商品学理论与实务、会计学基础、市场营销学、广告原理与实务、推销理论与技巧、商务谈判、消费心理学	合格
	渠道管理能力	懂得零售企业、批发企业、连锁商业、服务企业的部门管理程序及规划	销售管理、现代营业技术、连锁经营管理	合格
	营销策划能力	具有营销策划能力、广告策划能力、公关策划能力	营销策划、广告原理与实务、公共关系原理与实务	合格 高级营销员资格证

五、教学过程的设计

（一）各门课程均有考核标准，并采取灵活多样的考试形式

教学实施和评价体系体现着职业能力培养的手段和方法。要满足学生个性发展的要求，符合学生身心发展的接受能力，能为学生今后的生存和发展奠定基础。

理论课程的考核：采用平时成绩（作业、课堂提问、口试等）与期末笔试相结合，平时占20%，期终占80%。考试结束后，教师书写试卷分析报告；建立考试结果的统计、分析、评鉴和教学质量分析制度。

实训课程的考核：根据实验（实训）、成果整理、报告编写、口试等情况综合评定。

实习考核：根据实习表现、操作技能、实习报告综合评定。

（二）改革教学方法和手段，推广多媒体教学

(1)岗位群所需要的职业素质在教学计划中均有相应的理论和实践教学环节作支撑。课程设置突出应用性、技术性，体现职业技术教育的特点。

(2)市场营销专业学生的营销调研、决策、策划能力，营销管理能力以及相应的商务运作等职业能力很大程度上依赖于在相关专业课程教学中来培养。因此，教学中需要学生充分地理解、掌握营销的理论知识，在理论层面上训练学生的分析和创造能力，之后他们才能以营销的专业视角观察、分析营销实践问题，运用各种营销技巧。在专业教学计划实施中，每个学期至

少安排一周的假期实践活动及其他社会劳动,培养学生吃苦耐劳、爱岗敬业、谦虚好学的精神。鼓励学生利用在校业余时间考取相应的营销职业资格证书和其他相关资格证书,培养学生勤奋好学的精神,为以后就业和从业做好准备。

(3)实施"三育人"方针,即"教书育人,管理育人,服务育人"。每位教师在教学过程中均有育人责任;管理部门对学生有着潜移默化的教育作用;服务部门通过为学生服务,提高服务质量,严格执行劳动纪律,使学生从服务人员身上学到了爱岗敬业、团结合作、踏实肯干精神。

六、校内外实训的设计

(一)模拟情境教学

如讲授《推销理论与技巧》时,可根据不同的产品类别和推销环境组织学生在课堂上进行"模拟推销",让学生扮演消费者、推销员、公众人物等不同角色,"推销员"推销产品,"公众人物"评论推销员的能力,"消费者"谈心理感受,教师再根据学生的表现结合理论知识进行针对性的总结。讲授《商务谈判》时,组织学生进行模拟商务谈判;讲授《公共关系原理与实务》时,老师组织学生模拟新闻发布会、开业庆典等;在《营销策划》中,老师组织学生策划实施表演活动、终端(商场)陈列表演活动等;在《商务礼仪》课堂上,让学生上台表演不同的商业场合中的基本礼仪等等。

(二)实验室模拟教学

建立仿真的虚拟实训环境,学生可借助市场营销专业教学软件进行模拟营销实训,将学生置于一个竞争的环境中进行营销运作,解决了情景化和交互性学习问题,对市场营销的理论知识与实务能实现较好对接,为顶岗实习奠定基础。如图1-1所示。

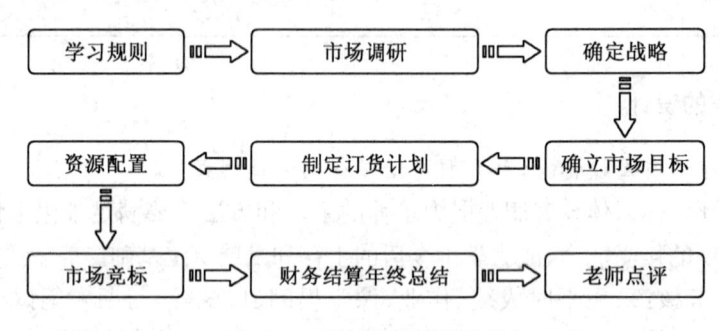

学习规则 → 市场调研 → 确定战略
资源配置 ← 制定订货计划 ← 确立市场目标
市场竞标 → 财务结算年终总结 → 老师点评

图1-1 营销沙盘实施流程

(三)实验教学法

实验教学法因实验目的和时间的不同,有预习阶段的基础性实验和复习阶段的验证性实验和巩固性实验。因实验组织方式的不同,又分为小组实验和个别独立实验。在现代教学中,为了加强学生能力的培养,更重视让学生独立地设计进行实验。实验教学法不仅是教师传授知识必不可少的教学手段,也是学生掌握知识行之有效的学习方式。

(四)营销竞赛

营销竞赛是工商企业岗位练兵、提高业务能力的常用手段。课堂教学中通过组织各种形式的营销竞赛为学生们开辟了新的学习和实践的机会。内容上,有基本能力竞赛、营销知识竞赛、营销技能比赛、营销方案设计大赛等。

在营销竞赛中专业老师扮演组织者、指导者和评判者的角色。作为组织者要进行活动方案的策划、项目设计;作为指导者要为参赛者进行知识、技能培训,接受学生咨询;作为评判者,要当好每次竞赛的评奖、点评、总结工作。特别是一些与企业合作的项目,既宣传了企业,又锻炼了学生;既提高了学校知名度、扩大了学校的影响,又促进了学生的就业。

(五)顶岗实习

顶岗实习是极其重要的实践性教学环节。把学生毕业顶岗实习期和企业试用期相结合,与合作企业共同制定毕业顶岗实习管理办法,并签订顶岗实习协议,明确双方的责任和义务。与学生签订顶岗实习协议,约束学生的行为符合学校和企业的管理规定。在学生顶岗实习期间,聘请企业经理或业务骨干作为学生顶岗实习指导教师,与市场营销专业教师共同参与学生的组织教育、技能指导及考核。

七、社会实践的构想

开展大学生社会实践活动有助于培养学生创新精神和实践能力。实践是一种接触实际的开放性活动,在社会实践活动中,学生不再是一个被动的接受者而是一个主动的参与者。学生的积极性被调动起来,其对现实的感觉和认识的深度、广度都不是在封闭的环境下可比的,容易产生创造性火花,表现出创造的举动。与专业相关的社会实践活动的开展为大学生运用所学知识提供了场所,再辅之以教师的引导,使学生学会理论联系实际的学习方法,养成实事求是的科学态度和创新、开拓、竞争意识。

八、工程实践性教材的设计

教材是高职院校教学内容的知识载体,是进行课堂教学的基本工具。

综观现行职业院校各专业所采用的教材,由于历史的原因,在很大程度上回避了应用工程实践和社会实践所直接需要的内容。教材大多是围绕专业知识类型选题并进行创作的。这种教材虽然具有理论性强、结构严谨、论述细微精深等特点,但对于职业教育来说,最大的问题是:太注重理论知识的论述而偏离工程实践;每一种教材往往自成体系,内容相互覆盖,文字冗长,信息量反而减少;强调自身的系统性,教材之间缺乏应有的联系;使学生即便耗尽了全部时间资源也很难见到一个完整的应用工程或亲身体验到一个社会实践过程。

因此,教材改革应在加强应用工程实践与社会实践方面开展工作。要特别注意编写与市场营销专业学生综合能力培养配套的,以工程实践项目、产品开发过程或社会实践过程为选题对象的一类新教材。

第四节 高职教育市场营销专业教学整体解决方案的实施

一、学生推销能力的培养

推销能力是市场营销专业学生的基础和核心能力,是市场营销专业学生必备的职业技能。一个合格的推销员必须具备市场调查、推销策划、现场推销、客户关系、合同管理、货物配送、外贸业务和电脑技术八个方面的专业能力。

根据高职专业人才培养目标定位,我们建议以真实或者仿真的推销任务来实施教学整体设计,把整个教学过程变成一个完整的"业务流程",形成有效的"实战法"教学模式。其重点是教师结合模块化课程内容,采用"实战式"的真实或者仿真训练,使用有关的商品、道具或者模拟一定的推销场景,安排学生以公司推销员、顾客等不同身份出现,使学生以学习者和推销员的双重身份参与到教学互动的过程中,既学习推销知识,又真实体验推销员的职业状态和工作过程,从而激发学生的学习兴趣和学习积极性,在仿真环境和推销过程中培养学生的推销意识和推销能力,解决营销实际问题,使学生从"知"到"行",学会用所学的理论解决实际问题,从而达到提高学生职业素养和技能的目的,使学生在就业时能够迅速适应推销工作,成为合格的推销人员并为今后的职业发展奠定良好的基础。

二、模拟教学法的运用

(一)模拟情境教学

模拟情境教学法主要应用于《市场营销策划》、《推销理论与技巧》、《商务谈判》等课程中。创业策划的设计过程包括市场环境考察、项目的寻找与筛选、项目的可行性分析、创业策划书的形成等工作步骤。最终要求学生形成创业策划书,其内容要涉及创业项目介绍、资金的来源与用途、目标顾客及盈利模式、产品或项目竞争能力分析、主要的营销策略、销售收入与盈利能力预测、风险预测与风险控制等。

模拟创业策划的具体步骤是在学期一开始,就要求学生假设其即将创业,激发学生的学习兴趣。同时让学生自由分组,以小组为单位深入分析市场,寻找创业机会。

模拟教学的一般过程如图1-2所示。

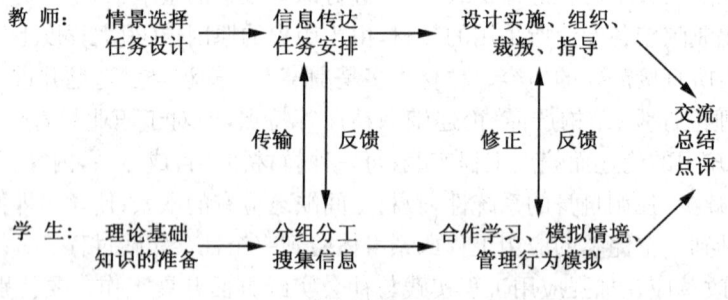

图1-2 模拟教学的一般过程

(二)实验室模拟教学

学生借助教学软件进行模拟营销实训,能对市场营销的理论知识与实务实现较好对接,为顶岗实习奠定基础。

学生在系统中可以模拟一个公司的市场营销经理,对复杂的环境进行调研、分析,从而针对消费者的需求,研发自己的产品,然后通过广告、包装、推销、渠道等策略的选择,把自己的产品销向市场,也可以将学生分成若干小组,每组学生负责一个公司的经营,根据给定的市场环境、产品、竞争者、成本及资金等背景资料,对模拟期的经营、管理等方面作出决策;各小组的决策数据输入计算机后,得出这一轮决策竞争的结果,反馈给各小组;如此若干次决策,得出最终竞争结果。有的企业在市场占有率及利润等方面达到最大,有的企业出现亏损甚至破产。模拟结束,让学生写出案例,进一步进行分析。

营销模拟平台的特点是通过计算机对市场营销环境进行全面仿真,创建与现实市场类似的环境,将学生置于一个竞争的环境之中进行营销运作,解决了情景化和交互性学习问题,锻炼和提高了学生的挑战意识、协作意识和成就意识。

营销模拟教学是建立在营销专业的理论与实践高度结合基础上的一种教学方法,其结合的紧密程度远远超过其他教学方法。如图1-3所示。

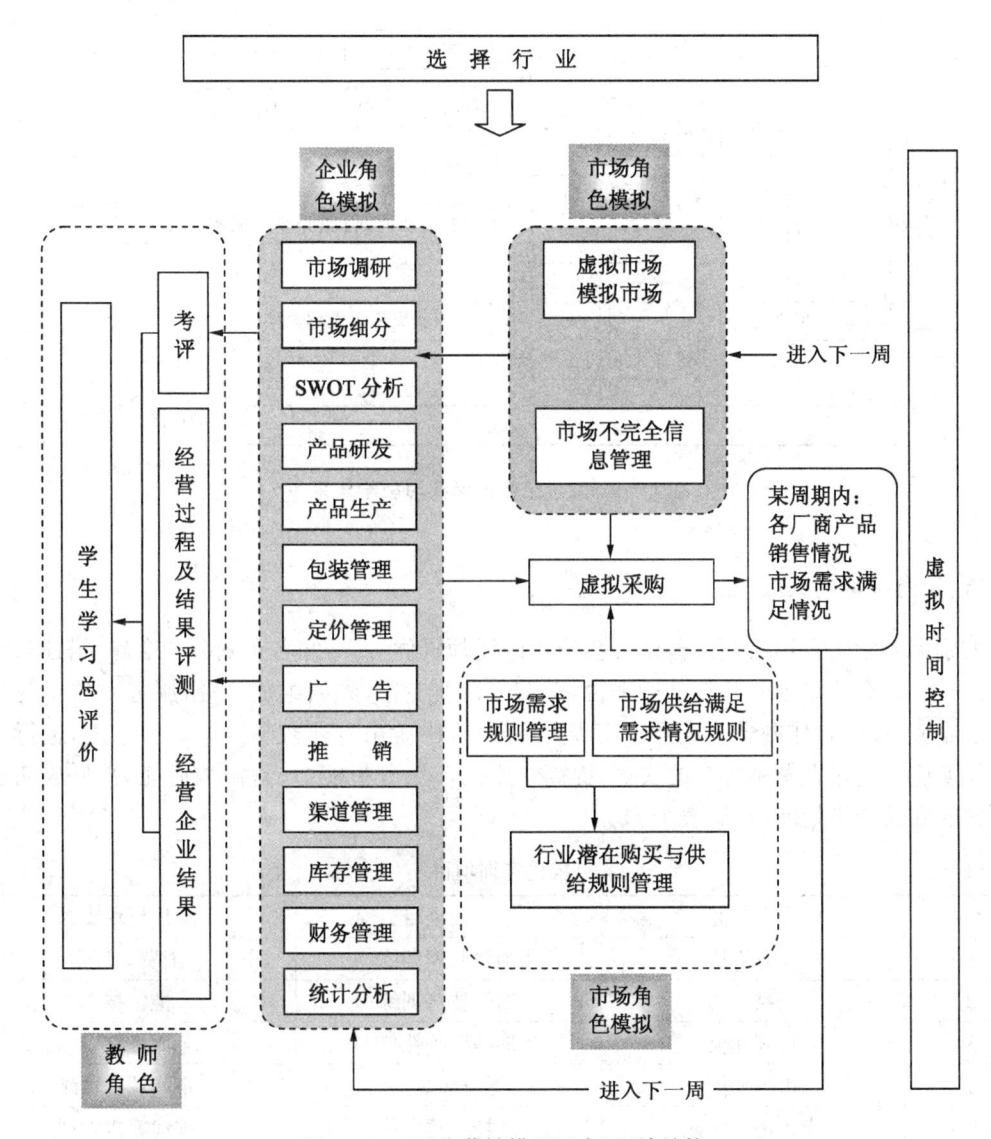

图1-3 《现代营销模拟平台》系统结构

三、营销竞赛的运用

一般以班为单位组织参赛,通过初赛(笔赛)形式,决出个人奖项;然后根据初赛成绩以班为单位组队参加复赛;在复赛基础上由胜出代表队参加决赛。通过各种形式的营销竞赛达到了以赛促学、巩固所学知识和以赛促练、提高实战技能的目的。特别是一些与企业合作的项目,既宣传了企业,又锻炼了学生;既提高了学校知名度、扩大了学校的影响,又促进了学生的就业。

四、顶岗实习的实施

顶岗实习使学生走向社会,接触实际市场营销工作,拓宽知识面,培养、锻炼学生综合运用所学知识和技能,独立分析和解决实际问题的能力。如图1-4所示。

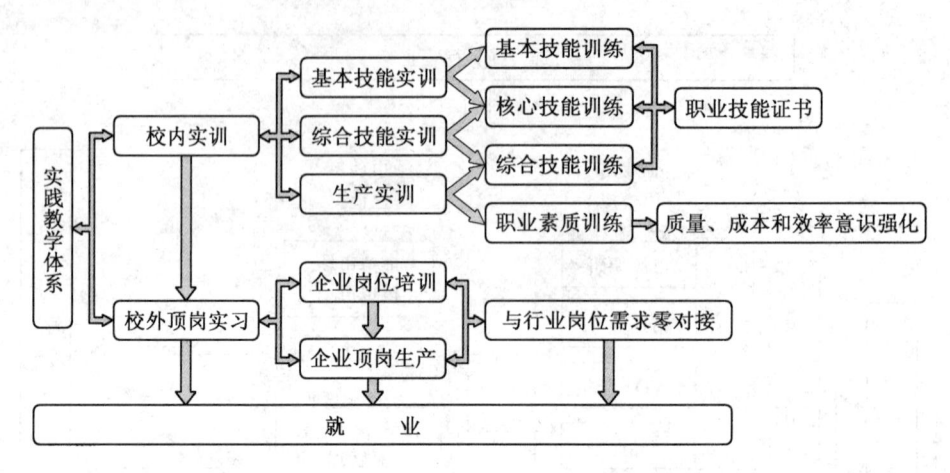

图1-4 工学结合顶岗实习教学体系

五、校内实训的实施

鼓励创办学生营销协会。营销协会依校内托师资优势,与知名企划公司合作,搭建教师研修、学生实训、企业策划的开放互通平台,上游由行业专家、顾问组成,下游服务对象从与合作紧密层企业、校外合作办学企业开始逐步向外延伸,中游由专业教师团队带领学生,进行项目的组织实施。通过在营销协会的实训,提高学生的市场分析能力、营销沟通能力,形成初步的营销诊断和营销策划能力(见表1-2)。

表1-2　　　　　　　　　　校内实训项目

序号	专业技能	实训项目	知识模块支撑
1	商务沟通	消费心理训练	消费心理学
2	商品推销	销售技巧训练	推销技术
3	待客礼仪	形体训练礼仪	商务礼仪
4	市场分析	竞争店调查	市场调查预测
5	卖场运营管理	现场运营训练	现代零售管理
6	顾客接待	顾客服务训练	销售管理
7	品类组合管理	产品组合设计	品类管理

六、校外实训的实施

在校外,一方面鼓励学生利用节假日顶岗实习,规范节假日学生的顶岗管理;另一方面建立了一批校外实习合作基地,有计划地安排学生毕业顶岗实习。

每年的"五一"、"十一"长假和寒暑假是节假日顶岗的集中时期,联系一些需要短期促销的工商企业到校集中选聘,系部与用人单位签订有关协议,保障学生权益。节假日在各大卖场,均可以看到学生在做临时促销。

毕业顶岗实习,采取和用人企业签订协议的方式,把顶岗实习期和企业试用期相结合,校、企业共同制定顶岗实习管理办法,明确责任和义务。学生通过签订顶岗实习协议,约束自身行为。在顶岗实习期间,聘请企业经理或业务骨干作为学生的实习指导教师,专业教师实习指导老师共同参与学生的组织教育、技能指导及顶岗成绩考核。

七、教师团队的配备

高职院校要把学生培养成"具有较强从事市场营销实际工作素质和技能、有全面职业素质和综合职业能力的高等技术应用型人才",最关键的是要建设一支专业知识和实践技能兼备的高素质"双师型"教师队伍。所谓"双师型"教师,是既具备教师资格,又具有工程师、注册会计师、注册税务师等职业从业资格的教师。他们既上得了讲台,又有一定的实际操作经验;既是理论传播者,又是实践操作者和示范者。教师只有具备了这样的经验和素质才能在教学中有目的、有针对性地对学生进行职业素质培养,在生活中用自身的良好职业习惯对学生产生潜移默化的影响。

培养"双师型"教师的途径和方法是多种多样的。大致来讲,可以通过"走出去"和"请进来"的方式进行。所谓"走出去",就是派出专业教师,提高自身操作技能。一是可派往企业、实习实训基地加强锻炼或教学之余在校外企业兼职。二是可派到高一级技师学院或高等学校进行强化训练。所谓"请进来",就是从企业、用人单位请来实践技术专家到校任兼职教师或共同开展技术合作、科研攻关、操作演示等活动,或直接充实"双师型"教师队伍,或通过手把手传授、耳濡目染、提高在职教师的实践操作水平。除此之外,高职院校也可采取有效措施鼓励内部教师参加职业资格鉴定考评员培训、经济师考试等方式,提高教师的营销职业素质。

高度重视团队建设,加大建设力度,形成激励机制,促进了团队建设。团队坚持职教理念,开发优质教学资源,促进教学研究和教师素质提高,提高了教学水平。通过改革人才培养方案,加强专业建设、课程体系和教材建设,强化实践教学,加强校企合作,实现了专任教师与兼课教师、理论教学与实践教学的结合,团队培养的市场营销专业毕业生职业素养好,技能水平高,社会认可度高,受到用人单位的欢迎。

本团队是学校精品课程建设的中坚力量,建有多门不同级别的精品课程,《市场营销》已经建成省级精品课程,《管理学》正在申报省级精品课程。《营销策划》、《电子商务》已建成校级精品课程,另有《推销原理与实务》、《商务谈判》等校级精品课程正在建设中。

本教学团队为校内实训基地的建设提供建设方案,现已建成市场营销实训室、电子商务实训室、ERP管理实训室、物流实训室等。实训室建成后,已为本专业学生的课程实训提供了良好的支撑,全面提升了学生的职业能力。

本团队教师还积极开发校外实训基地,目前已与8家企业签订了校企合作协议,为学生校外实训和顶岗实习提供了便利。

第五节　实施效果

本项目研究组成员经过多年的探索实施,达到了预期的人才培养效果。具体表现在以下几个方面。

一、专业人才培养总体水平得到大幅度提升

要培养高素质、高技能应用型营销人才,既需要教师与学生的双边互动,又需要学校和社会两个平台;既需要加强教师与学生间的合作,又需要学校与社会的密切合作。本研究成果的"模拟教学、营销竞赛、顶岗实习"三位一体营销专业实践教学模式,正是贯彻了这一思路,不但符合教育部有关文件的要求,而且体现了"教"与"学"、学校与社会的互动与合作,更重要的是营销专业的学生实战型应用型能力得到了提高,建成了一支结构合理、素质较高的"双师素质"专业教学团队。其中项目负责人陈爱国教授自2006年至今,担任河南旭隆营销顾问,2007年1~12月为河南东汇实业有限公司兼职营销总监;2007年、2008年与金星集团、河南思念集团、白象食品集团等企业联手进行品牌调研活动,获得社会好评。

二、建成了"教、学、做"一体化的人才培养基地

在人才培养过程中探索实施了校企结合、工学结合的人才培养模式,初步形成了理论与实践相结合、过程与结果相结合、校内与校外相结合的人才培养体系,完善了校内实训场所。通过本项研究的贯彻实施,课题组成员在学校建成了校内实验商场、营销咨询公司(模拟公司)、现代营销模拟平台、市场营销ERP模拟沙盘,较好地满足了学生校内实习实训的需要,为学生职业综合能力的培养起到了关键作用。

建成了校外人才培养实训基地。建成了包括省内知名企业、兼顾行业发展的产学结合校外人才培训基地,满足了教学需要,很好地发挥了培养实战型人才的作用。

三、形成了较强的社会服务能力

项目组认为,要想请进来就须先走出去,积极为社会服务。项目组成员依托校企合作,辐射省内其他商业、服务、制造企业,开展卓有成效的企业培训、市场调研、企业策划、管理咨询、职业指导等活动,为产学深入融合搭建开放式平台,至今服务客户已达到30家以上。而校内实验商场在承担人才培训任务的同时,也很好地满足了校内师生日常生活的需要,取得了经济效益和社会效益的双丰收。2006年以来先后开设了"金星集团预备班"、"仲景药业预备班",2009年与金星啤酒集团签订了长期合作协议,成立了"金星班",为企业实施"订单式"培养人才。

四、学生的评价

在陈爱国教授的亲自指导下,2007年成立了校营销协会,协会拥有一群对市场营销学和营销实践活动有着浓厚兴趣的学生,因共同的爱好和特长组建起来的。协会成立以来一直本着"营造校园学术氛围,培养高素质人才"的宗旨,组织开展各项活动,并且得到工商系项目组

老师和社会企业的支持。为让协会会员拥有丰富的营销知识,协会每学年邀请企业家和专业老师开展营销系列讲座,同时协会还和各企业合作开展多种营销实践活动。2008年5月份开展了"蒙牛学生奶"校园营销风采大赛,2009年5月开展了"PH-7"桶装水校园营销风采大赛。很多同学通过活动的开展,提高了营销技能,因此找到了理想的工作单位。

第二部分

市场营销人才技能培养与训练

中国青年永远跟着党前进

第二章　市场商机把握能力培养与训练

【学习目标】

　　掌握环境分析的方法,把握市场环境发展变化趋势;

　　学会对营销环境进行分析,寻找商机;

　　学会根据消费者购买心理和行为有针对性地开展营销活动,做到知己知彼和有的放矢。

【能力目标】

　　培养发掘新市场机会的能力,重点训练对营销的认知能力;

　　对市场的观察、领悟能力;信息的收集整理、分析与综合能力;

　　顾客心理的洞察与认知能力。

第一节　市场营销认识能力

经典语录：

营销的目的就是要使推销成为多余。
——彼得·德鲁克

营销管理作为一种艺术和科学,它需要选择目标市场,通过创造、传递和沟通优质的顾客价值,获得、保持和增加顾客。
——菲利普·科特勒

理论基石：

一、市场的含义

1. **市场的概念**：市场是商品交换的场所,它是对某种产品或劳务有特定需求和欲望,并愿意且能够通过交换来满足该种需求的所有现实和潜在消费者的集合。

2. **市场三要素**：人口、购买力和购买欲望。市场的这三个要素是相互制约、缺一不可的,只有三者结合起来,才能构成新的市场,才能决定市场的规模和容量。

3. **市场大小＝人口×购买力×购买欲望**。市场是三个要素的统一。例如,一个国家或地区人口众多,但收入很低,购买力有限,则不能构成容量很大的市场;又如,购买力虽然很大,但人口很少,也不能成为很大的市场。只有人口既多,购买力又高,才能成为一个有潜力的大市场。但是,如果产品不适合需要,不能引起人们的购买欲望,对销售者来说,仍然不能成为现实的市场。

4. 市场形成必备的基本条件：(1)存在可供交换的商品；(2)存在着提供商品的卖方和具有购买欲望和购买能力的买方；(3)具备买卖双方都能接受的交易价格、行为规范及其他条件。

二、市场营销的相关概念

(一)需要、欲望、需求

(1)需要就是身心没有得到基本满足的一种感受状态。

(2)欲望是人们欲获取某种能满足自己需要的东西的心愿。

(3)需求是人们有支付能力作保证的欲望。

需求对市场营销最具现实意义，企业必须高度重视对市场需求的研究，研究需求的种类、规模、人群等现状，尤其是研究需求的发展趋势，准确把握市场需求的方向和水平。

(二)产品

产品是满足人们各种欲望与需要的任何方法或载体。它分为有形产品与无形产品、物质产品与精神产品。对于产品来说，重要的并不是它们的形态、性能和对它们的占有，而是它们所能解决人们因欲望和需要而产生的问题的能力。

(三)效用、费用和满足

在对能够满足某一特定需要的一组产品进行选择时，人们所依据的标准是各种产品的效用和价值。所谓效用，是指产品满足人们欲望的能力。效用实际上是一个人的自我心理感受，它来自个人的主观评价。价值是一个很复杂的概念，也是一个在经济思想中有着很长历史的概念。消费者根据不同产品满足其需要的能力，来决定这些产品的价值，并据此选择购买效用最大的产品。

(四)交换、交易和关系

人们有了需要且对产品作出满意的评价，但这些还不足以定义营销。只有当人们决定通过交换来取得产品，满足自己的需要时，营销才会发生。交换是以某些东西从其他人手中换取所需要产品的行为，交换是定义营销的基础。市场交换一般包含五个要素：

(1)有两个或两个以上的买卖者；

(2)交换双方都拥有对方认为有价值的东西；

(3)交换双方都拥有沟通信息和向另一方传送货物或服务的能力；

(4)交换双方都可以自由接受或拒绝对方的产品；

(5)交换双方都认为值得与对方进行交换。

这五个条件满足以后，交换才可能发生。但是交换是否真正发生，最终还取决于交换双方是否找到了交换的条件，或者说，交换双方是否能认同交换的价值。如果双方确认通过交换能得到更大的利益和满意，交换就会实际发生。交易是交换的基本单位。

交换不仅仅是一种交易，而且是建立关系的过程。精明的市场推销人员总是试图与顾客、批发商、零售商以及供应商建立起长期互利、相互信任的关系。

关系营销的结果，是企业建立了一个营销网络，这种网络由公司及其他利益相关者所构成，包括顾客、员工、供应商、分销商、零售商、广告代理人等。拥有完善的营销关系网络的企业，在市场竞争中就能取胜。

(五)市场营销与市场营销者

在交换双方中,如果一方比另一方更主动、更积极地寻求交换,我们就将前者称为市场营销者。

三、正确理解市场营销的含义

(1)市场营销是一种企业活动,是企业有目的、有意识的行为。

(2)市场营销的对象不仅是市场需要的产品、劳务或服务,而且包括思想、观念以及人物的营销。

(3)分析环境、选择目标市场、确定和开发产品、产品定位、分销、促销和提供服务及它们间的协调配合,进行最佳组合,是市场营销活动的主要内容。

(4)市场营销的核心是交换。

(5)实现企业目标是市场营销活动的目的。

(6)市场营销是一种观念。现代营销观念把满足和引导消费者的需求放在经营的首位,是企业一切活动的出发点和中心。

四、市场营销观念

(一)传统市场营销观念

从市场营销发展史考察,尚已存在的市场营销哲学可归纳为六种,即生产观念、产品观念、推销观念、市场营销观念、客户观念和社会市场营销观念。其中前三者被称为传统的市场营销观念,后三者被称为现代市场营销观念。

1. 生产观念

生产观念(Production Concept)产生于19世纪末至20世纪初,当时资本主义经济已经进入了卖方市场,市场需求旺盛,而供应能力则相对不足。因此,经营者以生产观念来指导企业的营销活动,他们认为消费者总是喜爱可以随处买到价格低廉的产品,企业应当集中精力提高生产效率和扩大分销范围,增加产量,降低成本。

以生产观念指导营销管理活动的企业,称为生产导向企业。它们的典型口号是"我们生产什么,就卖什么"。生产观念的特点是企业的主要精力放在重视产量与生产效率上,在营销上是重企业生产而忽视市场营销。

2. 产品观念

产品观念(Product Concept)产生于20世纪初,当时资本主义经济快速发展,社会生产力和生产效率得到了极大的提高,供不应求的局面得到了缓解,消费者对于同类的产品开始有一定的自我选择性,开始喜欢那些高质量、功能全的产品。这就迫使企业不得不致力于产品品质的提高,将生产和营销的重心放在了产品的质量上。

但这种观念仍然忽视市场需求,重视产品生产,持这种观念的企业认为质量比需求更重要。消费者最喜欢高质量、多功能和具有某些特色的产品。因此,企业管理的中心是致力于生产优质产品,并不断精益求精。

产品观念和生产观念,也是典型的"以产定销"观念。由于过分重视产品而忽视顾客需求,这两种观念最终将导致"营销近视症"(Marketing Myopia)。

3. 推销观念

推销观念(Selling Concept)产生于20世纪三四十年代,当时正处于卖方市场向买方市场过渡阶段,致使部分产品供过于求,企业的营销观念也随之发生了变化,由最初的重视产品生产逐渐转变为运用推销与促销来刺激需求的产生,重视产品的推销工作。

持这种观念的企业认为消费者通常有一种购买惰性或抗衡心理,不会大量购买本企业的产品,因而企业管理的中心是积极推销和大力促销。它们的典型口号是我们卖什么,就让人们买什么。

在推销观念指导下,企业相信产品是"卖出去的",他们致力于产品的推广和广告活动,以求说服、甚至强制消费者购买。推销观念也是建立在以企业为中心,同样是"以产定销"。

(二)以消费者为中心的市场营销观念

1. 市场营销观念

市场营销观念是作为对上述诸观念的挑战而出现的一种新型的企业经营哲学。市场营销观念的口号是:"顾客需要什么,我们就生产什么。""哪里有消费者需要,哪里就有我们的机会。"

从推销观念到市场营销观念是一次质的飞跃。它具有以下几个较为突出的特征:

(1)明确服务的目标市场。市场营销观念的核心是满足消费者的需要和欲望以实现企业目标,然而市场上消费者的需要是多种多样的,企业首先要明确是为哪一部分顾客服务的,只有明确了目标市场时,营销方案才会有针对性,才能为顾客服务得更好,市场营销观念才会体现出来。

(2)以顾客需求为企业经营的出发点。生产观念在产品生产之前,从不考虑市场的需求,而是按照企业自身的生产技术条件来安排生产,当产品生产出来以后,采取一系列手段进行促销或推销。其生产经营过程是"生产→销售→消费"。而营销观念则以顾客需求为企业生产经营活动的出发点,认为只有按照消费者的需求组织生产,生产出来的产品才能适销对路。因此,成立专门的市场调研部门,培养专门市场调研人才,花费大量的人力和物力了解消费者的需求特点和动向。企业这时的产销过程已发生了很大的变化,变成了"需求→生产→销售→消费"。这一变化使得顾客需求由过去处于被动地位转为主动地位,成为企业整个生产经营过程的起点。

(3)整合营销是主要的经营手段。整合营销包含两方面的含义。其一是企业的各种营销职能(推销人员、广告、产品管理、营销调研等)必须彼此协调。第二层含义是整个企业必须以顾客为中心来驱动。

(4)开始重视追求企业的长远利润。在奉行生产观念、产品观念及推销观念的情况下,企业一直是注重单位商品的利润和眼前的利润,忽视长远利益,有时甚至为了眼前的蝇头小利而不惜牺牲真正的长远利益,使企业缺乏后劲。随着营销观念的建立,尽管企业追求利润的目标未改变,但开始注重企业的长期利润。人们已经认识到企业追求利润的手段应该建立在满足消费者需求的基础上。消费需求被满足的程度越大,企业盈利的可能性越大,反之,需求被满足的程度越低,企业盈利的可能性越小。因此,企业在经营某种产品时,应首先注重产品对消费者需求的满足程度,然后再考虑盈利的大小。

(5)市场营销概念的超越——创造需求的观念。虽然顾客导向提升了原有的营销观念,对企业参与市场竞争无疑是必要的;但是,企业要取得未来产业主导地位,仅仅局限于顾客导向是不够的。"顾客导向"会随着竞争条件的变化大失其效。

2. 客户观念

所谓客户观念,是指企业注重收集每一位客户以往的交易信息、人口统计信息、心理活动信息、媒体习惯信息以及分销偏好信息等,根据由此确认的不同客户的终生价值,分别为每一位客户提供各自不同的产品或服务,传播不同的信息,通过提高客户忠诚度,增加每一位客户的购买量,从而获得企业的利润增长。市场营销观念与之不同,它强调的是满足每一个细分市场的需求,而客户观念则强调满足每一位客户的特殊要求。如表2-1所示。

表2-1　　　　　　　　推销观念、市场营销观念与客户观念的区别

	起点	焦点	手段	目标
推销观念	工厂	产品	推销和促销	通过增加销量实现利润增长
市场营销观念	目标市场	客户需要	整合营销	通过提高客户满意度实现利润增长
客户观念	单个客户	客户需要和客户价值	一对一营销整合和价值链	通过提升客户占有率,客户忠诚度和客户终生价值,实现利润增长

3. 社会市场营销观念

这一观念存在于20世纪70年代以后,是对市场营销观念的补充、完善和发展。20世纪70年代以来,西方国家市场环境发生了许多变化,如能源短缺、通货膨胀、失业增加、消费者保护运动盛行等。在这种背景下,人们纷纷对单纯的市场营销观念提出了怀疑和指责,认为市场营销观念没有真正被付诸实施,即使某些企业真正实行了市场营销,但它们却忽视了满足消费者个人需要同社会长远利益之间的矛盾,从而造成了资源大量浪费和环境污染等社会弊端。菲利普·科特勒则认为,可代之以"社会市场营销观念",这一提法现在已经为多数人所接受。

所谓社会市场营销观念,就是不仅要满足消费者的需要和欲望并由此获得企业的利润,而且要符合消费者自身和整个社会的长远利益,要正确处理消费者欲望、企业利润和社会整体利益之间的矛盾,统筹兼顾,求得三者之间的平衡与协调。这显然有别于单纯的市场营销:一是不仅要迎合消费者已有的需要和欲望,而且还要发掘潜在需要,兼顾长远利益;二是要考虑社会的整体利益。因此,不能只顾满足消费者眼前的生理上的或心理上的某种需要,还必须考虑个人和社会的长远利益,兼顾社会公众利益,奉行"绿色营销"和"可持续发展"。

20世纪90年代以来,"绿色营销"即重视生态环境、减少或无污染、维护人类长远利益的营销,在许多国家方兴未艾,这也可看作是社会营销观念的一种新的更高的体现。

技能培养:

【感悟营销】

营销的21条金句

1. 观察走在你前面的人,看看他为什么领先,学习他的做法。
2. 如果你不知道自己一生要的是什么,你还想得到什么?
3. 如果你经常批评别人,何不试着赞美别人?
4. 可以随心所欲地想,但要小心谨慎地说。

5. 知道自己为什么失败,这已经是一种财富。
6. 信心越用越充沛,意志越用越坚强。
7. 不要太苛求抱怨的人,他把自己的日子弄得够难过的了。
8. 情况坏到极点,通常开始好转。因此,坚持就是胜利。
9. 像老板一样努力工作,总有一天你也会当上老板。
10. 机会通常先以挫折的形式考验人。
11. 如果马知道它真正的力量,就没有人敢骑它。
12. 习惯拖延的人善找借口,而拖延是失败一大根由。
13. 不要轻视梦想家,今日的梦想会成为明天的现实。
14. 用别人的方法做事,别人负责;用自己的方法做事,自己负责。
15. 沉默的好处是,别人看不出你下一步往何处走,要知道,曲线飞行的鸟儿不易被捕杀。
16. 如果你把所有的鸡蛋放在一个篮子里,务必看好它。
17. 与成功的人为伍,他们会告诉你成功的秘诀。
18. 你知道多少并不重要,重要的是如何利用你所知道的。
19. 你还在等什么?为什么要等?一切始于行动。
20. 星期一到星期五是在保持竞争力不落人后,星期六与星期日拿来超越他人。
21. 你必须知道什么时候该离开,这是最困难的一部分,但却能令你致富。

换个角度做营销

营销的魅力在于,引导顾客换一个视角看品牌、看企业、看产品。就像摄影师习惯用仰视角给矮子拍照一样,没有欺骗,只是错觉。

很多企业做得上气不接下气,放眼望去,前进的道路上全是烂泥潭,进退维谷,只能苟延残喘。陷入这样的境地,多数情况下并非是因为不够努力,而是思想角度出了问题。

换个思路重新审视,往往就是"山重水复疑无路,柳暗花明又一村"。

企业经营的过程,就是摸着石头过河的过程。在这个过程中,会遇到各种各样的问题,有的在预料之中,有的出乎意料。其实,遇到问题大可不必焦虑。问题对于企业来说,不一定就是麻烦,还可能是发展壮大的绝佳机会。

换个角度,可能会豁然开朗。

小区附近有两个大众浴池,一个老板姓张,一个老板姓李,生意一直都很好。然而,近几年煤炭价格暴涨,成本增加,节约成本成为这两家浴池的重点任务。

张老板发现,晚上9点之后基本就没有人来洗澡了。但是,大家洗完澡之后,喜欢躺在那里聊聊天,一直到11点之后才回去。这段时间,等于白白烧了两个小时的煤。于是,张老板从9点开始,就把火炉关掉。这样,没有了暖气,大家就乖乖地回家了,节省了不少成本。

但是,来洗澡的人却越来越少了,相反,他的老客户开始往李老板的澡堂里跑。

张老板不解,去请教李老板。几经周折,李老板终于吐露了真言:"你关了火之后,客人冷得受不了,确实会回家。而我加了火之后,客人热得受不了,自然也会回家。而这一冷一热之间,客人的心理感受不一样啊。"

在经营上,李老板无疑比张老板技高一筹,但是,换个角度看,他也浪费了一次利润增长的机会。

比如,并没有把目前的客户资源转换成利润。对于李老板来说,客户待在这里,就是你的资源,可以为他们提供扑克、象棋、麻将、瓜子、饮料等产品,让他们在这里得到更好的放松,在提高客户体验的同时,收获额外利润。

【案例教学】

雀巢这样卖雪糕

2012年春,雀巢公司的泰国冷饮开发团队设计出一款奇特的雪糕,这款产品外形颇似香蕉,剥开用果冻制成的可食用黄色外皮后,里面就出现了带有香草味的雪糕。

雀巢公司根据它的外形和英文发音,起名为"笨NANA",除了本身的味道不错外,它的名字更是活泼可爱到极点,让这款剥着吃的雪糕迅速在泰国、马来西亚、菲律宾、中国内地、中国香港等亚洲国家和地区热销。

在销售之初,雀巢公司原本将这款雪糕定位在未成年人身上,但他们很快发现,无论是在东南亚还是在中国香港和中国内地,这款雪糕受到了年龄更大的年轻人的追捧。他们在做推广活动的时候,很多年轻消费者直接就从冰柜里抢购"笨NANA",一买就是十几根,用大塑料袋带走。

推广活动的受众群毕竟有限,如何才能吸引到更多的人?从惯例上看,推出新产品一般都需要投入大量资金做电视广告,然而雀巢公司经过调查发现,现在各国的年轻人普遍都是互联网和手机用户,他们对于网络的依赖远大于电视,而且他们喜欢谈论新鲜事物,相信口碑传播,剥开吃的"笨NANA"恰好可以迎合他们追求新鲜、时尚的心理。

雀巢公司决定采用微博营销,相比于电视广告,网络微博是更适合传达此类主题的平台,不仅成本低,还能通过年轻人热衷的转发、分享获得更多的推荐者。他们在多个国家开通了"笨NANA"微博,随着图文并茂的博文更新,粉丝们很快开始发表大量类似于"笨NANA太新奇了"、"我终于吃到了传说中的笨NANA"、"上海有好玩好吃的笨NANA了"之类的话题,发布者多是美食或时尚类微博,粉丝数量庞大。

不满半个月,各网站的搜索结果就累计达数百万条,其中还有不少剥雪糕的直观图片,通过转发,越来越多的消费者都知道了有这么一种新鲜好玩的雪糕。"笨NANA为你揭开神奇乐趣"——对其可以像香蕉一样剥开吃的特性以及新鲜感进行传播,让"笨NANA"的销量随之迅猛提高。

同时,雀巢公司还注意到,20岁以下的孩子们其实不怎么上微博,也很少搜索或者网购,他们最喜欢的是游戏,于是雀巢公司又在各大网站的在线游戏、魔术、晒照片等娱乐内容和"笨NANA"的视频广告相挂钩,把"笨NANA"作为网络宠物的可选食物、通过游戏赢取各种金币和奖励,很快进入更多人的眼中,一个全面系统的推广网络就此铺开。

自2012年3月进入各国市场后,"笨NANA"简直供不应求,以中国内地市场为例,原本3元的零售价很快被卖到了4元、6元,在上海甚至卖出过8元的价格,一举超越雀巢连续多年销量第一的"八次方冰淇淋",仅在这一个夏季,雀巢公司就靠它收入了数亿美元的利润。

【营销启示】 雪糕是一款普通得不能再普通的小食品,雀巢公司为什么能靠它打造出如此佳绩?只要稍加分析不难发现这大致上基于两点:一是产品创意,二是市场营销。产品创意是争取顾客的根本动力,而雀巢公司所采用的网络微博营销,不仅为公司节省一大笔开支,还使产品更加准确有力地进入定位内的顾客群眼中,可谓是节流与开源同步进行。这两者的有效结合,正是"笨NANA"创造雪糕新神话的基石所在。

【思维训练】

1. 男性的手杖已不流行了,想再次让它流行,该怎么做?
2. 如果你是牙刷的制造者,为了推销生产过剩的牙刷,你可能想出哪一种新用途?(除了刷牙外)

3. 家庭日常所用的物品中,有哪些可能由弯曲来代替直线形状,而使利用效果更佳?

4. 沙漠探险

一家公司招聘职员,最后要从3个人中选出两个。应聘题目是:假如你们3个人一起去沙漠探险,在返回途中,车子抛锚了。你们还有很多的路要走,可是你们只能从7样东西中选择4样随身携带,你会选什么? 这7样东西分别是:镜子、刀、帐篷、水、火柴、绳子、指南针。而其中帐篷只能住下两个人,水也只有两瓶矿泉水。

你会选择什么? 为什么?

【实战演练】

一、了解市场营销在我国的现状

(一)演练要求:

1. 随机调查你身边的同学及朋友,了解他们对于市场营销的看法,并纠正其中错误的观念和观点。

2. 随机调查学校周围的商店,了解它们的经营中是否运用了市场营销手段。

3. 运用网络和图书馆,了解市场营销在我国企业中的运用情况。

(二)演练指导:

1. 将学生分组,每组分别进行一项内容的调查。

2. 实训结束后,各组交流调查信息。

二、经理竞聘与组建公司营销部

营销工作描述。

营销既是各公司之间的互动,又是公司内部的运作,所以,营销离不开公司。

【实战目标】

1. 训练表达能力。

2. 培养竞聘能力。

【实战内容与方法】

1. 全体参加实训的同学,组建若干模拟公司营销部。

2. 召开竞聘会,通过竞聘产生各营销部经理。

3. 通过自愿组合与经理招聘相结合的方式成立各个公司营销部。

4. 以公司营销部为单位,由经理主持确定公司名称。

【实战要求与要领】

1. 依据班型大小确定公司个数,一般为偶数,便于组织对抗及有利于互判作业。

2. 为尽可能使每个人都有充分参与的机会,每个公司人数不宜过多,一般以4～8人为宜。

3. 每个同学要认真写好演讲提纲,主要内容包括:自我介绍、竞聘原因、竞聘条件与优势、担任经理后的工作展望等。

4. 演讲者必须脱稿,要大声宣讲并富有激情,既可以全部同学都参与竞聘演讲,也可以按经理职位的150%限额,自由竞聘。

5. 确定经理与组成公司的方式有两种:

(1)投票产生经理,再由经理按照"经理招聘与自愿组合相结合"的原则确定各公司成员。

(2)由学生通过"站队"方式选择经理,即拥护谁当经理就站到谁的身后,成员达到组建公司的最低人数,该公司即宣告成立,竞聘者即为经理。

【实战成果与考核】

1. 每个人提供一份总经理竞聘讲演稿或提纲,作为一次作业。
2. 由教师与学生对各营销部组建情况(含竞聘提纲)进行评估打分。

三、营销兴趣与职业倾向测试

以下是一份调查问卷,通过对回答问题的结果进行统计,可以测出你对营销的态度和你的营销职业倾向程度。如果是肯定的回答加1分,否定的回答不计分。

1. 在买东西时,会不由自主地算算卖主可能会赚多少钱。
2. 如果有一笔能赚钱的生意,但你却没有本钱,你会借钱投资来做。
3. 在购买大件商品时,经常会计算成本。
4. 在与别人讨价还价时,会不顾及自己的面子。
5. 善于应付不测的突发事件。
6. 愿意"下海"经营而放弃拿固定的工资。
7. 喜欢阅读商界人物的经历。
8. 对于自己想做的事,能坚持不懈地追求并达到目的。
9. 除了当前的本职工作,自己还有别的一技之长。
10. 对于新鲜事物的反应灵敏。
11. 曾经为自己制订过赚钱的计划并且实现了这个计划。
12. 在生活或工作中敢于冒险。
13. 在工作中能够很好地与人相处。
14. 经常阅读财经方面的文章或收看财经方面的新闻。
15. 在股票上投资并赚钱。
16. 善于分析形势或问题。
17. 喜欢考虑全局与长远的问题。
18. 在碰到问题时能够很快地决策该怎么做。
19. 经常计划该如何找机会去赚钱。
20. 做事情最看重的是结果。

实训测评:如果你的得分在16分以上,那么恭喜你,你已经有了营销的天赋!但是,要成为一名成功的营销人士,还要加倍努力哦!如果你的得分在16分以下,那也没有关系,通过对市场营销课程的学习,你的测试成绩一定会超过16分的!

第二节 市场环境分析能力

经典语录:

物竞天择,适者生存。

——达尔文

成功的公司能认识环境中尚未满足的需要和趋势并能作出反应以盈利。

——菲利普·科特勒

理论基石：

一、市场营销环境

市场营销环境是一个不断发展和完善的动态概念。在19世纪，西方工商企业只将市场当作销售环境。在20世纪30年代，把政府部门、投资者、社团等也看作环境。20世纪60年代以后，自然环境、社会文化、科学技术等因素是企业考虑的范畴。在20世纪80年代以后，许多国家都对环境保护、生态平衡日益重视，从而制订各种制度保护人类的生存环境。在现代，市场营销环境是指影响企业生产经营活动的各种内、外部因素的总和，它包括内部环境和外部环境或宏观环境（间接环境）和微观环境（直接环境）。企业的市场营销环境可分为微观环境和宏观环境两大类。

二、微观市场营销环境

企业营销管理的任务，就是要不断向目标市场提供对其有吸力的产品或服务。要想成功地做到这一点，企业的营销管理者就不仅要注视目标市场的需求，而且要了解企业营销活动的所有微观环境因素。微观环境因素包括：企业、供应者、营销渠道企业、顾客、竞争者和公众等。

（一）企业本身

企业是由营销和营销部门来管理市场营销的，营销部门是企业的一个重要组成部分，营销管理者在工作中应注意：首先，做好与其他部门，如与最高管理当局、财务部门、采购部门、会计部门等的协调工作。其次，营销部门必须按高层管理部门的规划来决策，同时营销计划必须经最高管理层同意才能实施。

（二）供应商

供应商是向企业供应生产或经营特定产品和劳务所需要的各种资源的企业或个人。供应商对企业营销活动的影响主要体现在以下几个方面：

(1)资源供应的价格和变动趋势，将影响到产品的质量。

(2)资源供应的可靠性，即资源供应的保证程度，将直接影响到企业产品的销售量和交货期。

(3)资源的质量水平，这将直接影响到产品的质量。

（三）营销中介

营销中介是指能协助企业推广、销售和分配产品给最终用户的企业。包括：中间商、货物储运公司、营销服务机构、金融机构。

（四）顾客

企业与供应商和中间商保持密切关系的目的，是为了有效地向目标市场提供商品和劳务。企业的目标市场可以是下列五种顾客市场中的一种或几种：

(1)消费者市场。由个人和家庭组成，其购买产品是为了进行自身消费。

(2)生产者市场。由生产厂商组成，其购买产品是为了进行生产，以获取利润。

(3)政府市场。由政府机构组成，其购买产品是为了提供公共服务。

(4)中间商市场。由各种中间商组成，其购买产品是为了转手他人，从中获利。

(5)国际市场。由国外的消费者、生产者、中间商和政府组成。

（五）竞争者

企业要想在激烈的市场竞争中获得成功,就必须能够比竞争对手更好地满足消费者的需要和欲望,使产品在消费者心目中形成明显差异,从而取得竞争优势。从市场需求的角度划分,竞争者可分为下列几种类型:(1)愿望竞争者;(2)平行竞争者;(3)产品形式竞争者;(4)品牌竞争者。

（六）公众

公众是指对某一企业实现其目标有着实际或潜在兴趣或影响的群体。公众可能有助于实现该企业的目标,可能会妨碍该企业目标的实现。一个企业所面临的公众主要有七类:(1)金融公众;(2)媒介公众;(3)政府公众;(4)公民公众;(5)地方公众;(6)一般公众;(7)内部公众。

三、宏观市场营销环境

一切营销组织都处于某种宏观环境因素之中,不可避免地受其影响和制约。这些宏观环境,包括人口、经济、自然、技术、政法和文化环境六大要素。它们都是不可控制的因素,企业及其所处的微观环境都在这些宏观力量的控制下。这些宏观力量及其发展趋势给企业提供机会,同时也造成威胁。

（一）人口环境

企业营销把人作为市场来研究。人口决定市场的存在与否,人口的数量决定市场的容量,人口的结构决定市场产品供应的结构。

(1)总人口。我国总人口13.397 2亿,人的消费贯穿整个生命过程。因此,我国的市场十分巨大,可以为企业提供无限的市场机会。

(2)人口的分布。总体上讲,我国人口分布是西疏东密、乡疏城密。人口分布在我国现实地体现着收入、消费习惯、民族及区域个性的差异,这些因素决定着企业营销的差异性。

(3)劳动力流向。我国劳动力流向规律是由乡至城、由西至东、由落后地区至发达地区。

(4)人口结构。年龄、性别、文化、教育、民族等各种结构都是企业营销应该考虑的。

（二）经济环境

从企业营销的角度,经济环境可以从不同层次分析:世界经济格局;"经济成长阶段";国内经济形势及行业结构;居民货币收支;消费储蓄与信贷等。

(1)消费者收入的变化和消费者收入的构成。

(2)消费者支出模式和恩格尔定律。

(3)储蓄与信贷。

(4)消费者的购买力除了主要受消费者收入等因素影响外,还受以下两个因素影响:家庭生命周期的阶段;消费者家庭所在的地点。

（三）自然环境

地球上的自然资源有三类:取之不尽、用之不竭的资源;有限但可以更新的资源;有限又不能更新的资源。从20世纪60年代以来,西方国家的一些学者越来越多地关心工业发展对自然环境的影响。曾有人警告说,如果地球上的资源不能保持不断再生,则有一天地球将会像缺乏燃料的宇宙飞船一样危险。还有许多学者对工业污染、生态系统的失衡提出指责和警告;同时,出现了许多环境保护组织,促使一些国家加强了环境保护方面的立法和执法。这些对市场营销都是严重的挑战。

(四)政治法律环境

政府部门制定的方针政策对企业营销会产生巨大的影响。企业要善于协调与政府部门的关系,深入研究相关的方针政策及变化趋势,从中发现机会,避免威胁。

法律与道德是同一个范畴,都是规范人们行为的准则。法律提供人们行为的下限,道德提供人们行为的上限;提倡道德是让人不做坏事,加强法制是让人恐惧做坏事后的制裁;道德规范人的思想,法制约束人的行为。企业从事市场营销活动,既要有良好的职业道德,又要有强烈的法治意识。

(五)科学技术环境

科学技术是影响人类前途和命运的最大的力量,是"第一生产力"。科学技术是一种"创造性的毁灭力量"。它有利于企业改善经营管理,同时也影响零售商业结构和消费者购物习惯。技术的进步对市场营销的影响更为直接而显著。

营销应注意以下几个趋势:

(1)技术变化的步伐加快;

(2)创新的机会无穷;

(3)研究与开发预算很高;

(4)关于技术革新的法规增多。

第二次世界大战后由于新技术的迅速发展,新产品的大量涌现,往往产生一些不良后果,因而一些国家的政府对新产品的检查和管理日益加强,对安全与卫生的要求越来越高。许多西方公司有这样的经验:投资数百万开发的新产品,结果由于政府认为不安全,被迫从市场上收回。因此,营销者在发展新技术、创造新产品时,一定要充分注意各种有关法规的限制。

(六)社会文化环境

社会文化主要是指一个国家、地区或民族的传统文化,如风俗习惯、伦理道德观念、价值观念等。人们在不同的社会文化背景下成长和生活,各有其不同的基本观念和信仰,这是在不知不觉中形成的,成为一种行为规范。一个社会的核心文化和价值观念具有高度的持续性,它是人们世代沿袭下来的,并且不断得到丰富和发展,它影响和制约着人们的行为,包括消费行为。企业的营销人员在产品和商标的设计、广告和服务的形式等方面,要充分考虑当地的传统文化,充分了解和尊重传统文化,在创新的时候也不要与核心文化和价值观念相抵触;否则,将受到不必要的损失。如图2-1所示。

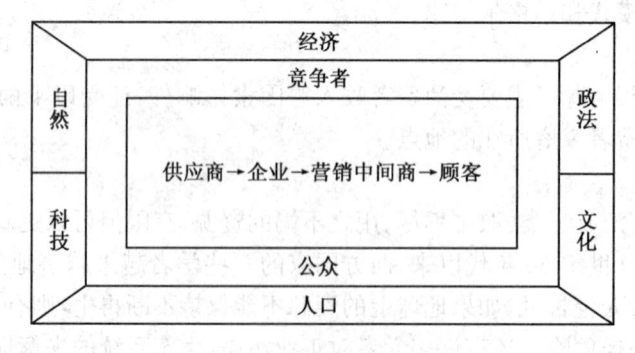

图2-1 企业市场营销环境

四、市场营销环境的特征

1. 客观性(不可控性):市场营销环境作为一种客观存在,是不以企业的意志为转移的,有着自己的运行规律和发展趋势,对营销环境变化的主观臆断必然会导致营销决策的盲目与失误。

2. 动态性:外界环境随着时间的推移经常处于变化之中。外部环境各种因素结合方式的不同也会影响和制约企业营销活动的内容和形式。

3. 层次性:从空间上看,营销环境因素是一个多层次的集合。第一层次是企业所在的地区环境,第二层次是整个国家的政策法规、社会经济因素,第三层次是国际环境因素。这几个层次的外界环境因素与企业发生联系的紧密程度是不相同的。

4. 关联性:构成营销环境的各种因素和力量是相互联系、相互依赖的。

5. 差异性:营销环境的差异主要因为企业所处的地理环境、生产经营的性质、政府管理制度等方面存在差异,不仅表现在不同企业受不同环境的影响,而且同样一种环境对不同企业的影响也不尽相同。

五、SWOT 分析法

企业战略性营销分析中,流行一种简便易行的"SWOT"分析法。SWOT 分析法(自我诊断方法)是一种能够较客观而准确地分析和研究一个单位现实情况的方法。利用这种方法可以从中找出对自己有利的、值得发扬的因素,以及对自己不利的、如何去避开的东西,发现存在的问题,找出解决办法,并明确以后的发展方向。根据这个分析,可以将问题按轻重缓急分类,明确哪些是目前急需解决的问题,哪些是可以稍微拖后一点儿的事情;哪些属于战略目标上的障碍,哪些属于战术上的问题。它很有针对性,有利于领导者和管理者在单位的发展上作出较正确的决策和规划。"S"指企业内部的能力(strengths),"W"指企业的薄弱点(weaknesses),"O"表示来自企业外部的机会(opportunities),"T"表示企业面临外部的威胁(threats)。运用"SWOT"方法,不仅可以分析本企业的实力与弱点,还可以用来分析主要竞争对手。通过企业与竞争对手在人力、物力、财力以及管理能力等方面的比较,作出企业的实力—弱点的对照表,结合机会—威胁的分析,最后确定企业的战略。

技能培养:

【感悟营销】

海尔——产品开发与市场开发一体化

许多企业在产品开发与市场开发方面,存在着极不协调的现象:产品开发人员热衷于"闭门造车"搞开发,销售人员对新产品的销售却不感兴趣。两个部门好像互不相关的两驾马车。原因很简单:产品开发人员按照"我能开发什么就开发什么"的思路去开发,开发出来的产品市场不一定需要;产品销路不好,销售人员付出了双倍努力却拿不到相应报酬,当然没有积极性。

海尔则是另一番景象:产品开发人员走出设计室,主动到市场调查,主动与营销人员沟通,了解客户难题,根据客户难题申请产品开发课题,进行开发研制;因为新产品能解决客户难题,深受客户欢迎,销售人员积极性高涨,市场得以迅速扩张……这不仅仅是靠理念引导,也有利益的吸引。"开发人员以技术入股方式在所开发的产品中享有分红权。"正是这样一种机制,保证了海尔新产品层出不穷。

本田妙案

日本横滨本田汽车大王——青木勤社长,别出心裁地想出了一个为推销汽车而绿化街道的"本田妙案"。这一方案一经推出,即收到意想不到的效果,使得本田汽车独领风骚。

"本田妙案"是怎样产生的呢?青木勤社长在每天外出和上下班的途中发现,汽车在飞跑过程中排出大量直接污染城市的环境,不但乌烟瘴气,而且还造成街道旁绿树的枯萎。青木勤社长看到自己的产品给环境带来不利的影响,决心解决这个问题,恢复大自然本来的面目。于是,青木勤社长亲自制定了"今后每卖一辆车,就要在街道两侧种一棵纪念树"的经营方针。随后本田公司又将卖车所得的利润一部分转为植树的费用,以减轻越来越多的汽车排气对城市环境的污染。"本田妙案"实施后,汽车一辆辆地开出厂门,街道上的树木也一棵棵栽上,绿化地带也一块块铺开,消费者心中自然产生了一种强烈的需求愿望,同样是买车,为什么不买绿化街道的本田汽车呢?既可以买到需要的产品,又可以美化生活环境,这就是有心栽花花不开,无心插柳柳成荫。这种别出心裁的"我为你种植"的营销策略,使本田汽车的营销量与日俱增,在汽车行业中一直立于不败之地。

【案例教学】

不要小看"入乡随俗"的重要性

商海沉浮,事事难料。1973年9月,中国香港市场的肯德基公司突然宣布多间家乡鸡快餐店停业,只剩下四间还在勉强支持。肯德基家乡鸡采用当地鸡种,但其喂养方式仍是美国式的。用鱼肉喂养出来的鸡破坏了中国鸡的特有口味。另外家乡鸡的价格对于一般市民来说有点承受不了。在美国,顾客一般是驾车到快餐店,买了食物回家吃。因此,在店内是通常不设座的。在中国香港市场的肯德基公司仍然采取不设座位的服务方式。为了取得肯德基家乡鸡首次在香港推出的成功,肯德基公司配合了声势浩大的宣传攻势,在新闻媒体上大做广告,采用该公司的世界性宣传口号"好味道舔手指"。

凭着广告攻势和新鲜劲儿,肯德基家乡鸡还是火红了一阵子,很多人都乐于一试,一时间也门庭若市。可惜好景不长,3个月后,就"门前冷落车马稀"了。到1975年2月,首批进入香港地区的美国肯德基连锁店集团全军覆没。

在世界各地拥有数千家连锁店的肯德基为什么唯独在香港地区遭受如此厄运呢?经过认真总结经验教训,发现是中国人固有的文化观念决定了肯德基的惨败。

10年后,肯德基带着对中国文化的一定了解卷土重来,并大幅度调整了营销策略。广告宣传方面低调,市场定价符合当地消费,市场定位于16岁至39岁之间的人。1986年,肯德基家乡鸡新老分店的总数在香港为716家,占世界各地分店总数的十分之一强,成为香港快餐业中,与麦当劳、汉堡王、必胜客并称四大快餐连锁店。

讨论:肯德基公司70年代为什么会在香港地区全军覆没?80年代该公司为什么又能取得辉煌的成绩?

忽视市场营销环境的失误

彭尼公司是美国大型零售商店之一,成立于1902年。8年后,它发展成为遍布美国西部各州的26家连锁商店。在以后的30年间,它的发展极为迅速,到1940年已经拥有1 585家商店。

彭尼公司的巨大成功,来自于它的经营特色:(1)只限于在小城镇开店,彭尼公司的商店遍布小城镇,在大都市踪影全无。彭尼公司的商店大多在密西西比州的西部。在这样的小镇上,彭尼公司的经理工资最高、地位显赫,被尊为当地人的朋友,他们的商店也受到了爱屋及乌的礼遇。(2)现金交易。彭尼公司一直坚持现金交易和顾客自己拿货。彭尼公司极力提供最优质的商品,而且尽可能把价格压到最低限度,这样一来顾客乐于付款,也乐于把商品带回家中。由于商店坚持以货真价实为宗旨,不搞门面装饰,因而管理费用极低,在售价低的情况下,也有利可图。(3)销售品种有限。彭尼公司的商店大多分布在小城镇,销售产品主要限于服装和家具,这样一来质量更容易获得保证。

主要是市场营销环境发生了变化。

1. 顾客需求呈现多样化。由于战后人们生活水平的提高,消费结构的变化,消费需求日渐丰富,呈现多样化的特征。

2. 服务形式多样化。由于买方市场的形成,消费者对服务水平的要求越来越高。不仅要求有漂亮的装潢、舒适的购物环境,还要求有赊销、送货上门等服务。

3. 企业形象日趋重要。由于竞争的加剧,企业定位、企业形象对于吸引消费者起着越来越大的作用。代表高效率、大规模的西尔斯公司吸引了大批消费者。

第二次世界大战后,彭尼公司恪守的经营原则受到了严重的挑战,市场占有率不断下降。而同期,另一家大型连锁店西尔斯的市场占有率却在不断上升。是什么原因导致二战后彭尼公司滑坡的呢?

讨论:

(1)为什么彭尼公司市场占有率不断下降?

(2)彭尼公司应采取什么措施适应营销环境的变化?

(3)如何理解营销环境的变化?

【思维训练】

1. 如果你是牙刷的制造者,为了推销生产过剩的牙刷,你可能想出哪一种新用途?(除了刷牙外)

2. 一只酒瓶装了半瓶酒,瓶口用软木塞塞住。问:在不敲碎酒瓶、不拔去塞子或者不准在塞子上钻孔的情况下,怎样将瓶内的酒喝光?

3. 一位商界奇才做电台嘉宾主持时出了一道题:某地发现了金矿,人们一窝蜂地拥去,但一条大河挡住了必经之路,你会怎么办?

【实战演练】

【目的】

1. 培养学生对主要分析方法的运用能力。

2. 培养学生面对特定环境因素解决问题的能力。

一、企业环境分析

1. 以模拟公司为单位,利用课余时间实地调查来的××企业的各种资料信息,运用SWOT分析法分析××企业营销环境。既包括企业的内部环境,也包括企业的外部环境;既要考虑企业的现实环境,也要考虑企业的未来环境。确定现有主要产品的优势、劣势、机遇和挑战。

2. 做公司间交流。每组推荐一名代表进行总结发言。

3. 各模拟公司围绕着如何树立××企业形象,以宣传推销××企业产品为主题,做营销专题策划活动方案。

(1)制定目标:详细制定此次策划活动的目标,包括初期目标和最终目标。

(2) 设计与抉择方案：为实现目标，要合理配置人、财、物等诸种资源，选择正确的实施途径与方法，制定系统的计划方案。

(3) 编制计划：要依据计划目标与所确定的最优方案，按照计划要素与工作要求，编制计划书。

(4) 计划的实施与反馈：计划付诸实施，管理的计划职能并未结束。为了保证计划的有效执行，要对计划进行跟踪反馈，及时检查计划执行情况，分析计划执行中存在的问题，并对计划执行结果进行总结。

成果与检测：

1. 以模拟公司为单位提交交流总结报告。
2. 以模拟公司为单位提交专题策划方案。
3. 在小组评分基础上，教师进行综合评分。

二、结合实际，分析下列行业的主要环境机会和威胁

(1) 汽车业

(2) 美式快餐业

(3) 零售业

要求：

1. 利用网络和图书馆搜集关于行业的相关信息。
2. 根据每个行业的机会和威胁，为其确定发展方向。

三、理解宏观环境对企业生产经营的影响

演练要求：

1. 调查一家到中国来从事生产经营的大型外国企业，比较其在本国与在中国生产经营方面的差异，并说明造成差异的原因。
2. 调查一家到外国来从事生产经营的中国企业，比较其在中国与在国外生产经营方面的差异，并说明造成差异的原因。
3. 撰写调查报告。

演练指导：

1. 将学生分组，每组调查上述的一项内容。
2. 可以利用公司网站搜集相关资料。
3. 实训完毕，各组交流并讨论调查结果。

第三节　市场商机发掘能力

经典语录：

机遇只偏爱那些有准备的人。　　　　　　　　　　　　　　　——巴斯德

只有愚者才等待机会，而智者则造就机会。　　　　　　　　　——培根

当机会呈现在眼前时，若能牢牢掌握，十之八九都可以获得成功；而能克服偶发事件，并且替自己找寻机会的人，更可以百分之百的获得胜利。

——卡耐基

理论基石：

一、市场机会

市场机会就是市场上存在的未满足的需求。有时人们称它为潜在的市场，亦即客观上已经存在或即将形成，而尚未被人们认识的市场。判定潜在市场要求企业做好两项工作：一要深入调查研究了解现状；二要比较准确地把握经济发展规律，预测未来。

市场营销管理人员可以采用以下方法寻找、发现市场机会：

(1)市场信息搜集法。市场营销管理人员可经常阅读报纸、参加展销会、研究竞争者的产品，召开献计献策会，对消费者展开调查等来寻找、发现或识别未满足的需要。

(2)借助产品/市场矩阵。企业可以考虑市场渗透、市场开发、产品开发和多角化经营来寻找市场机会。实践证明，通过这种方法寻找、发现市场机会非常有效。

(3)进行市场细分。

二、机会与威胁分析

营销机会是一个企业通过满足消费者的需要并能够赢利的一个领域。这些机会可以按其吸引力与成功概率来分类。环境威胁是不利的发展趋势所形成的挑战，如果不采取果断的营销行动，这种不利的趋势将会侵蚀企业的利润。环境威胁可按危险的严重性和发生的概率分类。

用上述方法分析评价环境可能出现四种不同的结果，如图2-2所示。

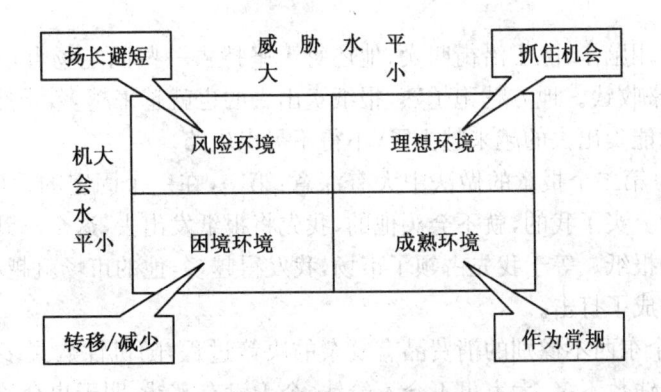

	威胁水平大	威胁水平小
机会水平大	风险环境（扬长避短）	理想环境（抓住机会）
机会水平小	困境环境（转移/减少）	成熟环境（作为常规）

图2-2　环境综合分析评价矩阵

三、市场商机发掘能力的培养

我们经常说利用商业思维培养商业敏感开发创业机会。商业敏感和商业判断能力很大程度上是取决于个人，每个人的商业敏感都不一样，有些人强有些人弱，强的人容易发现商业机会。依靠商业敏感发现商业机会就是一门艺术，但是艺术仍然具有可习得性，可以通过学习培养商业敏感。

(1)商业学习，特别需要学习市场营销知识，掌握一些商业理念。

(2)细心观察生活，留心商业信息，激活商业思维。

(3)增广见闻,除了问"为什么",更要想"怎么做"。眼界决定境界,思路决定出路。

四、环境综合营销分析对策

环境综合营销分析对策见表2—2。

表2—2　　　　　　　　　　环境综合营销分析对策

环境类别	表现形式	营销建议
理想环境	高机会、低威胁	抓住机会,开拓经营,创造营销佳绩,万万不可错失良机
冒险环境	高机会、高威胁	加强调查研究,进行全面分析,审慎决策,降低风险,争取利益
成熟环境	低机会、低威胁	一方面维持正常运转取得平均利润,另一方面积蓄力量,为进入理想环境或冒险环境做准备
困难环境	低机会、高威胁	企业要想方设法扭转局面。如果大势已去,无法扭转,则必须采取果断决策,撤出在该环境中经营,另谋发展

技能培养:

【感悟营销】

聪明的报童

某一地区,有两个报童在卖同一份报纸,两个人是竞争对手。

第一个报童很勤奋,每天沿街叫卖,嗓子也很响亮,可每天卖出的报纸并不很多,而且还有减少的趋势。

第二个报童肯用脑子,除了沿街叫卖,他还每天坚持去一些固定场合,一去就给大家分发报纸,过一会儿再来收钱。地方越跑越熟,报纸卖出去的也就越来越多,当然也有些损耗。

而第一个报童能卖出去的越来越少了,不得不另谋生路。

【营销启示】　第二个报童的做法中大有深意:第一,在一个固定的地区,对同一份报纸,读者客户是有限的。买了我的,就不会买他的,我先将报纸发出去,这个拿到报纸的人,是肯定不会去再买别人的报纸。等于我先占领了市场,我发得越多,他的市场就越小。这对竞争对手的利润和信心都构成了打击。

第二,报纸这个东西不像别的消费品有复杂的决策过程,随机性购买多,一般不会因质量问题而退货。而且钱数不多,大家也不会不给钱,今天没有零钱,明天也会给。文化人嘛,不会为难小孩子。

第三,即使有人看了报,退报不给钱,也没有什么关系,一则总会有积压的报纸,二来他已经看过了报纸,肯定不会再买同一份了。还是自己的潜在客户。

"一元水果"顾客爱买

近两年来,郑州的冷饮摊上增加了一类"一元货",即切削后分块零卖的水果。商人们把哈密瓜、菠萝、西瓜等削好,切成一块一块的,插上一根木条,每块卖一元。"一元水果"的生意非常红火。虽然"一元水果"相比整卖的水果要贵一些,但顾客还是很喜欢买。

【思考】　"一元水果"比整卖的水果要贵一些,为什么顾客还很喜欢买呢?

【分析】 "一元水果"的定价迎合了顾客的消费心理,且满足了特定消费者的消费需求,故而虽然"一元水果"比整卖水果贵,顾客还很乐意买。具体分析如下:

首先,价格定得恰到好处。郑州是一个大城市,仅每天流动人口吞吐量就在上百万人,因而客源相对稳定。目前由于通货膨胀,一元钱已成为最为流行的货币单位,角、分在市场流通相对较少。一元钱一块西瓜、一块哈密瓜、一块菠萝,价格并不贵,对于行色匆匆的顾客也免去了找零钱的麻烦。另外,市场上的冷饮价格,少的一般单价也在一元左右,贵的要几元甚至更多。相比之下,一元钱一块水果实惠得多。

其次这类产品满足了消费者特定的消费需求。夏天行人口渴,若买一个西瓜一个人又吃不完,白白浪费,而此时精明的商人推出一元钱一块西瓜,既满足了行人的特定需要,又很快卖出了大量西瓜,比卖整瓜又多赚了钱。在冰棍、汽水充斥的市场,特别是目前冷饮色素含量过高的情况下,行人换换口味,吃上营养丰富又可口的水果,也花不了几个钱,何乐而不为呢?

【营销启示】 随着消费者心理上的基本货币单位的上升,角、分的货币单位概念逐步退化,以角、分为尾数的定价策略渐渐成为累赘,失去价格魅力。而一元、十元作为顾客心理上的基本货币单位在工薪阶层中的地位正在上升。"一元水果"的出现正是由于商人们琢磨透了消费者的心理。

【案例教学】

老农夫和服务小姐

在一个炎热的午后,有位穿着汗衫、满身汗味的老农夫,伸手推开厚重的汽车展示中心玻璃门,他一进入,迎面立刻走来一位笑容可掬的柜台小姐,很客气地询问老农夫:"大爷,我能为您做什么吗?"

老农夫有点腼腆地说:"不用,只是外面天气热,我刚好路过这里,想进来吹吹冷气,马上就走了。"

小姐听完后亲切地说:"就是啊,今天实在很热,气象局说有32℃呢,您一定热坏了,让我帮您倒杯水吧。"接着便请老农夫坐在柔软豪华的沙发上休息。

"可是,我们种田人衣服不太干净,怕会弄脏你们的沙发。"

小姐边倒水边笑着说:"有什么关系,沙发就是给客人坐的,否则,公司买它干什么?"

喝完冰凉的茶水,老农夫闲着没事便走向展示中心内的新货车东瞧瞧、西看看。

这时,那位柜台小姐又走了过来:"大爷,这款车很有力哦,要不要我帮您介绍一下?"

"不要!不要!"老农夫连忙说,"你不要误会了,我可没有钱买,种田人也用不到这种车。"

"不买没关系,以后有机会您还是可以帮我们介绍啊。"然后小姐便详细耐心地将货车的性能逐一解说给老农夫听。

听完后,老农夫突然从口袋中拿出一张皱巴巴的白纸,交给这位柜台小姐,并说:"这些是我要订的车型和数量,请你帮我处理一下。"

小姐有点诧异地接过来一看,这位老农夫一次要订8台货车,连忙紧张地说:"大爷,您一下订这么多车,我们经理不在,我必须找他回来和您谈,同时也要安排您先试车……"

老农夫这时语气平稳地说:"小姐,你不用找你们经理了,我本来是种田的,由于和人投资了货运生意,需要买一批货车,但我对车子外行,买车简单,最担心的是车子的售后服务及维修,因此,我独生子教我用这个笨方法来试探每一家汽车公司。这几天我走了好几家,每当我穿着同样的旧汗衫进到汽车销售厂,同时表明我没有钱买车时,常常会受到冷落,让我有点难过……而只有你们公司,只有你们公司知道我不是你们的客户,还那么热心地接待我,为我服务,对于一个不是你们客户的人尚且如此,更何况是成为你们的客户……"

讨论:读了这则故事,你从中受到什么启发?

凤尾裙

成功的营销人员要会在既有的市场环境中进一步开拓市场、创造市场。营销人员要具备独特、新颖的创造性思维,应大胆、果断地运用逆向思维开发出不落俗套的冷门产品,另辟蹊径。时装店老板阿明,就从他不小心烧坏的一件女裙中得到灵感,创造出了"凤尾裙"的新款式。

阿明在抽烟时不小心将一条高级裙子烧了一个小洞,使该裙子无人问津。按照一般做法,请一名高超的裁缝师把洞补上就可以蒙混过关。但阿明却反其道而行之,在小洞的周围又挖了许多洞,并精心饰以金边,为其取名"凤尾裙"。

没想到此裙不仅卖出了高价,而且消息一传开,不少女士专门前来购买"凤尾裙",生意异常兴隆,创造了新的市场。

【营销启示】 用传统的眼光看问题,市场会处处受到限制,而善于进行逆向思维的人,总能在有限的市场环境中发现新的市场。

一元钱的"繁殖"能力

曾经雄心勃勃的祥子终于破产了,所有的东西都被拍卖得一干二净。现在口袋里的1元钱及回家的车票,是他所有的资产。

从深圳开出的143次列车开始检票了,他百感交集,"再见了!深圳。"一句告别的话,还没有说出,就已经泪流满面。"我不能就这样走。"在跨上车门那一瞬间,祥子又退了回来。火车开走了,他留在了月台上,悄悄撕碎了那张车票。

深圳的车站是这样繁忙,你的耳朵里可以同时听到七八种不同的方言。他在口袋里握着那1元硬币,来到一家商店门口,五毛钱买了一支儿童彩笔,五毛钱买了4只"红塔山"的包装盒。在火车站的出口,他举起一张牌子,"出租接站牌(1元)"几个字。当晚,祥子吃了一碗加州牛肉面,口袋里还剩了18元钱。5个月后,"接站牌"由4只包装盒发展为40只用锰钢做成的可调式"迎宾牌"。火车站附近有了他的一间房子,手下有了一个帮手。

3月的深圳,春光明媚,此时各地的草莓蜂拥而至。10元一斤的草莓,第一天卖不掉,第二天就只能卖5元,第三天就没人要了。此时,祥子来到近郊一个农场,用出租"迎宾牌"挣来的1万元,购买了3万只花盆。第二年春天,当别人把摘下的草莓运进城里时,祥子栽着草莓的花盆也进了城。不到半个月,3万盆草莓销售一空,深圳人第一次吃上了真正新鲜的草莓,他也第一次领略了1万元变成30万元的滋味。

要吃即摘,这种花盆式草莓,使祥子拥有了自己的公司。他开始做贸易。他异想天开地把谈判地点定在五星级饭店的大厅里。那里环境幽雅且不收费。两杯咖啡,一段音乐,还有彬彬有礼的服务员,祥子为没人知道这个秘密而兴奋,他为和美国耐克鞋业公司成功签订贸易合同而欢欣鼓舞。总之,祥子的事业开始复苏了,他有一种重新找回自己的感觉。

【营销启示】 1元钱能打造出一条街来,可是很多人认为1元钱只能买一杯水。也许正是这种认识上的差别,使世界上产生了富翁和乞丐。

讨论:在你所在的城市,一元钱"繁殖"的方法有很多种,试着找出你认为较为可行的5种方法,并将你的思路用流程图画出来。

【思维训练】

1. 举出礼帽除了做帽子以外的其他用途。
2. 如果你需要为一位时尚人士设计一条围巾,你能找到哪些令人兴奋的构思?
3. 举出将下面东西巧妙结合的方法:(1)排球与弹簧;(2)13个汽水空瓶和72盎司的水。
4. 假定你现在和一个完全陌生的人住在一个房间,请你提出六种有趣而非争论式的话题。

5. 棋赛餐馆

河南唐河县一家饭店老板突发"棋"想,决定用棋赛招待顾客。他在店内设立了奇特的棋赛。所有的棋子都是特别小的酒瓶。顾客双方对弈时,只要吃掉对方的"棋子",便可将其中的酒喝掉。由于这里既有酒喝,又可以下棋取乐,所以深受棋迷酒友的欢迎。

思考:饭店经营还可以增加哪些功能带来人气和财气?

6. 测测你的商机意识

自己坐火车外出时,带了一些行李,一上车发现车上人很多,你通常会怎么办:(1)在附近看看有没有座位,如没有,就近找个好站的地方,将东西放下;(2)走两三节车厢,看看有没有座位,如没有,找个人较少好站的地方,放下行李;(3)找遍所有的车厢,也要找到座位。

思考:你通常是如何做的?

【实战演练】

一、认识自己和别人

【目的】 锻炼同学发现别人身上优点的能力,赞美别人是一个理性的、成熟的营销人的必备素养。

在班内找几个人,排成"U"字型,给每人发一张白纸,请他们思考后写下:我最擅长什么?我需要在哪方面得到帮助?把各自的答案交换,找出谁是最能帮助自己成长的人。

发现身边同学身上的五个优点,并大声地说出来。

二、节庆商机发掘

任选一个节日,如情人节、母亲节、父亲节、儿童节、教师节、感恩节、国庆节等,请同学们进行商机发掘,如开发设计某种产品、提供某种服务等等,以赢得目标对象好感,创造流行。

三、市场商机发掘

【目的】 培养同学们的市场商机意识和市场商机的发掘能力。

(一)3~5人为一小组,到市场上去观察、调查了解顾客,或自己家人和朋友在日常生活中,感到困难、不方便、不满意的地方或希望解决的问题,每个小组发掘10个问题以上。

1. 给每个问题提出解决方案。

2. 各小组派代表上台介绍自己发掘的商机,评选出优胜者。

(二)同学们根据各自模拟公司的市场现状,为实现自己公司在北京市场的快速发展,不断推出新产品,占有更大的市场份额。

1. 调查、了解北京市场上相关产品的销售状况,消费者对该项产品的未满足的或新的需求情况;

2. 各模拟公司根据自己对产品市场需求的分析,制定出自己的市场商机开发方案,并对每一商机做出初步评估;

3. 各模拟公司将自己的市场商机发掘方案在全班进行展示,并接受师生的质疑,最后进行评估,评出方案优胜者。

第四节　消费者购买行为分析能力

经典语录：

营销的目的在于深刻地认识和了解顾客，从而使产品和服务完全适合顾客的需要而形成自我销售。　　　　　　　　　　　　　　　　　　　　　——菲利普·科特勒

过去的座右铭是"消费者请注意"，现在则是"请注意消费者"。　　——唐·舒尔茨

"营销，意味着通过顾客的眼睛来看待一切商业行为。"　　　　——彼得·德鲁克

理论基石：

一、消费者市场

市场营销的目的是满足消费者的需求。企业必须分析和研究消费者的需求及其影响因素，研究消费者的购买行为及其自身持有的规律，才能有效地开展市场营销活动，实现其营销目标。

（一）消费者市场的含义

消费者市场是由为满足生活消费需要而购买货物和劳务的一切个人和家庭构成。

（二）消费者市场的特点

(1)需求的无限扩展性。人类的需求是永无止境的，永远不会停留在某一水准上，随着社会经济技术的进步和消费者收入的增长，消费需求也将不断扩展。消费者的一种需求满足了，又会产生新的需求，这是一个永无止境的发展过程。因此，营销人员要不断开发新产品、开拓新市场。

(2)需求的多层次性。消费者需求是在一定的购买能力和其他条件下形成的，尽管人们的需求无穷无尽，但不可能同时得到满足，每个人总要按照自己的支付能力和客观条件的许可，依据需求的轻重缓急，有序地实现。这就形成了需求的多层次性。因此，营销人员要慎重选择目标市场，并准确地为自己的产品定位。

(3)需求的复杂多变性。由于各种因素的影响，消费者对商品和服务的需求不但是复杂多样、千差万别的，而且是经常变化的。因此，营销人员必须注意研究消费者市场需求，并预测其变化趋势，从而提高企业的应变能力和竞争能力。

(4)需求的可诱导性。消费者需求有些是本能的、生而有之的，大部分是在外界的刺激诱导下产生的，宏观环境的变动，企业营销活动的影响，社会交往、人际沟通的启发，以及政府的政策导向等等，都可使消费者需求发生变化和转移。潜在需求可变为现实需求，微弱欲望可形成强烈的购买欲望。因此，营销人员不仅要适应和满足需求，而且要通过各种促销手段正确地影响和引导消费。

此外，消费者市场需求及其购买行为还有其他一些主要特点，如需求及购买行为的分散性、批量小而频率高、需求的(价格)弹性大(敏感度高)、购买行为的冲动性强(非专家式购买)、购买的流动性大等。

(三)消费品的分类

1. 按消费者的购买习惯和购买特点划分:(1)日用品,是指消费者日常生活所需、需重复购买的商品。(2)选购品,是指价格比日用品要贵,消费者购买时愿花较多时间对许多商品进行比较之后才决定购买的商品。(3)特殊消费品,是指消费者对其有特殊偏好并愿意花较多时间去购买的商品。

2. 按商品在使用过程中寿命周期的长短划分:(1)耐用品,是指能多次使用、寿命较长的商品。(2)非耐用品,是指使用次数较少、消费者需经常购买的商品。

二、消费者购买行为模式

(一)购买决策的基本内容(6W1H)和消费者购买行为模式(7Os框架)

该市场由谁构成?(Who)	购买者(Occupants)
该市场购买什么?(What)	购买对象(Objects)
该市场为何购买?(Why)	购买目的(Objectives)
谁参与购买行为?(Who)	购买组织(Organizations)
该市场怎样购买?(How)	购买行为(Operations)
该市场何时购买?(When)	购买时间(Occasions)
该市场何地购买?(Where)	购买地点(Outlets)

(二)刺激—反应模式

为研究消费者购买行为,专家们建立一个刺激—反应模式(Stimulus-Response Model),来说明外界营销环境刺激与消费者反应之间的关系,如图2—3所示。

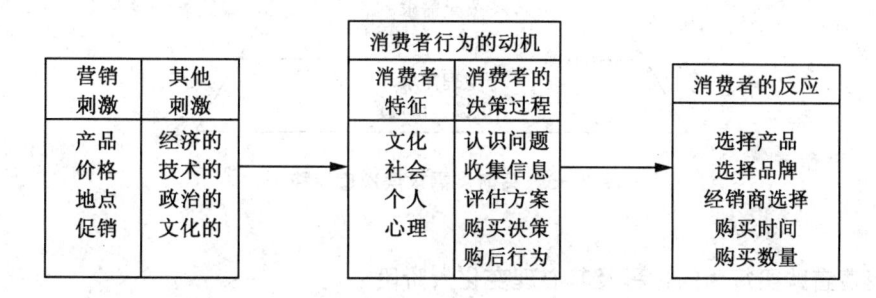

图2—3 营销环境刺激与消费者反应之间的关系

(三)影响消费者购买的主要因素

如图2—4所示。

三、五个消费者市场

如图2—5所示。

(1)生理需求→满足最低需求层次的市场,消费者只要求产品具有一般功能即可;
(2)安全需求→满足对"安全"有要求的市场,消费者关注产品对身体的影响;
(3)社交需求→满足对"交际"有要求的市场,消费者关注产品是否有助于提高自己的交际形象;

```
┌─────────┐
│文化因素 │
│  文化   │┌─────────┐
│         ││社会因素 │
│  亚文化 ││相关群体 │┌─────────┐
│         ││  家庭   ││个人因素 │
│         ││         ││年龄和生命│┌─────────┐
│  社会阶层││角色和地位││周期的阶段││心理因素 │
│         ││         ││  职业   ││  动机   │┌──────┐
│         ││         ││经济状况 ││  知觉   ││消费者│
│         ││         ││生活方式 ││  学习   │└──────┘
│         ││         ││个性和自我││信念和态度│
│         ││         ││  观念   ││         │
└─────────┘└─────────┘└─────────┘└─────────┘
```

图 2—4　影响消费购买行为的主要因素示意

（4）尊重需求→满足对产品有与众不同要求的市场，消费者关注产品的象征意义；

（5）自我实现→满足对产品有自己判断标准的市场，消费者拥有自己固定的品牌。

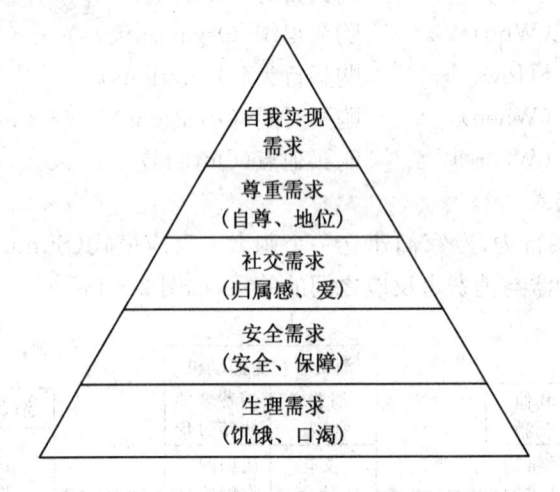

图 2—5　马斯洛需求层次理论模型

四、消费者购买行为的过程及其心理变化六阶段

（1）知晓（Know）阶段。

（2）了解（Realize）阶段。

（3）喜欢（Like）阶段。

（4）偏好（Partial）阶段。

（5）确信（Certitude）阶段。

（6）购买（Action）阶段。

KRLPCA 六个阶段，消费者从最初接触厂商的某个产品直至转变为购买行为的过程是一个完整的思维活动过程。每个阶段的实际效果取决于消费者的三种基本心理状态：认识（Cognition），即消费者个人对产品的认识思维；感情（Heart），即消费者个人对产品或销售产品的人员的情绪偏向；意愿（Desire），即消费者个人在了解产品的效用后所产生的购买动机。我们把 Cognition、Heart、Desire 称为消费者购买的心理密码，简称 CHD。

五、消费者购买决策过程

仅仅了解影响消费者行为的主要因素,对于营销者还是不够的,还需要了解:目标购买者是谁?他们面临着什么样的决策?谁参与决策?购买者决策过程的主要步骤是什么?

(一)消费者购买决策过程的参与者

消费通常是以家庭为单位进行,但购买决策者一般是家庭中的某一个或几个成员。究竟谁是决策者,要依不同商品而定。有些商品在家庭中的决策者、使用者和实际购买者,往往是不一致的,营销者必须了解谁是决策者,谁是影响者,谁参与购买过程,从而有针对性地开展促销活动,才能取得最佳效果。

在一个家庭的购买决策中,各人分担不同角色,起不同作用,按其在决策过程中作用的不同,可分为5类:倡议者,最初提出购买某种商品的人;影响者,直接或间接影响最后决策的人;决策者,对部分或整个购买决策,如是否购买、购买什么、如何购买、何处购买和何时购买等,有权作出最后决定的人;购买者,实际执行购买决策的人;使用者,实际使用和消费该商品的人。

(二)消费者购买行为类型

根据参与者的介入程度和品牌间的差异程度,可将消费者购买行为分为四种:习惯性购买行为;寻求多样化购买行为;化解不协调购买行为;复杂购买行为。

(三)消费者决策过程的主要步骤

人们的购买行为有时复杂,有时简单,决定购买行为复杂程度的因素有两个,一是产品价值的大小,二是购买者对所购买产品的熟悉程度。

六、顾客满意的好处

(1)较长期地忠诚于公司。
(2)购买公司更多的新产品和提高购买产品的等级。
(3)为公司和它的产品说好话。
(4)忽视竞争品牌和广告,对价格不敏感。
(5)向公司提出产品或服务建议。
(6)由于交易惯例化而比用于新顾客的服务成本低。

技能培养:

【感悟营销】

鱼 钩

一个乡下来的小伙子去应聘城里"世界最大"的"应有尽有"百货公司的销售员。老板问他:"你以前做过销售员吗?"

他回答说:"我以前是村里挨家挨户推销的小贩子。"老板喜欢他的机灵:"你明天可以来上班了。等下班的时候,我会来看一下。"

一天的光阴对这个乡下来的穷小子来说太长了,而且还有些难熬。但是年轻人还是熬到了5点,差不多该下班了。老板真的来了,问他说:"你今天做了几单买卖?""一单,"年轻人回答说。"只有一单?"老板很吃惊地说:"我们这儿的售货员一天基本上可以完成20~30单生意呢。你卖了多少钱？""300 000美元，"年轻人回答道。

"你怎么卖到那么多钱的？"目瞪口呆，半晌才回过神来的老板问道。

"是这样的，"乡下来的年轻人说，"一个男士进来买东西，我先卖给他一个小号的鱼钩，然后中号的鱼钩，最后大号的鱼钩。接着，我卖给他小号的渔线，中号的渔线，最后是大号的渔线。我问他上哪儿钓鱼，他说海边。我建议他买条船，所以我带他到卖船的专柜，卖给他长20英尺有两个发动机的纵帆船。然后他说他的大众牌汽车可能拖不动这么大的船。我于是带他去汽车销售区，卖给他一辆丰田新款豪华型'巡洋舰'。"

老板后退两步，几乎难以置信地问道："一个顾客仅仅来买个鱼钩，你就能卖给他这么多东西？"

"不是的，"乡下来的年轻售货员回答道，"他是来给他妻子买卫生棉的。我就告诉他'你的周末算是毁了，干吗不去钓鱼呢？'"

现在的营销正在向着精细化方向发展，企业将更多关注顾客占有率而不是市场占有率，重视保持顾客忠诚度，挖掘顾客的终生价值。开发一个新顾客的成本远远大于维持一个已有的顾客。

蚕豆与冷饮

在美国某年冬天，盛传人们将大量需要冷饮。一些冷饮厂赶紧生产，但商品生产后无人问津。其中有个小型冷饮厂将自己全部资本都投入到了产品中，若这批产品卖不出去，后果不堪设想。厂长苦心思虑，仍无良策。一日，他在街上行走，发现一张海报吹落地上，他拾起一看，原来是一个很有名气的马戏团来这个城市演出的广告。他沉思了一下，一个促销计划在他的脑海里形成了。第二天，在该马戏团入口处，观众每人分得一包爆炒的蚕豆，人们一边看马戏团的表演一边吃着蚕豆，很是惬意。中场休息时间，突然跑来一群卖冷饮的小孩，此时人们吃了蚕豆，正口渴，一下子争相购买，如此一直持续到马戏团在这个城市演出结束。结果这家小型冷饮厂靠这种创造需求的方式不仅售出了产品，而且取得了盈利。

思考：美国这家小型冷饮厂是如何实现销售取得盈利的？

【案例教学】

让顾客"自作自受"

自己在啤酒作坊里酿造啤酒，两个星期后从储藏室里搬出那一桶自己酿制的啤酒，或自饮或与众人分享，这并非神话，也并非来自欧洲中世纪的一个传奇故事。位于中关村的北京猎奇门啤酒自酿场，可以让每个有兴趣的消费者体味到这一切。正由于此，北京猎奇门自酿场才生意兴隆。

无独有偶，美国有位商人开了家"组合式鞋店"。货架上陈设着6种鞋跟，8种鞋底，鞋面的颜色以黑、白为主，鞋带的颜色有80多种，款式有百余种。顾客可自由挑选出自己最喜欢的各种款式，然后交给职员进行组合，只需稍等十来分钟，一双称心如意的新鞋便可到手。而其售价，与批量成品的价格差不多，有的还更便宜。此举引来了络绎不绝的顾客，使该店销售额比邻近的鞋店高出好几倍。

思考：上述两则小案例中，经营者运用了什么原理使其生意兴隆、销售额大增的？

老太太买李子

老太太到水果市场买李子，第一个商贩指着自己新鲜的李子说："你看，我的李子又大又甜，还实惠。"老太太看了一眼，连价都没问，掉头走了。

第二个商贩比较机灵,对老太太说:"我的李子品种多,有酸的有甜的,你需要哪一种?"老太太一听很高兴,"我就要买酸的。"于是就买了一斤,挺开心走了。

第三个商贩看到了,热情打了一个招呼:"大妈,又来买水果啊。接着说,怎么买的是酸李子,上了年纪要保养牙齿啊。"有人关心她,老太太很高兴,"不是我吃,是我儿媳妇要吃。"商贩紧接着就夸上了,你儿媳妇好福气,有您这么一个疼人的婆婆。老太太更高兴了,儿媳怀上宝宝了,我得好好照顾啊。商贩接着又说,哦,那你老要抱孙子了,酸儿辣女嘛。这个时候营养要跟上啊。老太太一听要抱孙子,说到她心坎上了,笑得嘴都合不拢了。商贩不失时机地插上话,"我家的猕猴桃酸酸的,口感鲜,更重要的是有营养,含100多种维生素,现在家里有孕妇都买这。"

最后的结果是什么,我们不用说了——老太太又买了一斤猕猴桃高高兴兴离去了。

思考:第三个商贩为什么能成功?

马化腾和他的"小企鹅"

2004年,马化腾因QQ这项创新性的互联网服务和移动增值服务以及他们带给企业的高速发展和对人们经济生活的深刻影响,获得一连串荣誉:入选美国《时代周刊》"最具影响力商界人士"、CCTV"中国经济年度新锐"和香港紫荆花杯"杰出企业家奖",其个人身价也因企业在香港上市后飙升到8.98亿港元。

那么,马化腾何以凭一只小小的企鹅,小脚跑天下,闯出大品牌?从1998年"QQ"诞生到现在,已经成为当今最有品牌知名度和价值空间的网络产品之一?

"今天你Q了吗?""今晚你Q我。"如果今天你还对这些网络用语迷惑的话,定会受到"太落伍"的讥笑。这个"Q"就是由以马化腾为核心人物的深圳市腾讯计算机系统有限公司制造的网络拳头产品,这个以"聊天"为核心功能的网络产品依靠一只小小的、围着红围巾的卡通企鹅为品牌传播形象,蹿红在将近8亿网络用户中。

俗话说,玩物丧志。可是马化腾建造的"QQ"就是以"玩"、以"聊天"为产品定位,牢牢抓住了16~30岁年龄段的网络用户。只要架起一根细细的网线,你就可以坐在属于自己的空间里,对着电脑屏幕和天南海北、认识或不认识的朋友进行点对点实时交流,发送信息,互换礼物,畅游在虚拟的网络世界,不亦乐乎。

就像冯小刚的"贺岁片"、周星驰的"无厘头"搞笑、中央电视台每年守岁文艺大餐,QQ走进人的生活,成为"一类人"的酷好,并深刻改变着他们的交流、交友、休闲、娱乐方式,整整影响一代中国青少年。就像马化腾说的那样"所谓的玩,是想知道这个东西为什么好,用户为什么会喜欢它,是用一种研究的心态去尝试"。正是这种用心执著和专注,马化腾抓住"玩"背后的商机,成功实现"玩也是生产力"的网络事业,将腾讯打造成8亿人的聊天品牌。

思考:

(1)聊QQ是一种消费行为吗?

(2)影响顾客消费行为的因素有哪些?分析QQ抓住消费者主要是因为满足了其中的哪些因素?

【思维训练】

1. 有四个相同的瓶子,怎样摆放才能使其中任意两个瓶口的距离都相等呢?

2. 逆向思维:让成功离你更近。

北京的一条街道上,同时住着三家裁缝,手艺都不错。可是,因为住得太近了,生意上的竞争非常激烈。为了抢生意,他们都想挂出一块有吸引力的招牌来招揽客户。

第一家裁缝挂出的招牌写着这样一句话:北京城里最好的裁缝。

第二家裁缝看第一家挂出的招牌后,也挂出了招牌,上面写道:全中国最好的裁缝。

第三个裁缝一看前两家挂出的这么大气的招牌,并且抢走了大部分生意,开始茶饭不思。一营销人问明情况后,告诉他不妨在招牌上写上这样几个字:"……"。果然,这个裁缝从此生意兴隆。

思考：招牌上写的是什么字？

3. 有位阿拉伯大财主，有一天对他的两个儿子说："你们比赛骑马到沙漠里的绿洲。谁的马胜了，谁将得到我的全部财产。但这次不是比快，而是比慢。我到绿洲去等你们，看谁的马到的迟。"兄弟俩照父亲的要求，骑着各自的马开始比谁的马走得慢。（如果是你，你有什么好办法赢得胜利？）在烈日如火烧的大沙漠里慢行实在是一件痛苦的事。两人下马休息时，哥哥突然想到了一个好办法，等弟弟醒悟过来，已经来不及了。哥哥终于赢得这场特别的比赛。

请问：哥哥是用了什么办法赢得这场比赛的？

4. 曾有一篇文章说到：一位中国人移民到了美国，因要打官司就对其律师说：我们是不是找个时间约法官出来坐一坐或者给他送点礼。律师一听，大骇，说千万不可，如果你向法官送礼，你的官司必败无疑。那人说怎么可能。律师说：你给法官送礼不正说明你理亏吗？

几天后，律师打电话给他的当事人，说：我们的官司打赢了。那人淡淡地说，我早就知道了。律师奇怪地问，怎么可能呢？我刚从法庭里出来。

中国人说，我给法官送了礼。那位律师差点跳了起来，不可能吧！中国人说：的确送了礼，不过……

思考：你知道中国人说了什么吗？

【实战演练】

一、男女有别

目的：关注一下男女不同的行为模式，说明文化传统和固有习惯的重大影响。

内容：5~7人分为一组（最好是男女混合编组），要求每组分别列出10种消极的或不良的行为方式，其中5种是关于男性的，5种是关于女性的。列出后，进行小组交流。交流过程中，要特别注意对行为方式的评价，如：为什么认为是消极的？

讨论：

1. 男女共同的不良行为方式是什么？
2. 你认为哪种不良行为方式最为严重？
3. 在男女不良行为方式中，你认为男性的还是女性的更为严重？为什么？
4. 你能以积极的行为方式取代消极的行为方式吗？
5. 通过这个练习，你应该怎样对待固有的习惯？

二、消费者市场的认知

了解校园超市购买者的购买特点和影响因素。

1. 深入了解消费者的购买特点。
2. 根据实地观察和调查，了解影响消费者购买的因素。
3. 区分不同购买群体的购买特点、影响因素和消费需求。
4. 形成分析报告，要求思路清晰、分析得当、佐证材料充分。

三、开启营销者的"第三只眼"

一天早上，你看到了你的同学手里拿着一款新型的而且非常漂亮的多功能手机，正好是你喜欢的那种，这时，你会怎么想呢？

1. 为她感到高兴，她的表情使你感到高兴。

2. 很想下午就去购买这款手机。
3. 因为她在炫耀,所以产生一种厌恶的感觉。
4. 决心不买这款手机,因为你不想与她相同。
5. 有点自卑,因为你还没有能力购买。
6. 对自己的男友不满,因为他没有送给你这款手机。

任务:将班级同学分为三组,各自完成自己角色的任务和要求。

1. 第一组以顾客的身份出现,再进一步提出当你看见同学的手机时的更多的想法,注意要用简洁的语言来描述你的"需求"。

2. 第二组以商家的身份出现,分析"顾客"的需求,剖析"顾客"的购买心理和购买行为,并要提出商家应该如何针对不同的顾客采取不同的销售策略。

3. 第三组以中间人的身份出现,客观评价第一组"顾客"是否准确地表达了他们真实和准确的需求;评价第二组"商家"是否了解"顾客"的购买心理和购买行为,采取的销售策略是否恰当而有效。

【知识链接】

网购改变消费习惯

20 世纪 90 年代,从美国硅谷刮起一股旋风,而这股旋风在短短的 20 年时间里彻底改变了全球 60 亿人的生活的角角落落。这就是互联网技术革命,现在,每天大量的资讯通过这个庞大的信息网络传遍全球。互联网同样也在塑造全新的生活方式和习惯,通过各种各样的互联网终端设备,如电脑、智能手机等实现人们生活、工作的互联互通,实时在线。如今,淘宝、京东商城、苏宁易购等电商网站逐步成为新的消费主渠道,影响着人们的消费模式和消费习惯,同时也在刺激消费方面爆发出惊人的能量。这些网站不仅能满足我们的消费需求,而且能创造新的需求,我们的消费方式正发生着快速的变化。商务部发布的信息显示,2011 年,我国电子商务交易总额再创新高,达到 5.88 万亿元,相当于当年国内生产总值的 12.5%。实现网络零售总额 7 825.6 亿元。第三方网上支付交易规模达到 21 610 亿元,已连续 5 年增速接近或超过 100%。

第三章　目标市场战略能力培养与训练

【学习目标】

　　了解市场细分、目标市场及市场定位的含义和作用;掌握市场细分的基本方法和技巧;掌握确定目标市场的方法及策略;掌握产品市场定位的技巧。

【能力目标】

　　培养对市场细分标准的把握和理解能力,对目标市场的确定和营销策略的选择与运用能力,对市场定位的认知能力;重点训练创新思维和发散思维能力;适应变化的能力;组织和执行任务的能力;信息收集和处理、沟通及团队合作能力。

第一节　市场细分能力

经典语录:

　　并不是付出就能有回报,关键在于你选择了什么? 选择什么,你就会得到什么,但是,如果你什么都想选择,那么,什么都不会选择你。
　　　　　　　　　　　　　　　　　　　　　　　　　　　　——约翰·埃勒斯
　　市场营销的根本要点是:创造一个你能成为"第一"的新领域。　　——杰克·特劳特

理论基石:

一、现代市场营销理论的核心:STP

　　现代市场营销理论的核心是 STP 营销,它包括三要素:市场细分(Segmentation)、目标市场选择(Targeting)和市场定位(Positioning)。它是战略营销的核心内容。

　　根据 STP 理论,市场是一个综合体,是多层次、多元化的消费需求集合体,任何企业无法满足所有的需求,企业应该根据不同需求、购买力等因素把市场分为由相似需求构成的消费群,即若干子市场。这就是市场细分。企业可以根据自身战略和产品情况从子市场中选取有一定规模和发展前景,并且符合公司的目标和能力的细分市场作为公司的目标市场。随后,企业需要将产品定位在目标消费者所偏好的位置上,并通过一系列营销活动向目标消费者传达这一定位信息,让他们注意到品牌,并感知到这就是他们所需要的。STP 理论是指企业在一定的市场细分的基础上,确定自己的目标市场,最后把产品或服务定位在目标市场中的确定位

置上。

STP 理论如图 3－1 所示。

```
市场细分                目标市场选择              市场定位
(Segmentation)    →    (Targeting)       →    (Positioning)

确定细分变量和细分      评估每个细分市场的       为每个目标细分市场研究
市场                   吸引力                 可能的定位观念
勾勒细分市场的轮廓     选择目标细分市场         选择、发展和沟通所选择
                                              的市场定位观念
```

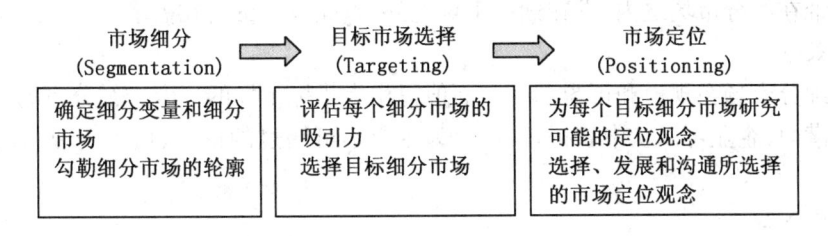

图 3－1　STP 策略示意

二、市场细分的概念、作用

（一）市场细分的概念

市场细分是指企业按照消费者在需要、爱好、购买动机、购买行为、购买能力等方面的差别或差异，把整体市场（全部消费者）划分为两个以上不同类型的消费者群，再把每种需要或愿望大体相同的消费者，归类成消费者群体（子市场）的求同存异的方法。

（二）市场细分的作用

1. 有利于发现市场机会

通过市场细分可以发现哪些需求已得到满足，哪些只满足了一部分，哪些仍是潜在需求。相应地可以发现哪些产品竞争激烈，哪些产品较少竞争，哪些产品亟待开发。市场细分对中小企业尤为重要。

2. 有利于产品适销对路

只有通过市场细分，才能掌握目标市场的特点。不进行市场细分，企业选择目标市场必然是盲目的，不认真地鉴别各个细分市场的需求特点，就不能进行有针对性的市场营销。

3. 有利于制定市场营销组合策略

市场营销组合是综合考虑产品、价格、促销形式和销售渠道等各种因素而制定的市场策略方案，就每一特定市场而言，只有一种最佳组合形式，这种最佳组合只能是市场细分的结果。

4. 有利于提高企业的竞争能力

企业的竞争能力受客观因素影响存在差别，但通过有效的市场细分战略可以改变这种差别。市场细分以后，每一细分市场上竞争者的优势和劣势就明显地暴露出来，企业只要看准市场机会，利用竞争者的弱点，同时制定恰当的营销战略与策略，有效地开发本企业的资源优势，就能用较少的资源把竞争者的顾客和潜在顾客变为本企业的顾客，提高市场占有率，增强竞争能力。

三、有效细分市场的基本条件

（一）独特性

这是指不同的细分市场的特征可清楚地加以区分。不同的细分市场应该对营销组合的反应不同，否则，便没有实际意义。

(二)可衡量性

这是指细分市场的规模和购买力能够予以确定和衡量的程度。这就需要有一些标准,能够明确辨别谁在细分市场之内,谁在细分市场之外,以此来衡量潜在需求。

(三)时效性

这是指细分市场在规模和可盈利性方面值得作为目标市场的程度。细分市场应该具有适当的规模和潜力,企业可以从中获得效益,成为企业不可错过的机遇,值得企业为之投入营销组合的资源。

(四)可进入性

这是指细分市场可以进入并为之服务的程度。企业能够比较方便地进入细分市场,不受太多限制,细分市场应该是通过合理成本的营销组合能够达到的,能够进行沟通的。

(五)稳定性

这是指构成一个细分市场的潜在顾客能够在相当长的时间保持稳定的程度。形成细分市场的因素是经常变化的,这就需要营销组合也随之作出调整。但是,如果市场变化太快,变动幅度又很大,企业还未实施其营销方案,目标市场已面目全非,这样的细分就毫无意义。

(六)可行动性

这是指企业能在多大程度上设计出吸引目标市场并为之服务的有效计划。根据企业目前的人、财、物和技术等资源条件,能否通过适当的营销组合策略占领目标市场。

四、市场细分因素标准

市场细分因素标准如表3-1~表3-4所示。

表3-1　　　　　　　　　　我国地理环境因素细分标准

划分标准	典 型 细 分
地理区域	东北、华北、西北、华南等
气候	南方、北方、亚热带、热带、寒带等
密度	都市、郊区、乡村、边远等
城市规模(人口)	特大城市、大、中、小城市等;或:0.5万人以下,0.5万~2万人,2万~5万人,5万~10万人,10万~25万人,25万~50万人,50万~100万人,100万~400万人,400万人以上

表3-2　　　　　　　　　　人口统计因素细分标准

人口因素	具体人口因素市场细分
年龄	婴儿、学龄前儿童、学龄儿童、少年、青年、中年、老年等
性别	男,女
民族	汉、满、维、回、蒙、藏、瑶、土家、白族等
职业	职员;教师;科研人员;文艺工作者;企业管理人员;私营企业主;工人;离退休;学生;家庭主妇;失业者等
家庭收入(年)	1 000元以下,1 000~10 000元之间,10 000~20 000元之间,20 000~30 000元之间,30 000~50 000元之间,50 000元以上等
家庭人口	1~2人,3~4人,5人以上等

续表

人口因素	具体人口因素市场细分
家庭生命周期	年轻单身;年轻已婚无小孩;年轻已婚,小孩6岁以下;年轻已婚,小孩6岁以上;已婚,儿女18岁以下;中年夫妇,老年夫妇,老年单身等
教育程度	小学以下;小学毕业;初中;高中;大学;研究生以上等
宗教	佛教;道教;基督教;天主教;伊斯兰教;犹太教等
种族	白色人种,黑色人种,黄色人种;棕色人种等
国籍	中国人;美国人;英国人;新加坡人

表3—3　　　　　　　　　　消费心理因素

心理因素	具体心理因素市场细分
生活方式	平淡型、时髦型、知识型、名士型等
人格特征	外向型或内向型、理智型或冲动型、积极性或保守型、独立型或依赖型等
社会阶层	上上层、上中层、上下层;中上层、中层、中下层;上下层、下层、下下层等

表3—4　　　　　　　　　　行为因素细分标准

行为因素	具体行为因素市场细分
购买时机与频率	日常购买、特别购买、节日购买、规则购买、不规则购买等
追求的利益	廉价、时髦、安全、刺激、新奇、豪华、健康等
使用者情况	从未使用者、曾经使用者、潜在使用者、初次使用者、经常使用者等
使用率	很少使用者、中度使用者、大量使用者
忠诚程度	完全忠诚者、适度忠诚者、无品牌忠诚者
态度	狂热、喜欢、无所谓、不喜欢、敌视等

五、市场细分的步骤

第一步,选择与确定营销目标;

第二步,根据市场细分的标准,列出消费者群体的需求情况;

第三步,初步细分,决定粗略市场;

第四步,筛选;

第五步,审查各细分市场的规模与性质,初步为细分市场定名;

第六步,复核;

第七步,决定每个目标市场的规模,选定目标市场,设计营销策略。

技能培养:

【感悟营销】

"拉链大王"寻找需求的"萌芽"

被喻为"世界拉链大王"的日本人吉田忠雄,于1934年创建了吉田工业公司。经过几十年的发展,到 20 世纪 70 年代末销售额高达 20 亿美元。可是到了 20 世纪 80 年代,产品出现滞销,不少人断言,拉链业已到了尽头,必须马上转产。面对严峻的现实,吉田忠雄不但没有作出转产的决定,更没有一点倒闭的恐慌。

吉田认为,拉链业是一个潜力巨大的市场,需求的"萌芽"是存在的,关键在于能不能不断地发现它、认识它和掌握它。吉田认为,拉链的用途不能只限于行李袋。他把常人所能理解到的拉链推广到生活的每一个角落:一顶顶野外帐篷,用拉链拼装;一片片渔船上的围网,用拉链连接;就连小巧玲珑的化妆盒,也由精致的拉链来封口。耐酸的、抗火的、透风的、密封的,五颜六色,应有尽有,使以"YKK"命名的拉链风靡世界。

讨论:吉田是如何进行拉链市场细分的?通过拉链的市场细分吉田是如何寻找到市场机会的?

动感地带赢得新一代

中国移动作为国内专注于移动通信发展的通信运营公司,曾成功推出了"全球通"、"神州行"两大子品牌,成为中国移动通信领域的市场霸主。但市场的进一步饱和、联通的反击、小灵通的搅局,使中国移动通信市场弥漫着价格战的狼烟,如何吸引更多的客户资源、提升客户品牌忠诚度、充分挖掘客户的价值,成为运营商成功突围的关键。

作为霸主,中移动如何保持自己的市场优势?2003 年 3 月,中国移动推出子品牌"动感地带",宣布正式为年龄在 15～25 岁的年轻人提供一种特制的电信服务和区别性的资费套餐;4 月,中国移动举行"动感地带"(M-ZONE)形象代言人新闻发布会暨媒体推广会,台湾新锐歌星周杰伦携手"动感地带";5～8 月,中国移动各地市场利用报纸、电视、网络、户外、杂志、公关活动等开始了对新品牌的精彩演绎;9～12 月,中国移动在全国举办"2003 动感地带 M-ZONE 中国大学生街舞挑战赛",携 600 万大学生掀起街舞狂潮;11 月,中国移动旗下"动感地带"(M-ZONE)与麦当劳宣布结成合作联盟,12 月……

雅客的市场细分

雅客将主要糖果产品及其市场发展划分成以下几方面:(1)奶糖:大白兔是该领域的销售冠军,奶糖第二品牌的争夺异常激烈。(2)硬糖:技术含量不高,生产的厂家很多,质量参差不齐,定位较低,厂商的利润都不理想,主要是靠量取胜。(3)软糖:市场容量很大,现有的软糖产品科技含量不高,品牌众多,竞争环境非常激烈。(4)酥糖:市场的进入门槛较低,品牌集中度不高,产品同质化严重。(5)功能型糖果:随着市场培育度的进一步成熟,市场竞争加剧,各糖果品牌市场差异化运作的力度加强。(6)酵母型糖果:科技含量最高,产品的附加值很高,目前市场上已经有绿箭、益达、乐天等相当主力的大品牌。(7)巧克力:德芙、吉百利、好时、金帝四个品牌已经占据了中国巧克力市场 70% 以上的份额,市场呈寡头竞争状态。

通过对市场上现有的糖果类型及其竞争力的分析,雅客发现在糖果的口味、包装、价格等方面市场上的不同品牌的差距很小,而在产品创新这方面,却相当有发展潜力,传统糖果(奶糖、硬糖)虽然销售量仍然占据主导地位,但是销售额比例却呈下降趋势。加上现有企业的领导地位,留给其他糖果企业的空间有限。相比之下,各类新型糖果和功能型糖果却发展迅速。因此,雅客选择进入功能性糖果市场,集中火力进攻这一子市场。

选择了功能性市场之后,要对糖果附加哪种功能呢?糖果的利益点经历了质量、口味直到现在的功能。人们对糖果的消费越来越注重健康,因此,能使咽喉舒适的薄荷糖、使口气清新的口香糖、富含维生素的果汁糖成为市场趋势。提到薄荷糖我们就想到荷氏,提到口香糖我们就想到箭牌,提到维生素糖果我们想到什么呢?

1.80.4%的有意识地采取过补充维生素的措施,81.7%的买过维生素糖果,91.8%的表示愿意尝试维生素糖果。显而易见,消费者对于维生素糖果已有一定的认知度。

2."非典"结束后,人们形成了"补充维生素、提高免疫力"的观念,市场对维生素产品的需求空前高涨,许多维生素产品热销甚至脱销。这一切都说明:维生素糖果极有可能形成一个独立的品类市场。在这样一种环境下,雅客无疑将富含维生素的糖果作为自己的功能性糖果。

【案例教学】

把工夫下在"小处"

几年前,宁波一家军工厂效益不好,厂长组织几个人到上海找生路,他们在市区租下一家十几平方米的门面房。卖什么呢?经理夏奇民苦苦思索,有人建议卖彩电。夏奇民偶尔走过南京西路上一仅有3平方米的小店,门口人头拥挤,生意兴隆。一打听,这家店从解放初期一直到今天,专卖"女性头饰",品种达400多种,不仅养活了家里几代人,而且收益相当可观,老板还准备再开几家连锁店。受到启发,夏奇民决定:东企公司专卖小机子"沃克曼"。

一时间,十几平方米的东企公司成了上海滩"沃克曼发烧友"心中的圣地,几年间,小小的机子一共卖掉了90多万台。在小机子上,东企公司做足了文章,他们分别在市百一店、华联商厦、大中华交电家电商店、上海文化用品商店等大店、名店设立"东企信誉连锁专柜";在市中心繁华地段——大世界附近设特约维修点;给消费者"信誉卡",凭卡延长保修期并终身享受免费修理。就这样,东企成功了,在小小的沃克曼机上赢得了信誉,树立了形象,当然也赚到了相当可观的利润。全国各地一些名牌家电厂纷纷找到东企公司,要求东企作为厂家江、浙、沪三地的经销总代理。

思考:东企公司运用了什么市场经营原理?该策略运用成功给我们什么启示?

优衣库

1985年,柳井正把优衣库定位于平价休闲的服装市场。他的理由是"企业要想获得大发展,就一定要面向大市场"。当年日本经济增长率接近4%,并实现持续四年增长,此时一些日本服装企业考虑到国民消费能力增加,选择了品牌高端化。但随之而来的是1985年9月22日"广场协议"的签订。之后不到三年,日元对美元升值1倍,经济泡沫破灭后日本进入20年的大萧条。持续经济缩水,让日本人形成了精打细算的消费意识,定位于普通消费者的优衣库颇受欢迎。"国民服装、平价服装"的定位更是在2008年的经济危机中促成了该企业的发展,当年全球首富比尔·盖茨的资产缩水了180亿美元,日本任天堂董事长山内溥身家缩水至45亿美元,而优衣库则逆势上涨了63%,新开门店遍地开花。柳井正则成为2009年日本首富。

思考:你认为优衣库在经济危机的背景下逆势取得成功的原因主要有哪些方面?

【思维训练】

一、雀巢公司的市场细分:

瑞士雀巢公司,是以生产和销售优质食品而闻名于世的企业。它生产的食品属于差异性大、市场变化快的产品。咖啡是雀巢公司系列产品中的骄子。为适应不同消费者的口味,它针对四种消费市场制作了四种咖啡:专为特殊口味人士制作的金牌咖啡;为嗜好厚重口味者制作的特浓咖啡;为满足爱喝咖啡却嫌弃咖啡因的消费者需要制作不含咖啡因但又保留咖啡因味的特制咖啡；用玉米糖、植物油、乳脂等制作的咖啡伴侣，冲在咖啡中，让人感到甜润适口，适于那些喝不惯咖啡苦涩味的人饮用。此外，雀巢公司还生产奶类、谷类速溶营养饮品、烹调食品、巧克力、婴儿系列食品等。公司紧紧跟随消费者需求的变化，不断改进和开发营养丰富、品质高级的食品，使企业不断发展，享誉世界。

思考：咖啡市场就是咖啡市场，瑞士雀巢公司却在咖啡市场做出了多种花样，把一个市场做成了多种市场，既扩大了咖啡总体市场的容量，又扩大了自己的咖啡市场。你认为雀巢公司对咖啡市场还可以进行哪些细分，试想出 3 种以上。

二、下列产品或营销方式采用的是什么市场细分标准？
(1) 太太口服液　　　(2) 大学教材专卖店　　　(3) 精装礼品月饼
(4) 女性化妆品专营店　(5) 休闲服装　　　　　(6) 农用载重自行车
(7) 累计消费折扣卡　　(8) 快餐店　　　　　　(9) 增白霜
(10) 商务电脑

三、设计一个能够吸引许多观众，且在所知的范围内，从未尝试制作的电视节目。

四、"如何改良地方政府？"在解决此独创式的问题以前，请将此问题细分化。

【实战演练】

一、对本班同学进行市场细分

自选一产品，如牙膏、洗发水、饮料等，对全班同学按其需求的差异性及对广告宣传的不同反应，进行市场细分。看一共能进行多少种有效细分？细分的标准是什么？

具体步骤：每 3~5 名同学为一组，每组选择一类商品，设计出调查表格，请全班同学进行填写，然后进行总结、分析、归类。了解每个同学所用的品牌，找出是什么产品特色、利益或者其他好处使得该同学购买使用这一品牌，以及各自获得产品信息的媒体、影响强度等。进行汇总分析，设计出该产品在学生市场最为科学有效的市场细分方案。

二、市场细分

任选一消费品市场，如自行车市场、美容美发市场等，着眼于消费者追求的利益，试将其进行细分。

考核标准：调查产品情况是否全面、具体；分析顾客群体特点是否全面、科学；细分市场是否科学等。

【小资料】

市场细分核对表——研究目标问题

1. 对你的产品或服务可能细分的子市场有哪些？
2. 这些细分的子市场与你当前的客户范围相比如何？
3. 这些潜在的目标市场有多大？
4. 进入二次市场预计效益率是多少？
5. 细分的这些子市场预计效益率是多少？
6. 各类不同群体的共性是什么？
7. 潜在客户在何处？

8. 当前各个不同的市场该分派多少产品？将来呢？
9. 细分的哪个子市场是竞争热点？
10. 与市场中的其他公司相比，你的公司具有哪些竞争优势？
11. 过去有哪些市场细分研究被使用过？
12. 过去的市场细分策略有怎样的好处？
13. 谁是你的产品或服务的主要用户？
14. 客户认为你的产品/服务有何特色或优点？
15. 还可选用什么市场营销策略和战术？
16. 你的产品或服务满足各子市场的需要吗？（是否需要进行变化？）
17. 面对目标市场最好采用何种促销手段？
18. 市场对价格的敏感性如何？
19. 在市场上分配渠道担任什么角色？
20. 怎样监控消费者的购买行为以衡量市场效力？

第二节 目标市场选择能力

经典语录：

只有一种取胜战略，那就是，精心确定目标市场并提供一种卓越的价值。

——菲利普·科特勒

小智者抢占市场，中智者发现市场，大智者创造市场。

——高德康

理论基石：

一、目标市场的概念

目标市场，就是指企业在市场细分之后的若干"子市场"中，所运用的企业营销活动之"矢"而瞄准的市场方向之"的"的优选过程。

二、目标市场的5种覆盖模式

目标市场的5种覆盖模式如表3—5所示。

表3—5　　　　　　　　　　目标市场的覆盖模式

模式类型	特　点	优劣势
市场集中化	企业选择一个细分市场，集中力量为之服务	获得强有力的市场地位和良好的声誉。但同时隐含较大的经营风险
产品专业化	企业集中生产一种产品，并向几个细分市场销售这种产品	利于挖掘企业的生产、技术潜能，一旦出现其他品牌的替代品，企业将面临巨大的威胁
市场专业化	企业专门服务于某一特定顾客群，尽力满足他们的各种需求	分散经营风险，树立良好美誉度。但一旦这个顾客群的需求潜量和特点发生突然变化，企业要承担较大风险

续表

模式类型	特点	优劣势
选择性专业化	分别进入关系不密切的几个不同细分市场	分散企业经营风险,提供有吸引力的市场机会,必须有相当的吸引力,才能实现一定的利润
完全覆盖市场	企业力图用各种产品满足各种顾客群体的需求,即以所有的细分市场作为目标市场	企业为不同年龄层次的顾客提供各种档次的产品和服务。一般只有实力强大的大企业才能采用这种策略

三、目标市场营销策略

目标市场营销策略如表3-6所示。

表3-6　　　　　　　　　　目标市场营销策略

目标市场策略	内容	优缺点
无差异市场营销策略	不做市场细分,把整体市场作为一个大的目标市场,试图吸引尽可能多的顾客	优点:可以节省市场/营销成本 缺点:所提供的产品乏味单调,企业在竞争面前更加脆弱
差异市场营销策略	市场细分,选择多个目标市场,分别提供不同产品,制定不同营销策略	优点:有利于开拓市场;更多地满足了各类消费者需要;可以提高知名度,树立企业形象和信誉 缺点:生产成本和经营费用较高;受企业资源的限制
集中市场营销策略	市场细分,选择一个目标市场,集中全部力量进入细分市场,采用同一个营销策略	优点:能更好地满足细分市场的需求;小企业,寻找"市场缝隙";经营初期的大企业,积累经验,成本降低 缺点:细分市场太小或经常变化;大的竞争者可能更有效地占有补缺市场

四、影响目标市场营销策略选择的因素

(一)竞争者战略

如果竞争对手实行无差异营销策略,企业一般就应当采用差异性营销策略相抗衡。如果竞争对手已经采取差异性营销策略,企业就应进一步细分市场,实行更有效的差异性营销策略或集中营销策略。当然,当竞争对手较弱时,也可以实行无差异营销策略。

(二)企业资源

企业实力雄厚,管理水平较高,可以考虑采用差异性或无差异性营销策略;资源有限,无力顾及整体市场或几个细分市场的企业,则宜于选择集中性营销策略。

(三)产品特征

同质性产品,消费需求差异较小,产品之间竞争主要集中在价格上,如钢铁、大米、食盐等初级产品,适用于无差异营销策略。差异较大的产品,如汽车、家用电器、服装、食品等,适宜采用差异性营销或集中性营销的策略。

(四)产品生命周期

如果企业是向市场投入新产品,竞争者少,宜采取无差异营销策略,以便了解和掌握市场需求和潜在顾客;当产品进入成长期或成熟阶段以后,就可采用差异性策略,以开拓新的市场、或实行集中营销策略,设法保持原有市场,延长产品生命周期。

(五)市场特征

如果顾客需求、购买行为基本相同,对营销策略的反应也大致相同,即市场是同质的,可实行无差异营销策略;反之,则应采用差异性或集中性营销策略。

技能培养:

【感悟营销】

寻找市场

日本尼西奇起初是一个生产雨衣、尿布、游泳帽、卫生带等多种橡胶制品的小厂,由于订货不足,面临破产。然而,小小的尿布却使它起死回生,并与松下电器、丰田汽车等世界名牌产品一样著名。

总经理多川博在一个偶然的机会,从一份人口普查表中发现,日本每年约出生250万个婴儿,如果每个婴儿用两条尿布,一年需要500万条,这是一个多么广阔的市场!于是,他们决定放弃尿布以外的产品,实行尿布专业化生产。一炮打响后,又不断研制新材料、开发新品种,不仅垄断了日本尿布市场,还远销世界70多个国家和地区,成为闻名于世的"尿布大王"。

【营销启示】 赚钱不在于产品的大小,而在于是否有市场,是否能满足人们的需要。不要以产品小而不为,不要以利润少而不作。实际上,小产品也能做出大生意,运营策略才是最重要的。

二次定位

在美国市场上橘汁本是一种公众的早餐食品。该产品味道好,热量低,是天然的有助健康的产品。但是,美国人只把它作为早餐饮品,这样橘汁市场就很小了,且处于停滞的状况。为使橘汁这种产品迅速扩大产销量,橘汁的制造者便开始不停地向公众灌输一套新的观念,期盼使之作为一种天然的、健康的饮料打入饮料市场。橘汁制造商采用了这样的广告口号:"它不再只是吃早饭时饮用。"它暗示,传统的用法仍然可以,但是在其他时间饮用也是适合的。第一批电视广告的形象是从事体育活动的年轻人。第二个广告是一个八九岁的男孩急躁地坐在教室里迫切等着午餐铃响,一心想着橘汁。铃响后,他急忙跑进自助餐厅,立即买了一大杯橘汁;另一个广告描写一个进入自助餐厅的年轻人被一个小学年龄的女孩子吃饭时正在喝橘汁所吸引。这个男青年长时间沉溺于饮用橘汁的乐趣之中,终于在吃午饭时要了一大杯橘汁。第三个广告主要是强调"天然的和有益于健康的"方面,但也不忽视"清热提神"的特点,画面上是一个十几岁少女和她的祖母一起在花园中劳动,进屋休息时都喝了一杯橘汁。在另外的广告中,一个中年妇女做完一只大蛋糕,休息时喝了一杯橘汁而神清气爽;还有一个广告画面是:一名中年卡车司机从车上走下来,兴致勃勃地走向餐车,喝了一大杯橘汁。这些巧妙有效的广告一步一步地向消费者提供这样的信息:喝橘汁的可以是儿童、少年、青年、中年人和有活动能力的老年人,老幼皆宜;橘汁既可在午饭时饮用,也可在吃饭之余或娱乐休息时饮用,广告的诉求点着眼于——橘汁不只是天然的和有益于健康的,且味道也好,喝了神清气爽,随时可喝。

通过接受广告,许多关心健康和食品营养价值的美国人经过比较,认为碳酸盐化合物,如可口可乐或百事可乐是没有营养价值的;咖啡和茶则含有咖啡因,而橘汁则是天然富有营养的,可以使人"身心爽快"并"在任何时间都可饮用",于是便纷纷转向购买橘汁这种新型饮料。结果,本来只有部分美国人把它作为早餐饮料的橘汁成了普及化的饮料,脱颖而出,销量成几倍增长,美国饮料市场又多了一颗闪亮的"明星"。

【案例教学】

人性化发展

在奥地利首都维也纳,有一些专门为 50 岁以上老人服务的购物场所,其标志为"50+"。此种类型的超市创意很简单,但又很独到。

"50+"超市货架之间的距离比普通超市大得多,老人可以慢慢地在货架间选货而不会觉得拥挤或憋气;货架间设有靠背座椅;购物推车装有刹车装置,后半截还设置了一个座位,老人如果累了可以随时坐在上面歇息;货物名称和价格标签比别的超市要大,而且更加醒目;货架上还放着放大镜,以方便老人看清物品上的产地、标准和有效期。如果老人忘了戴老花镜,可以到入口处的服务台去临时借一副。最重要的是,超市只雇佣 50 岁以上的员工。

一家"50+"超市的经理说,这种超市很受顾客的欢迎,增加了他们的信任感。从中获益的不仅仅是顾客,雇佣的老年员工十分珍惜这份工作,积极性特别高。

"50+"超市由于替老人想得特别周到,深受老人欢迎,同时被其他年龄层(例如带孩子的年轻母亲)所接受。"50+"超市商品的价格与其他超市一样,营业额却比同等规模的普通超市高了 20%。

"万圣"书店的生意经

北京有一家书店名叫"万圣",铺面不大,在经营上却颇有特色,有些地方甚至有悖"常理"。比如,书店规模不大理应节约开支,但这家书店却买进一辆货车,涂上店名并写上"招手即停"、"流动书架"、"来往各大专学院";再比如,按常理书店内不应设有座位,以免顾客坐下来阅读而影响书的出售,但这家书店却全部开架,地毯铺地,音乐轻柔,店中间设有几张桌椅,顾客可以坐在那里翻阅或抄写。

据书店负责人刘化敏女士介绍,这样做是因为该书店将顾客定位在高等院校师生、科研机构工作人员。事实上,"万圣"的这些做法取得了颇为丰厚的物质回报和精神回报。各大专学院每月都要举办 1 至 2 次书市,"万圣"书店则总是他们的主要邀请单位。通过这些书市,"万圣"得到了可观的经济收入。同时,这些大专学院的学生以及毕业后走向工作岗位的人士普遍认同"万圣",许多人宁愿舍近求远,从距离较远的地方赶来,到"万圣"阅读、购书。

思考:"万圣"这些有悖经营"常理"的做法,为什么能取得成功?

【思维训练】

一、请找来 3 种你熟悉的杂志,指出它们的目标市场分别是什么?并向全班同学说明你的理由。

二、为了达成方案,是否准许"随意尝试"?为什么?

三、设计一个能够吸引许多观众,且在所知的范围内从未尝试制作的电视节目。

四、"穷人"最缺乏的是什么?

法国曾经有一位很穷的年轻人。后来,他以推销装饰肖像画起家,在不到 10 年的时间里,迅速跃身于法国富豪排行榜前 50 名,成为一位年轻的媒体大亨。但是不幸的是,就在他的事业蒸蒸日上的时候,他患上了前列腺癌,并于 1998 年在医院去世。他去世后,法国的一份报纸刊登了他的一份遗嘱。在这份遗嘱里,他说:我曾经是一位穷人,在以一个富人的身份跨入天堂的门槛之前,我把自己成为富人的秘诀留下,谁若能通过回答"穷人最缺少的是什么"而猜中我成为富人的秘诀,他将能得到我的祝贺,我留在银行私人保险箱内的 100 万法郎,将作为睿智地揭开贫穷之谜的人的奖金,也是我在天堂给予他的欢呼与掌声。

遗嘱刊出之后,有48 561个人寄来了自己的答案。这些答案,五花八门,应有尽有。绝大部分的人认为,穷人最缺少的当然是金钱,有了钱,就不会再是穷人了;另有一部分认为,穷人之所以穷,最缺少的是机会,穷人之穷是穷在背时上面;又有一部分认为,穷人最缺少的是技能,一无所长所以才穷,有一技之长才能迅速致富;还有的人说,穷人最缺少的是帮助和关爱,是漂亮,是名牌衣服,是总统的职位;等等。

在这位富翁逝世周年纪念日,他的律师和代理人在公证部门的监督下,打开了银行内的私人保险箱,公开了他致富的秘诀⋯⋯

思考:你认为他致富的秘诀是什么?请给出答案。

【实战演练】

一、A产品的目标市场进入战略:

A产品是专业洗涤蔬菜、水果的洗涤用品。其主要功能在于能够去除蔬菜水果表面及内部95%以上的残余农药。其主要特点是:专业高效、绝无毒性、使用方便、无二次污染。具体说:第一,可替代产品及目标消费群体细分。从目前市场情况来看,所面对的竞争是来自"厨房洗洁精用品"这类产品。但它们与A产品并非属于同类产品,但是二者却具有功能上的可替代性。第二,目标市场定位消费者急需专业去除蔬菜水果内外部农药的洗涤用品,故A产品的目标市场定位应具有如下特点:专业性的功效;中高档的定位;大中城市的居民;知识分子家庭。第三,目标市场进入:首先从定位角度分析目标市场进入战略。其次从目标市场覆盖范围角度分析目标市场进入战略。

思考:
1. A产品是怎样进行市场细分和目标市场定位的,你认为哪些值得借鉴?
2. A产品的目标市场进入战略你认为怎样?
3. 如果你是该公司经理,你将如何处理A产品市场定位及竞争战略规划问题。

二、以汽车市场为例研究目标市场的确定:
1. 收集可划分汽车市场的不同因素。你可以有自己的想法,也可参考现有的其他资料。
2. 根据你应用的细分市场角度,做一个顾客问卷调查。你自己选取调查的问题和相应的顾客。
3. 分析调查数据,并识别不同的潜在市场。
4. 说明细分市场的轮廓,描述每个潜在市场。
5. 写出自己对于每个市场应采用什么样的目标市场策略的建议。
6. 提交一份书面材料,写出你的意见、你的调查、你的发现和你的营销策略建议。

第三节 市场定位能力

经典语录:

定位是对公司的产品和形象的策划行为,目的是使它在目标消费者的心目中占据一个独特的、有价值的位置。

——菲利普·科特勒

所谓定位,就是把满脑袋的头发拔得只剩一根,在风中飘摇。

——叶茂中

理论基石:

一、市场定位的概念和依据

市场定位又称为产品定位或竞争性定位,是根据竞争者现有产品在细分市场上所处的地位和顾客对产品某些属性的重视程度,塑造出本产品与众不同的鲜明个性形象并传递给目标顾客,确定产品在顾客心目中的适当位置并留下深刻印象,以便吸引更多的顾客。

产品的特色或个性可以从产品实体上表现出来,如形状、成分、构造、性能等;也可以从消费者心理上反映出来,如豪华、朴素、时髦、典雅等;还可以表现为价格水平、质量水准等。市场定位是指通过确定企业产品的形象特色,为产品在市场上确定适当的位置。

二、市场定位的方式

市场定位作为一种竞争战略,显示了一种产品或一家企业同类似的产品或企业之间的竞争关系。定位方式不同,竞争态势也不同,下面分析几种主要的定位方式。

1. 领先定位

领先定位适用于独一无二或无法替代的产品。

2. 空隙定位

空隙定位是一种避开强有力的竞争对手,将其位置确定在市场"空白点"开辟一个新的形象阶梯,从新角度出发进行立意,创造鲜明的形象。由于这种定位方式市场风险较少,成功率较高,常常为多数企业所采用。

3. 比附定位

比附定位不去占据原有形象阶梯的最高阶,而甘居其次。

4. 对峙定位

对峙定位是一种在市场上占据支配地位的、即与最强的竞争对手"对着干"的定位方式。显然,这种定位方式有时会产生危险,但不少企业认为能够激励自己奋发上进,一旦成功就会取得巨大的市场优势。

5. 初始定位

初始定位是指新成立的企业初入市场。企业新产品投入市场,或产品进入新市场时,企业必须从零开始,运用所有的市场营销组合,使产品特色符合所选择的目标市场。

6. 重新定位

重新定位是指企业变动产品特色,改变目标顾客对其原有的印象,使目标顾客对其产品新形象有一个重新的认识过程。市场重新定位对于企业适应市场环境、调整市场营销战略是必不可少的,当出现下列情况时:(1)竞争者推出的市场定位于本企业产品的附近,侵占了本企业品牌的部分市场,使本企业品牌的市场占有率有所下降;(2)消费者偏好发生了变化,从喜爱本企业某品牌转移到喜欢竞争对手的某品牌。当然,企业在重新定位前,需要考虑这样做的成本效益。

除此之外,市场定位的方法还有根据属性和利益定位、根据价格和质量定位、根据用途定位、根据使用者定位、根据产品档次定位、根据竞争局势定位,以及多种方法组合定位。

三、市场定位的步骤

市场定位的主要任务,就是通过集中企业的若干竞争优势,将自己与其他竞争者区别开来。市场定位是企业明确其潜在的竞争优势、选择相对的竞争优势和市场定位策略以及准确地传播企业市场定位的过程。

（一）明确企业潜在的竞争优势

明确企业潜在的竞争优势,主要包括：调查研究影响定位的因素,了解竞争者的定位状况,竞争者向目标市场提供了何种产品及服务,在消费者心目中的形象如何？对其成本及经营情况做出评估,并了解目标消费者对产品的评价标准。企业应努力搞清楚消费者最关心的问题,以作为决策的依据,并要确认目标市场的潜在竞争优势是什么,同样条件能比竞争者定价低,还是能提供更多的特色满足消费者的特定需要。企业通过与竞争者在产品、促销、成本、服务等方面对比分析,了解企业的长处和不足,从而认定企业的竞争优势。

（二）选择企业相对的竞争优势和市场定位策略

相对的竞争优势,是企业能够胜过竞争者的能力。有的是现有的,有的是具备发展潜力的,还有的是可以通过努力创造的。简而言之,相对的竞争优势是企业能够比竞争者做得更好的工作。企业可以根据自己的资源配置通过营销方案差异化突出自己的经营特色,使消费者感觉自己从中得到了价值最大的产品及服务。

（三）准确地传播企业的市场定位

这一步骤的主要任务是企业要通过一系列宣传促销活动,使其独特的市场竞争优势准确传播给消费者,并在消费者心目中留下深刻印象。为此,企业首先应使目标消费者了解、知道、熟悉、认同、喜欢和偏爱企业的市场定位,要在消费者心目中建立与该定位相一致的形象。其次,企业通过一切努力,保持对目标消费者的了解,稳定目标消费者的态度和加深目标消费者的感情,来巩固企业市场形象。最后,企业应注意目标消费者对其市场定位理解出现的偏差或由于企业市场定位宣传上失误而造成目标消费者的模糊、混乱和误会,及时纠正与市场定位不一致的市场形象。

四、市场定位战略

（一）对抗定位策略

对抗定位策略是指企业选择靠近于现有竞争者或与现有竞争者重合的市场位置,争夺同样的消费者,彼此在产品、价格、分销及促销等各个方面差别不大。对抗定位策略就是与市场上最强的市场竞争对手"对着干"。

（二）避强定位策略

避强定位策略是指企业回避与目标市场上的竞争者直接对抗,将其位置定在市场"空白点",开发并销售目前市场上还没有的产品,开拓新的市场领域。

避强定位策略的优点是：能够迅速地在市场上站稳脚跟,并在消费者心中树立起一定企业形象。由于这种定位策略市场风险较小,成功率较高,常常为多数企业所采用。

（三）重新定位策略

重新定位策略是指企业变动产品特色,改变目标消费者对其原有的印象,使目标消费者对其产品新形象有一个重新认识的过程。市场重新定位对于企业适应市场营销环境、调整市场营销战略是必不可少的。企业产品在市场上的定位即使很恰当,但在出现下列情况时也需考虑重新定位:一是竞争者推出的产品市场定位在本企业产品的附近,侵占了本企业品牌的部分市场,使本企业品牌的市场占有率有所下降;二是消费者偏好发生变化,从喜欢本企业某品牌转移到喜爱竞争对手的品牌。

五、成功市场定位的原则

企业在确立自己的市场位置之后,应当努力维持或提升其相对于竞争者的市场位置。托马斯·考斯克提出了下列成功定位必备的特征。

1. 定位应当是有意义的

企业不应该只将定位看作一些华丽的口号,还应当具有实际意义。

2. 定位应当是可信的

许多企业声称能为所有的人提供服务,这显然是难以令人信服的。即使是那些行业中的领先者,也不可能无所不能,而是集中于某一特定领域做一个可信任的企业。虚假夸大的定位往往会适得其反,给企业带来不利影响。

3. 定位必须是独一无二的

企业应当在既定的目标市场上发掘能持续使自己保持领先地位的市场定位。市场上存在许多不同的差异化途径能够使企业成为领先者,如市场份额领先者、质量领先者、服务领先者、技术领先者、创新领先者、灵活领先者、关系领先者、特权领先者、知识领先者、全球领先者、折扣领先者、价值领先者等。企业应当根据自己和市场的竞争状况加以选择。

【知识链接】 "定位"一词是由美国著名的营销专家艾尔·列斯和杰克·特劳特提出尔后流行的。他们把定位看成是对现有产品的创造性实践。他们对"定位"的定义如下:定位是以产品为出发点,如一种商品,一项服务,一家公司,一所机构,甚至一个人……但定位的对象不是产品,而是针对潜在顾客的思想。也就是说,要为产品在潜在顾客的大脑中确定一个合适的位置。

技能培养:

【感悟营销】

太太口服液的三次市场定位

深圳太太药业集团推出的太太口服液曾有过好几次的市场定位。起初该产品诉求以治黄褐斑为重点,所谓"三个女人一个黄",但这个定位相对于女性保健需要而言,明显过窄了。产品知名度在提高,但市场扩大则受到了限制。20 世纪 90 年代中期,该集团决定用"除斑、养颜、活血、滋阴"等作为产品的多种诉求,但这样就与众多的其他保健品没有太大区别,失去了特色。1996 年以后,该公司重点强调产品含有能调理内分泌令肌肤重现真正天然美的纯中药制品,成功地实现了市场定位的又一突破。

【营销启示】 重新定位,随着市场环境的变化,巧妙地转换定位,重新确定自己的竞争优势,能够赋予产品崭新的生命境界。

方太的"专业、专心和专注"

宁波方太厨具有限公司创立于1996年1月,坐落于浙江省慈溪市,专业生产以"方太"牌集成厨房、吸油烟机、家用灶具、消毒碗柜为主导的厨房系列产品。公司总资产3.13亿元,目前已成为中国厨房领域最成功的生产厂家之一。作为国内厨房产业的领军企业,方太有什么独到之处呢?

茅理翔董事长和茅忠群总经理在1995年决定上马吸油烟机项目时,做了一件非常伟大的事情:他们制造出了能从真正意义解决消费者需求的厨电产品。具有戏剧色彩的是,当年两位创始人虽没有接受过正规的管理学理论的系统培训,但由他们亲手操作的方太品牌和产品却绝对够得上经典的营销案例水平。经过认真扎实的市场调研(方太也许是本土厨电厂商中如此认真地执行产品研发调研的第一家),两位创始人确信发现了消费者的需求。有一句英文谚语可以为方太的成功加一个脚注:"在盲人的王国里,一只眼的人可以成为国王。"

品牌为旗,创新为本。2003年4月,方太在京提出的"设计领先的厨房专家"战略调整,成为方太应对新世纪小家电行业竞争的新招法。

方太一直主打中高端市场、以专业定位的企业,在新的营销战略的调整上,方太表示仍然要坚持这个"专"字,并提出"三专"概念——"专业、专心和专注"。

专业,是指方太在这个领域要求自己达到专业级的标准。始终保持在技术上的领先,并确保产品的高品质,使"专业"成为方太的专属特质。

如果说"专业"是指标准,"专心"则是指方太在业务发展上心无旁骛,将始终沿着紧密相关性的延伸路线发展,即方太将以厨房事业为使命,以推动中国及世界厨房文化进步为目标,力争成为中国以及世界的、受人尊敬、基业常青的企业。

"专注",则是指企业发展的关键衡量指标将始终专注于产品力的建设,倚赖专注建设真正属于方太特色、不可复制的产品力。

配合方太厨房专家战略的发布,方太还在市面上全方位推出覆盖厨房主要产品系列的四款厨房专家新品,这四个系列的新品分别是"彰显厨房时尚的随心开吸油烟机"、"新妆上市的日后吸油烟机"、"为生活加冕的芙蓉灶"和"绽放洁净之美的厨贝嵌入式消毒柜"。此次推出的所有新品都采用了方太公司的最新关键技术,以及让市场侧目的外观设计方案。方太希望借助新品的推出,让消费者对方太厨房专家有更加深入地了解,从各个角度强化中高端产品的定位,从而再度刮起"方太旋风"。

【案例教学】

抓住新一代——目标市场的选取

P&G广告画面多选用年轻男女的形象,展示年轻人追求浪漫的幻想,崇尚无拘无束和富有个性色彩的生活画面,并针对年轻人的心理配上如"滋润青春肌肤,蕴含青春美"等广告语。P&G选择青年消费群作为其目标市场,是看中了青年人的先导消费作用。

在中国内地消费者中,消费心理和方式显而易见地发生了较大变化的首先是青年消费者。青年人带动了消费主义运动的兴起,改变了人们传统的生活态度和节俭观念,刺激着人们的消费欲望和财富欲望。青年人求新、好奇、透支消费、追求名牌、喜欢广告、注重自我等心理正先导性地改变着内地的消费习惯和行为。

P&G 选取青年人崇拜的青春偶像郑伊健、张德培以及具有青春活力的年轻女孩作为广告模特;举办"飘柔之星全国竞耀活动"展示年轻女性的真我风采,以及围绕青年所做的一系列促销活动,如"海飞丝美发亲善大行动"等,充分表明了它的抓住新一代的定位意图,而它卓著的市场业绩也充分证明了其目标市场定位的正确性。

思考:
1. 依照案例分析宝洁公司是如何进行市场细分、目标市场选择和市场定位的?
2. 根据市场定位,宝洁公司进行了哪些营销活动?
3. 您觉得宝洁公司的营销过程中有哪些需要改进的地方?

【思维训练】

1. 有人说:"定位不在产品本身,而在消费者心底。"你怎么理解这句话?
2. 如果在时钟的字盘上添加些许变化,可能产生哪一方面的优点?你会将其定位于哪类人群?
3. 想出 10 种你以往闻所未闻的透明胶带的新用途。
4. 2008 年元旦,北京某高校俱乐部前,一老妇守着两筐苹果叫卖,因为天寒,问者寥寥。一教授见情形,上前与老妇商量几句,然后走到附近的商店买来了节日织花用的红彩带,并与老妇一起将苹果两两一扎,接着老妇叫道:"情侣苹果哟!两元一对!"经过的情侣们甚觉新鲜,用红彩带扎在一起的一对苹果看起来很有情趣,因而买者甚众。不一会儿,全部卖光。老妇感激不尽,赚得颇丰。

思考:每个人的思维延伸、延伸、再延伸、扩散、扩散、再扩散,苹果还可如何定位?孕妇?老人?其他场合延伸?其他时间延伸?

【实战演练】

1. 分别分析笔、运动鞋、碳酸饮料、小轿车、洗发水、洗衣粉、电视机、牙膏、胶卷等行业中企业的市场地位及竞争战略。

要求:从以上产品中任选一种,罗列出几个(至少两个)制造商,分析各企业的市场地位及竞争战略。

2. 某食糖公司准备在当地市场推出液态糖,区别于传统的砂糖、冰糖,请你试着为其定位?

3. 演练目的:学会对竞争对手进行分析,并制定相应的竞争战略。

演练要求:
(1)广泛收集可口可乐公司和百事可乐公司的相关资料。
(2)两企业任选其一,学生把自己当作所选企业的营销人员,根据所收集的资料,完成对竞争对手的分析;同时结合本企业情况,分析自己采用的市场竞争战略。
(3)撰写一份分析报告。

演练指导:
(1)把学生分成若干小组,以组为单位进行。
(2)资料可以到图书馆或通过上网收集。
(3)有条件的学生可以组织学生到当地的可口可乐公司或百事可乐公司营销部门参观访问,听取企业高级管理人员或营销部门主管介绍,并获取相关资料。

第四章　营销组合能力培养与训练

【学习目标】

全面理解产品以及整体产品的概念并把握产品五个层次的内涵；把握产品生命周期的概念及其各阶段的营销对策；理解新产品的内涵并了解新产品开发的基本原则；掌握品牌定位、设计及品牌管理的基本内容；了解定价的基本方法；理解广告、公关和销售促进的基本策略。

【能力目标】

培养对营销组合的理解能力，重点训练对广告、公关、销售促进等的认知能力；信息的收集整理、分析与综合能力；品牌策划和广告策划的能力。

第一节　产品策略能力

经典语录：

产品是能够提供给市场以满足人们需要和欲望的任何东西。

——菲利普·科特勒

理论基石：

一、营销组合的含义和特征

(一)营销组合的含义

最早提出营销策略组合概念的是尼尔·鲍顿(Neil Borden)，他认为企业营销组合涉及对产品、定价、品牌、渠道、人员销售、广告、销售促进、包装、售点展示、售后服务、物流、调研分析十二个因素的组合；以后又有一些营销学者对营销策略提出过不同的组合方式，如：佛利(Albert. W. Frey)的二元组合：一为供应物因素，即同购买者关系较为密切的因素，如产品、包装、品牌、价格、服务等；二为方法与工具，即同企业关系较为密切的因素，如分销渠道、人员推销、广告、销售促进和公共关系等。拉扎和柯利(Lazer & Kelly)的三元组合：一为产品和服务的组合；二为分销渠道的组合；三为信息和促销手段的组合等等。1960年，美国市场营销学家杰罗姆·麦卡锡将各种因素归结为四个主要方面的组合，即产品(Product)、价格(Price)、地点(Place)和促销(Promotion)。从而使企业的营销策略围绕这四个方面形成了四种不同类型的策略组合。

(二)营销组合的特征

1. 整体性

企业的营销活动是围绕特定的营销目标所展开的,因此,各种营销策略必须在此营销目标的指导下组合成统一的整体,相互协调、相互配合,形成较强的合力。作为企业的营销策略组合更必须权衡各种策略运用时所产生的正反效应,将它们控制在一定的程度,以使营销策略的组合能产生出最佳的整体效应。

2. 复合性

企业的营销活动往往是对各种营销策略的综合运用。每一项营销决策中,都体现了几种营销策略在不同层次上的相互复合。如从总体上讲,企业的营销活动包含了产品、定价、分销、促销四大基本营销策略的组合,而对每一项营销策略来说,又包含着广告、人员推销、销售促进和公共关系等具体手段。对于每一项具体的营销手段来说,还可能包含有更具体的营销技巧。所以每一项营销决策中,不仅仅是四种基本营销策略的组合,确切地讲,是各营销策略中具体营销手段和营销技巧的复合运用。

3. 灵活性

正由于营销策略组合是各种营销策略、手段和技巧的复合运用,所以围绕不同的营销目标,面对复杂多变的营销环境,企业营销策略的组合也必须是灵活多变的,这样才能适应各种营销目标和营销环境的需要。

4. 主动性

营销策略从本质上讲是企业对其内部的可控因素加以组织和运用的方式,所以企业对于营销策略组合的选择和运用应当具有必要的主动性。这一方面要求企业在营销活动中应拥有充分的自主权,不应过多地受到各种外界干扰。营销决策上的自主权对于企业营销活动的成败是至关重要的。

二、产品与产品组合

菲利浦·科特勒对产品的定义为:产品是能够提供给市场以满足人们需要和欲望的任何东西。产品在市场上包括实体产品、服务、体验、事件、人物、地点、财产、组织、信息和创意。

(一)产品的整体概念

市场营销学中所理解的产品与人们通常的看法有很大差异。人们通常倾向于认为产品就是看得见、摸得着的有形实体。从这种看法的角度来讲,营销人员就没有多少事情可以做,只要不断改进产品的有形实体部分即可。但市场并不认可这种单一的观点,而是要综合考虑能够给予顾客利益的产品的每个层次。产品的整体概念应该包括以下五个层次:

1. 核心利益

核心利益是顾客真正想购买的基本服务或利益。消费者购买一个钉子,并不是买钉子的实体部分,而是购买钉子所能够给顾客带来的"效用"。

2. 基础产品

基础产品是囊括核心利益的产品形式,生产者正是通过产品的基础形式将产品的核心利益传递给消费者。例如,汽车提供的出行方便的效用必须借助于汽车的形式,没有了这种形式,消费者就无法获得该种效用。可见,核心利益和基础产品是不能够分离的。

3. 期望产品

期望产品是指消费者购买产品时通常希望和默认的一组属性和条件。这种属性和条件一般是消费者获得产品效用的基本保证。脱离了期望产品,企业将无法完美地将产品效用给予消费者。例如,消费者住旅店大多希望能够获得干净的床上用品、淋浴设备和安静的环境,这是该产品本身所蕴含的要求,营销人员的工作必须建立在消费者的期望产品得到提供的基础上。

4. 附加产品

附加产品是指生产者或销售者为了创造产品的差异化而给予消费者的增加的服务和利益。例如,大部分商家都为顾客提供送货上门、安装等服务。附加产品有转化为期望产品的趋势,当产业内所有的企业都对消费者提供了相同的附加产品之后,附加产品就会被消费者当作理所当然的期望产品看待。例如,消费者想当然的认为家电专卖超市应该提供送货上门服务,事实也的确如此。

5. 潜在产品

潜在产品是指产品最终可能会带给消费者的全部附加产品和将来会转换的部分。潜在产品能够带给产品足够的差异化形象,给企业的产品带来竞争优势地位。这主要通过提高顾客的满意度来实现。美国营销学者西奥多·李维特认为,未来竞争的关键不在于企业能生产什么产品,而在于其产品所提供的附加价值:包装、服务、广告、用户咨询、融资、送货安排、仓储和人们所重视的其他价值。

(二)产品组合

菲利浦·科特勒认为,产品组合即产品品种的搭配,是一个特定的销售者售与购买者的一组产品,它包括所有的产品线和产品项目。例如,花王公司拥有三条主要的产品线,即消费品、高级化妆品和化学产品。而每个产品线又由众多子产品线构成。消费品线可以分解为纺织品和家用护理品、个人护理、妇女和儿童护理、健康护理以及专业护理产品。每条产品线和子产品线又拥有许多单个的产品项目。

产品组合的衡量标准可以分为产品组合的宽度、长度、深度和相关度。以宝洁公司为例来说明这些问题(见表4—1)。

表4—1　　　　　宝洁公司的产品组合宽度和产品线长度(包括市场导入期)

	产品组合的宽度					
	清洁剂	牙膏	条状肥皂	纸尿布	纸巾
产品线长度	象牙雪 1930 德来夫特 1933 汰渍 1946 快乐 1950 奥克雪多 1914 达什 1954 波尔德 1965 盖恩 1966 伊拉 1972	格利 1952 佳洁士 1955	象牙 1879 柯克斯 1885 洗污 1893 佳美 1926 爵士 1952 保洁净 1963 海岸 1974 玉兰油 1993	帮宝适 1961 露夫 1976	媚人 1928 粉扑 1960 旗帜 1982 绝顶 1992

【知识链接】　宝洁公司创建于1837年,是全球最大的日用消费品公司之一。在日用化学品市场上知名度相当高,宝洁公司经营的产品包括洗发、护发、护肤用品、化妆品、婴儿护理产品、妇女卫生用品、医药、食品、饮料、织物、家居护理、个人清洁用品及电池等。

宝洁公司在中国的品牌包括：飘柔、潘婷、海飞丝、沙宣、伊卡璐、舒肤佳、玉兰油、SK-Ⅱ、护舒宝、封面女郎、帮宝适、佳洁士、欧乐-B、汰渍、碧浪、品客、吉列、锋速3、博朗、金霸王、南孚。

1. 产品组合的宽度

产品组合的宽度是指产品组合中包含的产品线的数量。产品线越多，产品组合越宽。由表4-1可知，宝洁公司有5条产品线，这就是在量上给予产品组合宽度的衡量。企业发展多条产品线，主要是为了降低经营风险。

2. 产品组合的长度

产品组合的长度是指企业产品组合中，所包含的产品项目的数量。把企业所有产品线包括的产品项目加总，就可以在量上衡量企业产品组合的长度。如表4-1所示，宝洁公司共有25个产品项目，这就是宝洁公司产品组合的长度。企业增加产品组合的长度，可以最大化货架空间，并且给予消费者多样化的选择，从而造成企业对于竞争对手的优势地位。

3. 产品组合的深度

产品组合的深度是指企业每一产品线上产品花色、品种和类型的数量。例如，佳洁士牙膏有三种规格和两种配方（普通味和薄荷味），佳洁士牙膏的深度就是6。通过计算每一品牌产品品种的数目，我们就可以计算出宝洁公司的产品组合的平均深度。

4. 产品组合的相关度

所谓产品组合的相关度，是指各个产品线在最终用途方面、生产技术方面、销售方式方面以及其他方面的相互关联程度。最终用途相关度大即为消费关联性（或称市场关联性）组合。如企业同时经营电脑、打印纸、电脑台，就属于消费关联性组合；生产技术的相关度是指所经营的各种产品在生产设备、原材料或工艺流程等方面具有较强的关联性，可称生产关联性组合。如企业同时生产电视机、电冰箱、洗衣机等就属生产关联性组合；销售方式的相关度一般是指各种产品在销售渠道、仓储运输、广告促销等方面相互关联，或称销售关联性组合。产品组合的相关度与企业开展多角化经营有密切关系。相关度大的产品组合有利于企业的经营管理，容易取得好的经济效益；而产品组合的关联度较小，说明企业主要是投资型企业，风险比较分散，但管理上的难度较大。

（三）产品的分类

产品依据销售的目标对象（购买者的身份）及他们对产品的用途被大致分成两类：消费品和工业品。

1. 消费品

以消费者个人为销售目标对象的产品是消费品。对消费品进一步分类的话，从不同的角度出发，可以多种多样。比如，从商品的价格来划分，可以分成低档品、中档品、高档品；从商品的性质来划分，则可以分成纺织品、食品、家电产品等。市场营销学把消费品分成三种类型。这三种类型是根据消费者在购买产品时的购买行为特征来划分的。市场营销的核心是消费者，企业的一切经济活动要以消费者的需求为前提，因此，以消费者的购买行为为特征来划分产品的类型是符合现代营销观念的，也是合理的。

（1）便利品（Convenient Goods）。又称"日用品"，这是指价格低廉、消费者要经常购买的产品。消费者在购买此类产品时的购买特征是：想花费的时间越少越好，消费者对这些产品几乎不作任何比较，希望就近、即刻买到。肥皂、洗衣粉、手纸、牙膏、毛巾、饮料等就属于此类商品。对于生产经营此类商品的企业来说,尽量增加销售此类商品的网点,特别要把网点延伸到居民住宅区的附近就显得特别重要。

(2)选购品(Shopping Goods)。选购品是指消费者愿意花费比较多的时间去购买的商品。在购买之前,消费者要进行反复比较,比较注重产品的品牌与产品的特色。选购品占到产品的大多数,价格一般也高于便利品,消费者往往对选购品缺乏专门的知识,所以在购买时间上的花费也就比较长。服装、皮鞋、农具、家电产品等是典型的选购品。

根据消费者的购买行为,经营选购品的企业要赋予自己的产品以特色,并且不断地向消费者传达有关商品的信息,帮助消费者了解有关产品的专门知识。对选购品来说,并不要求销售网点越多越好,也用不着一定要在居民住宅区附近开设网点。在一些有名的商业中心或者声誉卓著的商店内设立销售点销售选购品能获得比较理想的销售效果,因为消费者愿意花时间去寻找这些商品。

(3)特殊品(Special Goods)。特殊品是指那些具有独特的品质特色或拥有著名商标的产品。消费者对这类产品注重它的商标与信誉,而不注重它的价格,在购买时,愿意努力去找寻。像皮尔·卡丹西服、金利来领带、本田摩托车、莱克斯手表等即属此类产品。因为消费者会不顾远道去购买,所以特殊品的销售并不要求有很多的网点,也不要考虑购买者是否方便,只要使消费者知道在什么地方能买到就行。

2. 工业品

工业品的分类是依据产品在进入生产过程的重要程度来划分的。国际上通常运用麦卡锡的分类法来进行。

(1)原材料和零部件。这是指最终要完全转化到生产者所生产的成品中去的产品。

原材料。这是农、林、渔、畜、矿产等部门提供的产品,构成了产品的物质实体。如粮食、羊毛、牛奶、石油、铜、铁矿石等等。这些产品的销售一般都有国家的专门销售渠道,按照标准价来成交,并且往往要订立长期的销售合同。

零部件和半成品。零部件是被用来进行整件组装的制成品。如汽车的电瓶、轮胎、服装上的纽扣、自行车的坐垫等等。这些产品在不改变其原来形态的情况下可以直接成为最终产品的一部分。半成品是经过加工处理的原材料,被用来再次加工。如钢板、电线、水泥、白坯布、面粉等等。

零部件和半成品一般由供需双方订立合同,由供方直接交给需方。产品的价格、品质、数量等由供需双方共同确定。

(2)生产设备。这是指直接参与生产过程的生产资料。可以分成两大类。

装备。由建筑物、地权和固定设备所组成。建筑物主要指厂房、办公楼、仓库等。地权是矿山开采权、森林采伐权、土地耕种权等等。固定设备指发动机、锅炉、机床、电子计算机、牵引车等主要生产设备。

附属设备。这种设备比装备的金额要小,耐用期也相对要短,是非主要生产设备。如各种工具、夹具、模具、办公打字机等等。购买者对此类产品的通用化、标准化的要求比较高,一般通过中间商来购买。

(3)供应品。供应品并不直接参与生产过程,而是为生产过程的顺利实现提供帮助,这相当于是生产者市场中的方便品。可以分成两类。

作业用品。此类产品消耗大,企业要经常购买,如打字纸、铅笔、墨水、机器润滑油等等。

维修用品。主要有清扫用具、油漆、铁钉、螺栓、螺帽等。

供应品主要是标准品,并且消费量大,购买者分布比较分散,所以往往要通过中间商来销售,购买者对此类产品也无特别的品牌偏好,价格与服务是购买时考虑的主要因素。

(4)商业服务。这种服务有助于生产过程的顺利进行,使作业简易化。主要包括维修服务和咨询服务,前者如清扫、刷油漆、修理办公用具等等,后者主要是业务咨询、法律咨询、委托广告等等。

(四)产品组合策略

产品组合状况直接关系到企业销售额和利润水平,企业必须进行产品大类销售额和利润的分析和评价,并决定是否加强和剔除某些产品线或产品项目。产品大类销售额和利润水平分析主要是指分析、评价现行产品大类中不同产品项目所提供的销售额和利润水平。

企业在调整和优化产品组合时,依据不同的情况,可选择如下策略:

1. 扩大产品组合

扩大产品组合包括拓展产品组合的宽度和增强产品组合的深度。前者是在原产品组合中增加一个或几个产品大类,扩大产品范围;后者是在原有产品大类内增加新的产品项目。

2. 缩减产品组合

当市场繁荣时,较长、较宽的产品组合会为许多企业带来较多的赢利机会,但当市场不景气或原料、能源供应紧张时,缩减产品反而可能使总利润上升。

3. 产品延伸

每一企业的产品都有其特定的市场定位。产品延伸策略指全部或部分的改变公司原有产品的市场定位,具体做法有以下三种:

(1)向下延伸。向下延伸是指企业原来生产高档产品,后来决定增加低档产品。

(2)向上延伸。向上延伸是指企业原来生产低档产品,后来决定增加高档产品。

(3)双向延伸。双向延伸室制原定位于中档产品市场的企业掌握了市场优势以后,决定向产品大类的上下两个方向延伸,一方面增加高档产品,另一方面增加低档产品,扩大市场阵地。

【案例教学】

康师傅畅饮百事:扩充渠道和产品组合

2011年11月4日,康师傅控股(0322.HK)发布公告,百事可乐的全资附属公司FEB同意将百事可乐在中国的非酒精饮料装瓶业务的全部权益出售予康师傅饮品控股,以换取康师傅饮品9.5%的直接权益。在交易完成后,FEB将间接持有康师傅饮品控股的5%权益,还将获授发行期权,以将其于康师傅饮品控股的间接权益增至20%。

双方建立联盟后,康师傅饮品控股有限公司将负责生产、销售百事的碳酸饮料和佳得乐品牌产品;百事将继续拥有品牌,并负责其市场推广活动。

康师傅还将通过百事的授权,将康师傅的果汁产品在纯果乐品牌下进行联合品牌经营。而对于消费者而言,以后找到康师傅的地方同时也能找到百事可乐的产品。这也就意味着,康师傅成了百事可乐中国在华饮品业务的装瓶商。不过这笔交易并不涉及百事可乐最重要也是占利润最大比重的原液转换;交易也不涉及百事中国的食品业务。

在11月4日停牌之前,市场的反应相对负面,康师傅股价4天累计连续下跌10%。里昂证券认为,两项业务的整合需要数年时间,并需要国家及少数股东批准。他们认为,康师傅饮料业务短期毛利会受压,因为百事中国非酒精饮料装瓶业务盈利能力相对较低。当然,如果交易获得商务部批准,这将改变中国饮料行业的格局。但商务部曾以反垄断为由否决了可口可乐对汇源的收购。康师傅和百事此次特意选择换股而非收购的方式,想必也是为了在一定程度上避免收购可能带来的反垄断担忧。

康师傅股价的上涨发生在 11 月 7 日,在这一交易日康师傅股价大涨 8.65%。而市场上除了双方结盟的消息,也开始有康师傅控股拟将饮料业务分拆上市的消息传出。

理论上看,结盟对于两家企业来说可以构成互补,不像可口可乐和汇源那样业务重合。而无论是在中国非酒精饮料行业排名第二的百事中国,还是第四名的康师傅,都寄望比肩行业冠军可口可乐。

不同于其他竞争对手,康师傅是茶饮料冠军。尼尔森对 2011 年中国软饮料市场调查数据显示,康师傅在茶饮料、瓶装水和方便面市场份额均为第一,而在碳酸饮料领域则毫无建树——这是一个规模巨大但是近乎饱和的细分市场。而这个结盟带给康师傅最直接的利益就是让其步入碳酸饮料市场,并让其饮品业务获得低成本产能扩张。根据美国《饮料文摘》提供的数据,可口可乐现在控制着中国 55% 的碳酸饮料市场,百事可乐则占据 32% 的市场份额。

除此之外,百事的餐饮渠道优势也可以弥补康师傅在此领域的不足。

康师傅已经是中国渠道最深入的品牌之一,其深入到中国三四线城市的绵密的销售网络成为其 10.66 亿美元品牌价值的根基,这让它位列台湾国际品牌第 5 名,而这也是百事愿意与之结盟的最重要筹码。

不过,百事也有康师傅触不到的优势,毕竟在多年与可口可乐角力的过程中,百事在除了商超主流渠道之外的餐饮渠道中累积了相当实力。比如 2007 年从可口可乐手中抢走德克士,2009 年与味千拉面签订为期 4 年的合作协议等等。另外,康师傅获得百事饮品生产、销售权之后,更丰满的产品组合也能让它在与渠道商谈判时有更大的话语权。

思考:康师傅和百事联盟后产品组合上各有什么优势?

三、产品生命周期

(一)产品生命周期的含义

产品生命周期是指产品从进入市场到退出市场的周期化变化过程。产品的生命周期不是指产品的使用寿命,而是指产品的市场寿命。营销学者通常认为,产品的市场生命周期要经历四个阶段:市场导入期、市场成长期、市场成熟期和市场衰退期,如图 4-1 所示。

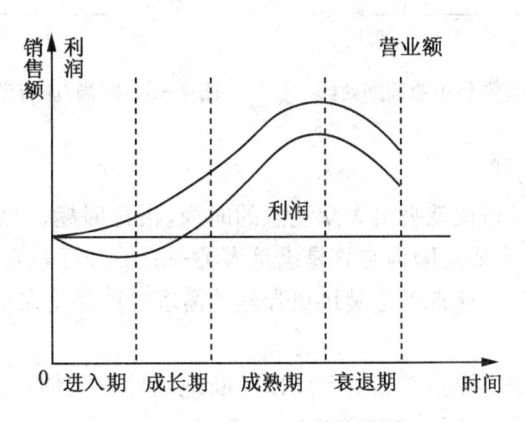

图 4-1 产品生命周期曲线

导入期:是指新产品刚进入市场的时期。往往表现为销售量增长缓慢,由于销售量小,产品的开发成本高,所以新产品在导入期只是一个成本回收的过程,利润一般是负的。

成长期:是产品已开始为大批购买者所接受的时期。往往表现为销售量的急速上升。由于销售量的上升和扩大,规模效应开始显现,产品的单位成本下降,于是新产品的销售利润也就开始不断增加。

成熟期:由于该产品的市场已趋于饱和,或已出现强有力的替代产品的竞争,销售量增速开始趋缓,并逐步趋于下降。由于此时产品为维持市场而投放的销售费用开始上升,产品的利润也开始随之下降。

衰退期:由于消费者的兴趣转移,或替代产品已逐步开始占领市场,产品的销售量开始迅速下降,直至最终退出市场。

(二)特殊的产品生命周期

1. 风格(style)

这是一种在人类生活基本但特点突出的表现方式。风格一旦产生,可能会延续数代,根据人们对它的兴趣而呈现出一种循环再循环的模式,时而流行,时而又可能并不流行。产品生命周期曲线如图4—2所示。

2. 时尚(fashion)

这是指在某一领域里,目前为大家所接受且欢迎的风格。时尚型的产品生命周期特点是,刚上市时很少有人接纳(称为独特阶段),但接纳人数随着时间慢慢增长(模仿阶段),终于被广泛接受(大量流行阶段),最后缓慢衰退(衰退阶段),消费者开始将注意力转向另一种更吸引他们的时尚。产品生命周期曲线如图4—3所示。

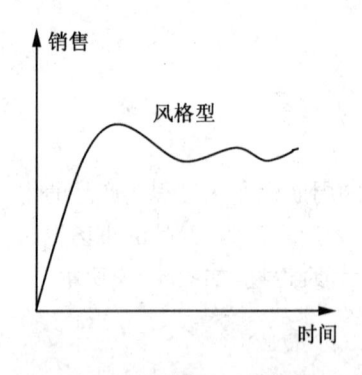

图4—2 风格型产品生命周期曲线 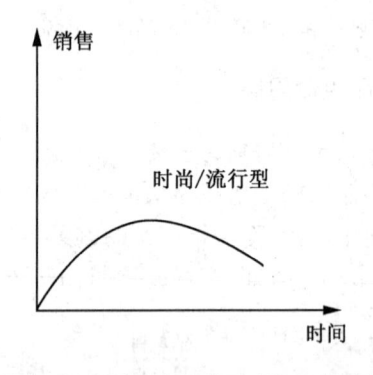　　图4—3 时尚/流行型型产品生命周期曲线

3. 热潮(fad)

这是一种来势汹汹且很快就吸引大众注意的时尚,俗称时髦。热潮型产品的生命周期往往快速成长又快速衰退,主要是因为它只是满足人类一时的好奇心或需求,所吸引的只限于少数寻求刺激、标新立异的人,通常无法满足更强烈的需求。产品生命周期曲线如图4—4所示。

4. 扇贝

扇贝型产品生命周期主要指产品生命周期不断地延伸再延伸,这往往是因为产品创新或不时发现新的用途。产品生命周期曲线如图4—5所示。

(三)产品生命周期各阶段的策略

1. 导入期的营销策略

新产品在刚刚推出市场时,销售量增长缓慢,往往可能是无利甚至亏损,其原因是:生产能力未全部形成,工人生产操作尚不熟练,次品、废品率高,增加了成本。加上消费者对新产品有

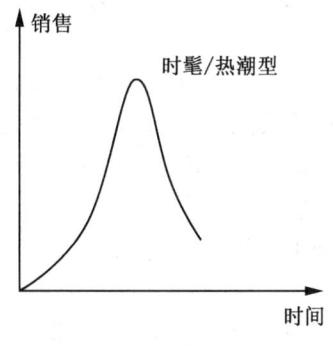

图 4—4　时髦/热潮型产品生命周期曲线 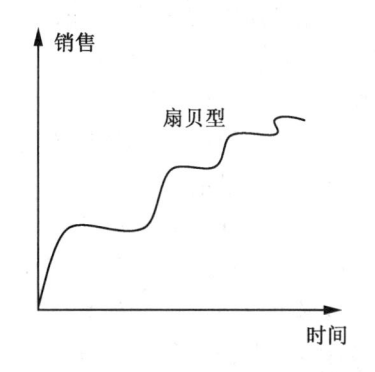　　图 4—5　扇贝型产品生命周期曲线

一个认识过程,不会立刻接受。该阶段企业的基本策略应当突出一个"快"字,以促使产品尽快进入成长期。具体操作上一般可选择以下几种策略:

(1)快速撇取策略。企业以高价格高促销的方式推广新产品。高价是为了迅速使企业收回成本并获取高额利润。高促销是为了尽快打开销路,使更多的人知晓新产品的存在。高促销就是要通过各种促销手段,增强刺激强度。除了大规模的广告宣传外,也可以利用特殊手段,诱使消费者试用。如通过赠送样品,将新产品附在老产品中免费赠送等等。

快速撇取策略适用的市场环境是:绝大部分消费者还没有意识到该新产品;知道它的人有强烈的购买欲望而不太在乎价格;产品存在着潜在的竞争对手;企业想提高的产品的声誉。

(2)缓慢撇取策略。企业以高价格低促销的方式推广新产品。主要目的是为了撇取最大的利润。高价可迅速收回成本加大利润,低促销又可减少营销成本。

缓慢撇取策略适用的市场环境:市场规模有限;大多数消费者已对该产品有所了解;购买者对价格不是很敏感;潜在的竞争对手少。

(3)快速渗透策略。企业以低价格高促销的方式推广新产品。这一策略的目的是为了获得最高的市场份额。所以,新产品的定价在一个低水平上确定,以求获得尽可能多的消费者的认可。同时,通过大规模的促销活动把信息传给尽可能多的人,刺激他们的购买欲望。

快速渗透策略适用的市场环境:市场规模大;消费者对该产品知晓甚少;购买者对价格敏感;潜在竞争对手多且竞争激烈。

(4)缓慢渗透策略。企业用低价格低促销的方式推广新产品。使用该策略的目的一方面是为了以低价避免竞争,促使消费者尽快接受新产品;另一方面以较低的促销费用来降低经营成本,确保企业的利润。

缓慢渗透策略适用的市场环境:产品的市场相当庞大,消费者对价格比较敏感,产品的知名度已经较高,潜在的竞争压力较大。

2. 成长阶段的营销策略

新产品经受住了市场的严峻考验,就进入了成长阶段,这一阶段的特点是:销售量直线上升,利润也迅速增加。由于产品已基本定型,废品、次品率大大降低,销售渠道也已疏通,所以产品经营成本也急剧下降。产品的销售呈现出光明的前景。在这一阶段的后期,由于产品表现了高额的利润,促使竞争对手逐步加入,竞争趋于激烈化。这一阶段,企业应尽可能维持销售的增长速度,同时突出一个"好"字,把保持产品的品质优良作为主要目标,具体策略有:

(1)改进产品品质。从质量、性能、式样、包装等方面努力加以改进,以对抗竞争产品,还可以从拓展产品的新用途着手以巩固自己的竞争地位。

(2)扩展新市场。使产品进一步向尚未涉足的市场进军。在分析销售实绩的基础上,仔细寻找出产品尚未到达的领域,作重点努力,同时,扩大销售网点,方便消费者的购买。

(3)加强企业与产品的地位。广告宣传由建立产品知名度逐渐转向建立产品信赖度,增加宣传产品的特色,使其在消费者心目中产生与众不同的感觉。

(4)调整产品的售价。产品在适当的时候降价或推出折扣价格,这样既可以吸引更多的购买者参加进来,又可以阻止竞争对手的进入。

在这一阶段,企业往往会面临高市场占有率和高利润的抉择。因为两者似乎是矛盾的,要获取高的市场占有率势必要改良产品、降低价格、增加营销费用,这会使企业的利润减少。但是如果企业能够维持住高的市场占有率,在竞争中处于有力的地位,将会有利于今后的发展,放弃了眼前的利润,将有望在成熟期阶段得到补偿。

3. 成熟期阶段的营销策略

产品的销售增长速度在达到了顶点后,将会放慢下来,并进入一个相对稳定时期,这一阶段的特点是产品的销量大、利润高、时间长。在成熟期的后半阶段,销量达到顶峰后开始下跌,利润也逐渐下滑。

这一阶段的基本策略是突出一个"优"字。应避免消极的防御,而要采取积极的进攻策略,突出建立和宣传产品的特定优势,以增加或稳定产品的销售。具体做法有:

(1)扩大市场。市场销售量=某产品使用人数×每个使用者的使用率。

扩大使用人数。企业可以通过下列两种方法来增加它的值:争取尚未使用者,争取竞争对手的顾客。

提高使用率。企业同样可以用两种方法来增加它的值:促使使用者增加使用次数,增加产品每次的使用量。

(2)改进产品。改进产品是为了吸引新的购买者和扩大现有的使用者的队伍。企业通过对产品的改良,使顾客对产品产生新鲜感,从而带动产品的销售。改进产品也是对付竞争对手的一个有效措施。产品的改进主要在质量、性能、特色、式样上下工夫。

(3)改进营销组合。企业的营销组合不是一成不变的,它应该随着企业的内外部环境的变化而作出相应的调整。产品的生命周期到了成熟阶段,各种内外部条件发生了重大变化,因而营销组合也就要有一个大的调整。这是为了延长产品的成熟期,避免衰退期的早日到来。实际上,企业要使上述两个策略取得成功,不依靠营销组合的改进也是很难做到的,所以,改进营销组合是和扩大市场、改进产品策略相辅相成的。

4. 衰退期阶段的营销策略

这一阶段的特征是销售额和利润额开始快速下降,企业往往会处于一个微利甚至于无利的境地。

在衰退阶段,企业的策略应建立在"转"的基础上。产品的衰退是不可避免的,因此,到这时,企业应积极地开发新产品,有计划地使新产品的衔接圆满化;另一方面,针对市场形势,既要保持适当的生产量以维护一部分市场占有率,又要做好撤退产品的准备。这时,企业应逐渐减少营销费用,如把广告宣传、销售促进等都降到最低的水平,以尽量使利润不致跌得太厉害。

四、新产品开发

(一)新产品的含义

市场营销学中的"新产品"与科技开发意义上的新产品在含义上并不完全相同,其内容要广泛得多。市场营销学中新产品的含义可以分为以下几种:

1. 完全新产品

这同科学技术开发意义上的新产品完全一致,是指全部采用新原理、新材料及新技术制成的具有全新功能的产品,与现有的产品基本上无雷同之处。完全新产品往往表示了科学技术发展史上的一个新突破。比如,电话、飞机、尼龙、复印机、电视机、电脑等就是19世纪60年代到20世纪60代之间世界公认的最重要的新产品。

2. 换代新产品

这是指对产品的性能有重大突破性改进的产品。如电脑问世以来,从最初的电子管(第一代)发展到现在的第四代电脑,即大规模集成电路电子计算机,其中经历了晶体管(第二代)、集成电路(第三代)两个阶段。现在,世界各国都在积极开发第五代电子计算机,即所谓的人工智能电脑。尽管从基本原理和基本功能上讲,都是电子计算机,满足的是同一类型的需要,但是其所采用的技术和所形成的功能却有很大的不同。由于各个时期的换代新产品在原理、技术和材料上有一定的延续性,所以企业开发换代新产品比开发完全新产品要容易得多,开发成本也比较低。

3. 改良新产品

这是指在产品的材料、结构、性能、造型、颜色、包装等方面作出局部改进的产品,改良新产品一般对产品的基本功能并无本质上的改进。比如,手表从圆形到方形,又发展到各种艺术造型都属于这种改良新产品。由于改良新产品对于科技开发的要求并不很高,所以企业依靠自身力量比较容易开发,在新产品的开发中,属于此类型的新产品要占绝大多数。

4. 模仿新产品

模仿新产品又称为企业新产品或地域性新产品,是指市场上已经存在而企业没有生产过的产品,或其他地区已经存在而在本地是第一次生产的产品。由于这些产品的开发与生产都是对已有产品的一种模仿,所以叫模仿新产品。

(二)新产品开发组织

1. 产品经理

不少企业把新产品开发的任务主要交给他们的产品经理负责。这看起来似乎很合理,但是产品经理们往往习惯于把主要精力放在现有产品的生产上,而忽略新产品的开发。所以仅依靠产品经理来组织新产品的开发是不够的。

2. 新产品经理

为了加强新产品的开发,一些企业特地设立了新产品经理一职,将其隶属于产品经理,专门负责新产品开发的工作。这将有利于新产品开发计划的制定和实施。但是由于隶属于某一产品经理,所以新产品的开发思路往往也只局限于某一产品领域,很难在更大的范围内得以拓展。对于一些大公司来说,采用这样的做法更有可能使新产品的开发缺乏整体观念,甚至出现相互排斥和互争资源的现象。

3. 新产品开发部

一些大公司为了避免上述矛盾,也为了加强对新产品开发工作的指导,专门成立新产品开发部,全权负责新产品的开发工作。新产品开发部除集中有关专家进行新产品的开发研究之外,还担任组织和筛选新产品构思,协调新产品的开发与试制,开展新产品试销和组织营销策略组合等职能。对于从总体上推进企业新产品开发可起到很好的作用。

4. 新产品开发项目组

一些企业在开发新产品时,成立了专门的新产品开发项目组,集中各方面的力量进行攻关,开发某一新产品。这种任务型的项目组的优点在于目标明确,并能调动各方面的力量集中攻关,不存在常设机构那种效率低下的情况,是进行新产品开发的良好组织形式。一般在新产品开发部领导之下,根据任务的需要,设立若干新产品开发项目组,应当是新产品开发最好的组织形式。

5. 新产品开发委员会。有些企业在其最高层次设立新产品开发委员会,统一协调企业的新产品开发工作。这不仅有利于对企业的新产品开发工作进行统筹规划,而且也能将新产品开发工作放在企业总体发展规划的角度来进行研究,使新产品的开发更具有全局意义。

(三)新产品开发程序

1. 创意的产生

(1)创意的来源。创意的来源包括以下几个方面:

①顾客。从顾客的抱怨中,企业可以发现产品在哪些方面可以做出改进,从而产生新产品的创意。同时,通过对消费者行为的研究也可以得到很多创意。

②员工。企业的员工也是创意的一个重要来源。具有创造力的员工,通常会提出很多有意义的创意,企业如果把这些创意收集起来,那就能为企业带来很大的益处。例如,丰田公司的员工每年会提出200万个新创意,并且85%被企业执行,从而给企业带来巨大的经济效益。

③专家。专家和学者的发明,也是企业新产品的一个重要来源。

④竞争者。企业通过对竞争者产品和服务的观察也可以获得创意。把竞争者的产品和服务与企业的产品和服务作一个对比,从而发现消费者喜欢竞争者产品和服务的原因所在,便可以得到提升企业产品的路径。

⑤经销商。经销商与消费者保持着密切的接触,他们能够很方便地获得关于消费者的第一手资料。与此同时,他们也很清楚地知道竞争者的发展情况。

⑥高层管理者。企业的高层管理者,能够接触到大量关于市场的信息,从而使得他们也能够提出很多创意。

创意的其他来源还包括发明家、专利代理人、大学和商业性的实验室、行业顾问、广告代理商、营销研究机构和工业出版物。

(2)产生创意的方法:

①属性列举法。列出一个产品的各种属性,然后对每一种属性进行修正,从而产生与原产品相比具有创新性的产品。

②强制关联法。将几个不同的物体排列出来,然后考虑每一物体与其他物体之间的关系。例如,在设计新的办公用具的时候,可以考虑将桌子、书橱和文件柜分别进行构思。我们可以设想一张连着书橱的书桌,或一张带有文件柜的桌子,或者一个包括文件柜的书橱。

③物型分析法。把能够满足同种需要的产品进行组合,以创造出新的产品。

④反转假设分析。列出关于某种产品或某项服务的所有正常的假设,然后对这些假设进行反转,以创造出新的产品或服务。例如,正常的饭店都有菜单以供顾客点菜,反转这些正常

的假设,就得到只出售厨师早上采购到的菜的饭店。

⑤新情景分析。列举一个过程,如成人护理服务,然后进入一个新的环境。想像帮助动物而非人进行护理,减少压力,心理疗法,动物葬礼等等。

⑥想像图法。开始于一个想法,如汽车,写在纸上,然后想像进入另一个想法(如海塞德斯),联系到汽车,然后进入另一个联想(德国)。这样,每次用一个新词深入联想,也会使一个新创意逐渐具体化。

2. 创意的筛选

企业不可能将所有的创意都付诸实施,因此,必须有一个对创意进行筛选的过程。

(1)创意筛选程序。企业通常需要设立一名专事创意筛选的经理,专门负责收集各种创意,对这些创意进行筛选,并将创意分为三组:有前途的创意、暂时搁置的创意和放弃的创意。随后,创意经理将有前途的创意提交给创意委员会进行进一步的审核。最后通过审核的创意,将被企业付诸实施。

(2)创意筛选中的谬误。创意筛选过程中的谬误,会给企业带来或大或小的损失,因此,必须给予它们足够的重视。

误舍谬误,这种谬误主要是指企业将那些有缺点但却很有价值的创意舍弃。IBM就曾经舍弃过个人电脑这样的创意。误用谬误,这种谬误主要是指企业将一个有错误的创意付诸实施。这种谬误包括以下内容:产品的绝对失败——指企业不仅损失了金钱,而且其销售额连变动成本都无法收回;产品的部分失败——指企业虽然损失了金钱,但它的销售可以收回全部的变动成本和部分固定成本;产品的相对失败——指企业能够收回一定的利润,但是,低于公司正常的报酬率。

(3)创意的分等。对于众多通过筛选的创意来说,企业必须找出那些有必要优先付诸实施的创意,这就涉及对创意的分等。创意的分等主要采用指数加权法进行,如表4-2所示。

表4-2　　　　　　　　　　　创意分等的指数加权法

产品成功的必要因素	相对权数(1)	产品能力水平(2)	评分(1×2)
产品的独特优点	0.40	0.8	0.32
高的绩效成本比率	0.30	0.6	0.18
高的营销资金支持	0.20	0.7	0.14
较少的强力竞争	0.10	0.5	0.05
合　计	1.00	2.6	0.69*

注:* 为分等标准:0.00~0.30为差;0.31~0.60为尚可;0.61~0.80为佳。最低标准:0.61。

表中第1列表示产品成功的导入市场的必要因素。第2列是管理层根据这些因素的相对重要性而给予的权数。下一步测试是在每一个因素上对公司的能力进行0到1.0的分等处理。最后是将每一成功因素的权数和本公司的能力水平相乘,得到公司成功地把产品导入市场的能力总评分。

3. 产品概念的形成

创意必须转化为市场可接受的产品概念才能为企业所采用,并且为进一步的产品开发打下基础。

(1)形成产品概念。产品创意是企业希望提供给企业并为企业所接受的一个可能产品的设想,而产品概念则是用有意义的消费者术语来表达的详细的构想。通过以下几个问题的组合,一个产品创意可以转化为几个产品概念:

①产品的使用者是谁?

②产品对消费者的益处是什么?

③产品的使用场合在哪里?

(2) 发展产品概念。通过上述步骤所形成的每一种产品概念都是一个类别概念。接下来的步骤是给每一个类别概念给予相应的市场定位。最后,产品概念发展成为品牌概念。

(3) 产品概念测试。企业发展出来的产品概念要在目标消费者中给予测试,以查看该产品概念与市场的匹配度如何。在这一过程中,可以借助计算机绘制出未来产品的样子,随后让顾客发表对该产品的看法。对于秉持现代市场营销观念的企业来讲,必须在新产品开发过程中高度重视顾客的意见。消费者的意见应该包括以下内容:

①产品概念的可传播性和可信度。即消费者对产品概念的效用了解多少,他们在多大程度上可以觉察到这些利益。

②消费者对产品需要程度。消费者对产品是否存在着需求,需求的强烈程度如何。需求强烈程度越大,预期的市场反应就越好。

③现有产品与产品概念的差距水平。消费者如果使用现有产品实现与产品概念的相同效用,那么现有产品与产品概念的差距越大,预期市场对产品概念所催生出的新产品就越欢迎。

④认知价值。消费者对产品概念的认知价值越高,新产品预期的受欢迎程度就会越强烈。

⑤消费者的购买意图。消费者对概念中的新产品是否有着强烈的购买意图。消费者的购买意图越强烈,概念中新产品的市场前景就越明确。

⑥用户目标、购买时间和购买频率。这也是企业应该明确的内容。

(4) 组合分析法。菲利浦·科特勒认为,组合分析法是区分消费者使用一个产品各种属性层次后所产生的效用价值的方法。它向被测试者显示这些属性在不同组合水平的各种假设供应体,要求他们根据偏好对各种供应体进行排序。其结果能被用于确定有最佳吸引力的供应商,估计市场份额和公司可以获得的利润等一系列管理工作中。

(5) 制定营销策略。完成对产品概念的测试之后,还必须在产品开发之前,制定出新产品初步的市场营销计划。这包括三个步骤的工作:

①描述目标市场的规模、结构和行为,所计划产品的市场定位,销售量,市场份额,产品投放市场最初几年内的利润目标;

②描述产品的计划价格、分销策略和第一年的营销预算;

③描述预期的长期销售量和利润目标,以及不同时间的销售战略组合。

(6) 商业前景分析。企业必须对产品概念的商业前景做出估计。企业必须考察产品概念能否满足企业的战略目标,以期对产品概念做出进一步的取舍。这包括以下两个步骤:

①估计总销售量。按照产品销售量的变化趋势,我们可以将产品分为三类:一次性购买产品——产品刚投放到市场的时候,销售量逐渐上升,达到最高峰后,由于潜在购买者的减少,销售量就开始急剧下降,最后趋近于零;非经常性购买产品——这种产品既受产品寿命的限制,又可能因为市场的变化而被抛弃,对于这类产品销售量的估计要区分首次销售量和更新销售量;经常性购买的产品——对于这种产品,首次购买的人数较多,随后人数逐渐减少,但如果顾客深感满意就会成为企业的忠诚顾客,从而在市场上形成一个对企业产品稳定的需求量,到那

时,该产品就不再属于新产品的范畴了。因此,企业对于产品销售量的估计,不仅要预测首次购买量的多少,还要估计出重复购买的数量。

②估计成本和利润。成本包括研发成本、营销成本、管理成本和其他成本,这需要研究开发部门、制造部门、营销部门和财务部门的通力合作。利润主要是指概念产品可能给企业带来的利润,当然还包括由于开发了新产品所给企业带来的整体效益——新产品开发的形象效益、新产品开发带给原有产品的好处、新产品带来的规模经济和新产品开发带来的营销上的效益等。企业必须对两项内容做出准确的估计,一是最大投资损失,即投资新产品开发可能给企业带来的最大损失是多少;二是投资回收期,即企业在多长时间内可以收回投资。

4. 新产品试制

经过商业分析和市场分析的新产品,就可以进入到具体的开发试制阶段。这是一个很关键的阶段,因为前面几个阶段的一系列活动可以说是"纸上谈兵",而产品试制则是要把新产品的构思设想转变成一件顾客真正能够消费的实体产品。产品试制阶段必须要注意的问题是所生产出来的试制产品——新产品样品应当具有很强的普及意义。

它必须能在一切可能设想到的环境条件下正常使用,而不是只能在良好的环境条件下使用;它必须在正常的生产条件与成本水平(即批量生产的条件和水平)下生产。因为只有这样新产品才有实际推广的价值。所以通常一些新产品的样品需要经过实地使用测试或实验室理化性能测试的阶段。即将其放在某种恶劣的环境条件下进行使用,看其环境的适应能力;或者用某些设备和仪器对产品进行破坏的试验,以检测新产品抗破坏的最大限度。

新产品的开发试制主要应由企业的科研部门和生产部门去进行,但是,企业的最高管理部门与营销部门要共同参与,把握开发试制的进程,提供各种有用的信息,使新产品的开发试制顺利完成。

5. 市场测试

一件新产品试制出来后,最好不要急于推出市场,实践表明,很多产品试制出来后仍然会遇到被淘汰的命运,就是说,市场不能接受此种新产品。尽管企业在前面几个阶段做了大量的工作,对顾客也进行了直接调查,但是因为消费者对设想的产品和实体的产品的评价会产生某种偏差,所以仍然会有产品被消费者否定的可能。为了把这种可能性降到最低,避免批量生产后造成过大损失,企业就要对试制出来的新产品进行试销。

市场试销包含了好几层含义,它可以是针对产品性能、质量的试销,也可以是针对产品价格的试销,还可以是针对销售渠道的试销以及针对产品广告促销方式的试销。实际上,市场试销就是对消费者对产品反应的测定。通过试销,一方面可以进一步改进新产品的品质;另一方面可以帮助企业制定出有效的营销组合方案。当然,并不是任何产品都要进行市场试销,有的产品可以直接推出市场,如价格昂贵的特殊品及高档消费品以及市场容量不大的高价工业品等。市场试销主要是面对那些使用面较广、市场生命周期较长,以及市场容量较大的产品。

6. 批量上市

这是新产品开发的最后一个阶段,即将产品成批地投放市场。新产品进入这一阶段意味着产品生命周期的开始。产品的批量上市并不意味着新产品开发已经取得成功,因为此时正是产品能否真正被市场接受的关键时刻。如果策略不当,产品仍然可能存在销售不出去的危险。企业必须在批量上市的时间、地点、渠道、方式上正确决策,进行合理的营销组合。如新型的保暖用品选择在突然降温的时候推出,其吸引顾客注意的可能性就会大得多;一般产品若在万商云集的大都市推出比其在中小城市推出影响面也会大得多；而良好的上市策划往往能使一些新产品的市场导入期大大缩短。菲利浦·科特勒说过："市场营销就是考虑如何在适当的时间、适当的地点将适当的产品，以适当的价格和适当的方式卖给适当的顾客。"这同新产品上市策划思想是完全一致的。因此，企业在组织新产品上市时一定要对市场的环境条件进行认真的分析，准确把握时机，精心设计方案，以确保新产品顺利进入市场。

技能培养：

美国有一家生产牙膏的公司，每年的营业增长率为10%～20%，然而，最近几年则停滞下来，每个月维持同样的数字。

董事会对最近几年的业绩表现感到不满，便召开全国经理级高层会议，以商讨对策。会议中，有位年轻经理站起来，对总裁说："我手中有张纸，纸里有个建议，若您要使用我的建议，必须另付我5万元！"总裁听了很生气。这个年轻人解释说："总裁先生，请别误会。若我的建议行不通，您可以一分钱也不必付。"总裁阅毕，马上签了一张5万元支票给那位年轻经理。那张纸上只写了一句话：将现有的牙膏开口扩大1mm。总裁马上下令更换新的包装。

分析要点：

1. 现代营销学对产品的理解是：凡是提供给市场的、能满足消费者某种需要或欲望的任何有形体的实物或无形体的服务均为产品，从而具有价值。这位年轻经理的建议尽管只在纸上写了一句话，但这句话能给公司带来巨大利润，付给这位年轻经理5万元是非常合算的。

2. 启示：一个小小的改变，往往会引起意料不到的效果。当我们面对新知识、新事物或新创意时，千万别将脑袋密封，置之于后，应该将脑袋打开1mm，接受新知识、新事物。也许一个新的创见，能让我们从中获得不少启示，从而改进业绩、改善生活。

如何测定产品所处生命周期的阶段

企业最常用的判断产品生命周期阶段有下面两种方法：

1. 类比法

该方法是根据以往市场类似产品生命周期变化的资料来判断企业产品所处市场生命周期的何阶段。如要对彩电市场进行判断，可以借助类似产品如黑白电视机的资料为依据，作对比分析，进行判别。

2. 增长率法

该方法就是以某一时期的销售增长率与时间的增长率的比值来判断产品所处市场生命周期阶段的方法。如表4—3所示。

表4—3　　　　　　　　不同比值下所处市场生命周期阶段

比值(k)	所处生命周期阶段
$k<0.1$	引入期
$k>0.1$	成长期
$-0.1<k<0.1$	成熟期
$k<0.1$	衰退期

【实战演练】 新产品介绍

一、实训背景

河南移动公司联合中兴通讯为河南省大学生开发了一款新型的学生手机,河南移动为了向河南高校推广该产品,拟召开新产品介绍会议。

二、实训内容

模拟工作场景,分角色扮演;形成各种书面结果性材料并综合考核。

三、实训目标

通过项目实训、全真模拟,使学生养成预测分析、周密思考的职业习惯;培养、训练学生多项专业技能,检验学生理论知识的综合应用水平,轻松应对秘书各项管理工作。

四、实训方式

1. 以小组为单位进行全过程演练,结合讨论、模拟部分场景训练,分角色扮演。
2. 以个人为单位完成相关文件资料。
3. 以小组为单位,每组派出一名代表参加实训成果汇报,并将汇报材料制作成PPT。

第二节　品牌策略能力

经典语录:

品牌是企业对自己品牌表现的一种承诺。　　　　　　　　　　　——菲利普·科特勒

出口创牌而不仅仅是创汇　　　　　　　　　　　　　　　　　　——张瑞敏

理论基石:

一、产品品牌

(一)品牌的含义

品牌是用以识别产品或企业的某种特定的标志,通常以某种名称、记号、图案或其他识别符号所构成。在产品的品种类别如此繁多的当今市场上,若没有品牌,就像一个班级的所有学生没有姓名和编号一样,是不可思议的。不仅生产者无法吸引消费者来购买自己的产品,消费者也无法根据自己的偏好,在市场上进行商品的选购。所以"指名购买"已经成了当今市场上购买大多数商品的必要形式,品牌也就确定了其不可或缺的重要地位。

通常来说,品牌的内涵可以从以下六个方面来认识:

1. 属性

这是指品牌所代表的产品或企业的品质内涵,它可能代表着某种质量、功能、工艺、服务、效率或位置。

2. 利益

从消费者的角度看,他们并不是对品牌的属性进行简单的接受,而是从自身的角度去理解各种属性对自身所带来的利益,所以品牌在消费者的心目中,往往是不同程度的利益象征,消费者会以品牌所代表的利益大小来对品牌作出评价。

3. 价值

品牌会因其所代表的产品或企业的品质和声誉而形成不同的等级层次，从而在顾客心目中形成不同的价值。同时它也体现了企业在产品设计和推广中的某种特定的价值观。

4. 文化

品牌是一种文化的载体，其所选用的符号本身就是一种显在文化，它可使人们产生同其文化背景相应的各种联想，从而决定其取舍。品牌所代表的产品或企业本身所具有的文化特征，也会在品牌中体现出来，被人们理解和认同，这是品牌的隐含文化。

5. 个性

好的品牌应具有鲜明的个性特征，不仅在表现形式上能使人们感到独一无二、新颖突出，而且会使人联想到某种具有鲜明个性特征的人或物，这样才能使品牌产生有效的识别功能。

6. 角色感

品牌还体现了一定的角色感，因为它往往会是某些特定的顾客群体所喜欢和选择的，从而使某些品牌成为某些特定顾客群体的角色象征。群体之外的人使用该品牌的产品会使人感到惊讶。这也就是使用者同品牌所代表的价值、文化与个性之间的适应性。

(二) 品牌的作用

1. 将企业的产品与竞争者产品区别开来

品牌是企业产品的象征和标志。消费者通过品牌将企业的产品与竞争者的产品区别开来，对于企业来说，这形成了企业产品与竞争者产品的相对差异性，从而使得企业可以制定一个相对差异的价格；对于消费者来说，通过选择某个品牌的产品并进而形成品牌忠诚，可以在一定程度上降低购买的认知风险，减少精力和时间的耗费。

2. 保护企业的无形资产

品牌特别是知名品牌是企业的一项极其重要的无形资产。品牌中的商标通过法律注册后，就受到法律的保护。这样一方面可以避免其他企业对企业品牌的模仿和假冒，另一方面也提高了消费者购买的信心。

3. 降低企业营销的难度

企业可以通过创建知名品牌，赢得市场竞争优势。这是因为，一方面消费者在很大程度上会选择熟悉的知名品牌来选购产品，从而增加企业推广其品牌的迫切性；另一方面，产品自身的特征会影响品牌的美誉度，这就促使企业努力提高其产品的性能，以满足消费者的需要。

4. 增值功能

知名品牌能够给企业带来差别于竞争者的独特优势，从而使企业在市场上赢得溢价。企业的超额利润就是品牌的增值功能。当然，品牌本身作为企业的一项无形资产，也会随着品牌知名度和美誉度的不断提升，得到了很大的提高。

(三) 品牌的类型

在企业实行经营活动中，对于品牌的使用方式是多种多样的，主要应依据产品的种类、市场的性质和企业的规模与资源状况来选择不同的品牌策略。

1. 无品牌

企业对有一些产品是不冠以任何品牌的。这主要是两种情况，一种是产品的差异性很小，消费者基本上不作选择，所以没有必要用品牌来加以区别，如某些原材料、辅料以及包装袋等；另一种是按规定不得使用品牌的产品，如一些药品和化学原料等。无品牌的产品主要是以品质作为产品销售的保证,但也有以无品牌方式低价销售质量较次的产品的做法。

2. 家族品牌(Family Brand)

主要是指企业对其所生产的同类产品(甚至全部产品),只使用一种品牌,所以有时也称"单品牌"决策。采用家族品牌的好处是可大大降低营销总成本,而且能使产品和企业的整体形象统一起来。一般在企业各种产品差异性不大的情况下,使用家族品牌比较有利。

3. 个别品牌(Individual Brand)

主要是指企业对其所生产的不同产品使用不同的品牌(甚至是一品一牌),所以也称"多品牌"决策。采用个别品牌主要是为了体现不同产品之间的差异,以适应不同的目标市场。一般在产品差异性比较明显,消费者选择性比较强的情况下,使用个别品牌比较有效。

4. 特许品牌(Licensed Brand)

将品牌以签订特许协议的方式转让给其他企业使用,使用特许品牌者必须按照品牌所有者的要求达到规定的品质标准,并向品牌所有者交付一定的特许转让费,这是对品牌延伸效应实际运用的方式之一。

5. 制造商品牌(Manufacturer Brand)

制造商品牌也称"全国品牌",即由制造商对其产品确定品牌。由于该品牌可随产品的广泛销售分布到任何地方而无区域之限制,所以也称为"全国品牌"。大多数产品使用的都是制造商品牌。

6. 中间商品牌(Dealer Brand)

中间商品牌也称"私有品牌",是指产品使用中间商的品牌进行销售。如英国的马狮百货公司的"圣米高"就是一种典型的中间商品牌。过去,由于中间商的市场覆盖面都有一定的限制,所以称为"私有品牌",而不是"全国品牌"。同一企业生产的产品可能冠有不同的中间商品牌。

(四)产品品牌策略

可供企业选择的产品品牌策略主要包括以下六种:

1. 品牌有无策略

企业首先要对是否创建品牌做出抉择。产品是否使用品牌要视企业产品的特征和战略意图来定,大多数产品需要通过品牌塑造来提升其形象。但有些产品则没有必要塑造品牌,这包括:(1)大多数未经加工的原料产品,如棉花、矿砂等;(2)同质化程度很高的产品,如电力、煤炭、木材等;(3)某些生产比较简单,选择性不大的小商品,如小农具;(4)临时性或一次性生产的产品。这类产品的品牌通常效果不大,因此,企业不塑造品牌反而可以为企业增加利润。

2. 品牌使用策略

企业在决定了使用品牌之后,还要决定如何使用品牌。企业通常可以在三种品牌使用策略之间进行选择,它们包括:(1)制造商品牌策略。企业创立品牌,从而赋予产品更大的价值,并从中获得品牌权益。(2)经销商品牌策略。实力强大的经销商会倾向于树立自己的品牌,而实力弱小无力塑造品牌的小企业则通过OEM来盈利。有一部分大企业也会把这种业务当作自己重要的利润来源,这是由于渠道实力的逐渐增强所导致的。(3)混合策略。企业对自己生产的一部分产品使用制造商品牌,而对另外一部分产品则使用中间商品牌。这种策略可以使企业获得上述两种策略的优点。

3. 统分品牌策略

如果企业决定使用自己的品牌，那么还要进一步在使用单一品牌和使用多品牌之间做出抉择。

(1) 统一品牌策略。企业对所有产品均使用单一的品牌。例如，海尔集团的所有家电均使用海尔品牌。单一品牌策略可以使企业的品牌效用最大化，使不同的产品都享受到品牌所带来的声誉，并建立企业对外统一的形象。但单一品牌也可能由于某些产品的失败而受损。

(2) 个别品牌。企业对不同的产品使用不同的品牌。这种策略避免了品牌由于个别产品失败而丧失声誉的危险，同时有助于企业发展多种产品线和产品项目，开拓更广泛的市场。这种策略的主要缺点是品牌过多，不利于发挥营销上的规模性。这种策略适用于那些产品线很多、产品之间关联性小的企业。

4. 品牌延伸策略

品牌延伸策略是指企业利用已有的成功品牌来推出新产品的策略。例如，百事可乐在碳酸饮料取得成功之后，又推出了服装、运动包等产品。这种策略可以借助成功品牌的声誉将新产品成功地推向市场，节约了企业市场推广的费用，但新产品的失败可能给原有品牌的声誉带来影响。

5. 多品牌策略

多品牌策略是指企业为一种产品设计两个或两个以上的品牌。主要优势在于：

(1) 可以占据更多的货架空间，从而减少竞争者产品被选购的机会。

(2) 可以吸引那些喜欢求新求异而需要不断进行品牌转换的消费者。

(3) 多品牌策略可以使企业发展产品的不同特性，从而占领不同的细分市场。

(4) 发展多种品牌，可以促进企业内部各个产品部门和产品经理之间的竞争，提高企业的整体效益。例如，宝洁公司的洗发水就拥有潘婷、海飞丝、飘柔等不同的品牌。

6. 品牌重新定位策略

由于消费者需求和市场结构的变化，企业的品牌可能丧失原有的吸引力。因此，企业有必要在一定的时期对品牌进行重新定位。在对品牌进行重新定位的时候，企业需要考虑以下两个问题：

(1) 将品牌从一个细分市场转移到另外一个细分市场所需要的费用，包括产品质量改变费、包装费及广告费等。

(2) 定位于新位置的品牌的盈利能力。盈利能力取决于细分市场上消费者人数、平均购买力、竞争者的数量和实力等。

企业需要对各种对品牌进行重新定位的方案给予认真的考察，以选择盈利能力最强的企业来实施。

【小资料】

品牌定位的十五种法则

在产品高同质化和分化的时代，必须为企业的品牌在消费者的心目中占据一个独特而有利的位置，当消费者对该类产品或服务有所需求时，企业的品牌能够在消费者的候选品牌类中跳跃出来。

一、比附定位法

比附定位就是攀附名牌，比拟名牌来给自己的产品定位，希望借助知名品牌的光辉来提升本品牌的形象。

比附定位通常采用以下三种方式来实施：

1. "第二主义"

这就是明确承认市场的第一品牌，自己只是第二。这种策略会使人们对公司产生一种谦虚诚恳的印象，相信公司所说的是真实可靠的，这样较容易使消费者记住这个通常难以进入人们心智的序位。"第二主义"最著名的例子就是美国阿维斯出租汽车公司"我们是第二，我们要进一步努力"的定位。

2. 攀龙附凤

首先是承认市场中已卓有成就的品牌，本品牌虽自愧弗如，但在某地区或在某一方面还可与这些最受消费者欢迎和信赖的品牌并驾齐驱，平分秋色。这以内蒙古的宁城老窖的"宁城老窖——塞外茅台"定位为代表。

3. 俱乐部策略

公司如果不能取得本市场第一地位又无法攀附第二名，便退而采用此策略，希望借助群体的声望和模糊数学的手法，打出会限制严格的俱乐部式的高级团体牌子，强调自己是这一高级群体的一员，从而借助俱乐部其他市场领先品牌的光辉形象来抬高自己的地位形象。这以美国克莱斯勒汽车公司为代表，它的定位为"美国三大汽车之一"。这种定位使消费者感到克莱斯勒和第一、第二的通用、福特一样都是最好的汽车生产商。

二、利益定位

利益定位就是根据产品或者所能为消费者提供的利益、解决问题的程度来定位。由于消费者能记住的信息是有限的，往往只对某一利益进行强烈诉求，容易产生较深的印象。这以宝洁的飘柔定位于"柔顺"、海飞丝定位于"去头屑"、潘婷定位于"护发"为代表。

三、USP定位

USP定位策略的内容是在对产品和目标消费者进行研究的基础上，寻找产品特点中最符合消费者需要的竞争对手所不具备的最为独特的部分。这以美国M&M巧克力的"只溶在口，不溶于手"的定位和乐百氏纯净水的"27层净化"为代表。又如，巴黎欧莱雅：含法国孚日山SPA矿泉水，锁住水分。

四、目标群体定位

该定位直接以某类消费群体为诉求对象，突出产品专为该类消费群体服务，来获得目标消费群的认同。把品牌与消费者结合起来，有利于增进消费者的归属感，使其产生"这个品牌是为我量身定做"的感觉。如金利来的"男人的世界"、万宝路香烟的"万宝路的男人"、哈斯维衬衫的"穿哈斯维的男人"、美国征兵署的"成为一个全材"的定位。

五、市场空白点定位

市场空白点定位是指企业通过细分市场战略市场上未被人重视或者竞争对手还未来得及占领的细分市场，推出能有效满足这一细分市场需求的产品或者服务。如西安杨森的"采乐去头屑特效药"的定位和可口可乐公司果汁品牌"酷儿"的定位。

六、类别定位

该定位就是与某些知名而又属司空见惯类型的产品作出明显的区别，把自己的品牌定位于竞争对手的对立面，这种定位也可称为与竞争者划定界限的定位，这以七喜的"七喜，非可乐"为代表。

七、档次定位

按照品牌在消费者心中的价值高低可将品牌分出不同的档次，如高档、中档和低档，不同档次的品牌带给消费者不同的心理感受和情感体验,常见的是奢侈品牌的定位策略,如劳力士的"劳力士从未改变世界,只是把那留给戴它的人"、江诗丹顿的"你可以轻易的拥有时间,但无法轻易的拥有江诗丹顿"和派克的"总统用的是派克"的定位。

八、质量/价格定位

即结合对照质量和价格来定位,质量和价格通常是消费者最关注的要素,而且往往是相互结合起来综合考虑的,但不同的消费者侧重点不同,如某选购品的目标市场是中等收入的理智型的购买者,则可定位为"物有所值"的产品,作为与"高质高价"或"物美价廉"相对立的定位。这以戴尔电脑的"物超所值,实惠之选"和雕牌的"只选对的,不买贵的"为代表。

九、文化定位

将文化内涵融入品牌,形成文化上的品牌差异,这种文化定位不仅可以提高品牌的品味,而且可以使品牌形象更加独具特色。酒业运用此定位较多,如珠江云峰酒业推出的"小糊涂仙"的"难得糊涂"的"糊涂文化"和金六福的"金六福——中国人的福酒"的"福运文化"的定位。

十、比较定位

比较定位是指通过与竞争对手的客观对比来确定自己的定位,也可称为排挤竞争对手的定位。在该定位中,企业设法改变竞争者在消费者心目中的现有形象,找出其缺点或弱点,并用自己的品牌进行对比,从而确立自己的地位。这以泰诺的"为了千千万万不宜使用阿司匹林的人们,请大家选用泰诺"为代表。

十一、情感定位

情感定位是指运用产品直接或间接地冲击消费者的情感体验而进行定位,用恰当的情感唤起消费者内心深处的认同和共鸣,适应和改变消费者的心理。浙江纳爱斯的雕牌洗衣粉,利用社会对下岗问题的关注而进行的"……妈妈,我能帮您干活啦"的"下岗片"定位,真情流露引起了消费者内心深处的震撼以及强烈的情感共鸣,使得"纳爱斯"和"雕牌"的品牌形象更加深入人心。又如,山叶钢琴的"学琴的孩子不会变坏",这是台湾地区最有名的广告语,它抓住父母的心态,采用攻心策略,不讲钢琴的优点,而是从学钢琴有利于孩子身心成长的角度,吸引孩子父母。

十二、首席定位

首席定位即强调自己是同行业或同类产品中的领先地位,在某一方面有独到的特色。企业在广告宣传中使用"正宗的"、"第一家"、"市场占有率第一"、"销售量第一"等口号,就是首席定位策略的运用。这以百威啤酒的"全世界最大,最有名的美国啤酒"的首席定位为代表。

十三、经营理念定位

经营理念定位就是企业利用自身具有鲜明特点的经营理念作为品牌的定位诉求,体现企业的内在本质,并用较确切的文字和语言描述出来。一个企业如果具有正确的企业宗旨、良好的精神面貌和经营哲学,那么,企业采用理念定位策略就容易树立起令公众产生好感的企业形象,借此提高品牌的价值(特别是情感价值),提升品牌形象。

十四、概念定位

概念定位就是使产品、品牌在消费者心中占据一个新的位置,形成一个新的概念,甚至造成一种思维定势,以获得消费者的认同,使其产生购买欲望。该类产品可以是以前存在的,也可是新产品类。

十五、自我表现定位

自我表现定位是指通过表现品牌的某种独特形象,宣扬独特个性,让品牌成为消费者表达个人价值观与审美情趣、表现自我和宣示自己与众不同的一种载体和媒介。自我表现定位体现了一种社会价值,能给消费者一种表现自我个性和生活品味的审美体验和快乐感觉。如百事的"年轻新一代的选择",它从年轻人身上发现市场,把自己定位为新生代的可乐,李维牛仔的"不同的酷,相同的裤"。在年轻一代中,酷文化似乎是一种从不过时的文化,紧抓住这群人的文化特征以不断变化的带有"酷"像的广告出现,以打动那些时尚前沿的新"酷"族,保持品牌的新鲜和持久的生产力。

【案例教学】

新可乐的失败,品牌对情感的背离

自从1886年亚特兰大药剂师约翰·潘伯顿发明神奇的可口可乐配方以来,可口可乐在全球开拓市场可谓无往不胜。1985年4月23日,为了迎战百事可乐,可口可乐在纽约宣布更改其行销99年的饮料配方,此事被《纽约时报》称为美国商界一百年来最重大的失误之一。

在20世纪80年代,可口可乐在饮料市场的领导者地位受到了挑战,其可口可乐在市场上的增长速度从每年递增13%下降到只有2%。在巨人踌躇不前之际,百事可乐却创造着令人注目的奇迹。它首先提出"百事可乐新一代"的口号。这一广告活动抓住了那些富于幻想的青年人的心理。这一充满朝气与活力的广告,极大地提高了百事可乐的形象,并牢固地建立了它与软饮料市场上最大部分的消费者之间的关系。在第一轮广告攻势大获成功之后,百事可乐公司仍紧紧盯着年轻人不放,继续强调百事可乐的"青春形象",又展开了号称"百事挑战"的第二轮广告攻势。在这轮攻势中,百事可乐公司大胆地对顾客口感试验进行了现场直播,即在不告知参与者在拍广告的情况下,请他们品尝各种没有品牌标志的饮料,然后说出那一种口感最好,试验过程全部直播。百事可乐公司的这次冒险成功了,几乎每一次试验后,品尝者都认为百事可乐更好喝,"百事挑战"系列广告使百事可乐在美国的饮料市场份额从6%猛升至14%。可口可乐公司不相信这一事实,也立即组织了口感测试,结果与"百事挑战"中的一样,人们更喜爱百事可乐的口味。调查表明,可口可乐独霸饮料市场的格局正在转变为可口可乐与百事可乐分庭抗礼。70年代18%饮料消费者只认可口可乐这一品牌,认同百事可乐的只有4%,到了80年代只有12%的消费者忠于可口可乐,而只喝百事可乐的消费者则上升到11%与可口可乐持平的水平。而在此期间,无论是广告费用的支出还是销售网站,可口可乐公司都比百事可乐公司高得多。它拥有2倍于百事的自动售货机、优质的矿泉水、更多的货架空间以及更具竞争力的价格,但是为什么它仍然失去了原属自己的市场份额呢?面对百事可乐的挑战,1980年5月,可口可乐董事会接受了奥斯丁和伍德拉夫的推荐,任命戈伊祖艾塔为总经理。在戈伊祖艾塔1981年3月成为公司的董事长之后,唐纳德·基奥接任总经理。

不久,戈伊祖艾塔召开了一次全体经理人员大会,他宣布,对公司来说,没有什么是神圣不可侵犯的,改革已迫在眉睫,人们必须接受它。于是,公司开始将注意力转移到调查研究产品本身的问题上来,证据日益明显地表明,味道是导致可口可乐衰落的唯一重要的因素,已经使用了99年的配方,似乎已经合不上今天消费者的口感要求了。在这种情况下,公司开始实施堪萨斯计划——改变可口可乐的口味。可口可乐公司在研制新可乐之前,秘密进行了代号"堪萨斯工程"的市场调查行动,它出动了2 000名市场调查员在10个主要城市调查顾客是否接受一种全新的可口可乐,问题包括:可口可乐配方中将增加一种新成分使它喝起来更柔和,你愿意吗?假如可口可乐将与百事可乐口味相仿你会感到不安吗?你想试试一种新饮料吗?调查结果表明只有10%~12%的顾客对新口味的可口可乐表示不安,而且其中一半表示会适应新的可口可乐,这表明顾客们愿意尝试新口味的可口可乐。但是另外一些测试却提供了一些相反情况,大小不同的消费者团体分别表明了强烈的赞成和不赞成的情绪。1984年9月,可口可乐公司技术部门决定开发出一种全新口感、更惬意的可口可乐,并且最终拿出了样品,这种"新可乐"比可口可乐更甜、气泡更少,因为它采用了比蔗糖含糖量更多的谷物糖浆,是一种带有柔和的刺激味的新饮料。公司立即对它进行了无标记味道测试,测试的结果令可口可乐公司兴奋不已,顾客对新可乐的满意度超过了百事可乐,市场调查人员认为这种新配方的可乐至少可以将可口可乐的市场占有率推高1%～2%,这就意味着多增加2亿～4亿美元的销售额。

为了确保万无一失,在采用新口味之前,可口可乐公司投入400万美元,进行前所未有的大规模口味测试。在13个城市中约19.1万人被邀请参加了无标记的不同配方的可口可乐的比较。55%的参加者更喜欢新可乐,这表明可口可乐击败了百事可乐。调查研究的结果似乎证明,支持新配方是不容置疑的了。

新可乐投产之前,一系列辅助性的决定必须相应地实施。例如,必须考虑是在产品大类中加入新口味的可乐还是用它来替代老可乐。在反复考虑以后,公司的高级经理们一致同意改变可口可乐的味道,并把旧可乐撤出市场。

1985年4月23日,可口可乐公司董事长戈伊祖艾塔宣布经过99年的发展,可口可乐公司决定放弃它一成不变的传统配方,原因是现在的消费者更偏好口味更甜的软饮料,为了迎合这一需要,可口可乐公司决定更改配方调整口味,推出新一代可口可乐。为了介绍新可乐,戈伊祖艾塔和基奥在纽约城的林肯中心举行了一次记者招待会。请柬被送往全国各地的新闻媒介机构,大约有200家的报纸、杂志和电视台的记者出席了记者招待会,但他们大多数人并未信服新可口可乐的优点,他们的报道一般都持否定态度。新闻媒介的这种怀疑态度,在以后的日子里,更加剧了公众拒绝接受新可口可乐的心理。

消息迅速地传播开来。

81%的美国人在24小时内知道了这种转变,这一数字超过了1969年7月知道尼尔·阿姆斯特朗在月球上行走的人数。

1.5亿人试用了新可口可乐,这也超过了以往任何一种新产品的试用记录,大多数的评论持赞同态度,瓶装商的需求量达到5年来的最高点。决策的正确性看来是无可怀疑了,但一切都是昙花一现。

在新可乐上市4小时之内,接到抗议更改可乐口味的电话达650个;到5月中旬,批评电话每天多达5 000个;6月份这个数字上升为8 000多个。由于宣传媒介的煽动,怒气迅速扩展到全国。对一种具有99年历史的饮料配方的改变,本来是无足轻重的,可如今却变成了对人们爱国心的侮辱。堪萨斯大学社会学家罗伯特·安东尼奥论述道:"有些人感到一种神圣的象征被粗暴地践踏了。"甚至戈伊祖艾塔的父亲也从一开始就反对这种改变。他告诫他的儿子说这种改变是失败的前奏,并开玩笑地威胁说要与儿子脱离关系。公司的领导们开始担心消费者联合起来,抵制其产品。

他们看到的是灾难性的上市效果:"我感到十分悲伤,因为我知道不仅我自己不能再享用可口可乐,我的子孙们也都喝不到了……我想他们只能从我这里听说这一名词了。"人们纷纷指责可口可乐作为美国的一个象征和一个老朋友,突然之间就背叛了他们。有些人威胁说以后不喝可口可乐而代之以茶或白开水。下面是这些反应中的几个例子:"它简直糟透了!你应该耻于把可口可乐的标签贴在上面……这个新东西的味道比百事可乐还要糟糕。""很高兴地结识了你,你是我33年来的老朋友了,昨天我第一次喝了新可乐,说实话,如果我想喝可乐,我要订的将是百事可乐而不是可口可乐。"在那个春季和夏季里,可口可乐公司收到的这样的信件超过了4万封。在西雅图,一些激进的忠诚者(他们称自己为美国喝可口可乐的人)成立"美国老可口可乐饮用者"组织来威胁可口可乐公司:如果不按老配方生产,就要提出控告。在美国各地,人们开始囤积已停产的老可口可乐,导致这一"紧俏饮料"的价格一涨再涨。当7月份的销售额没有像公司预料的那样得到增长以后,瓶装商们要求供应老可乐。

公司的调查也证实了一股正在增长的消极情绪的存在。新可乐面市后的3个月,其销量仍不见起色,而公众的抗议却愈演愈烈。最终可口可乐公司决定恢复传统配方的生产。这一消息立刻使美国上下一片沸腾,当天即有18 000个感激电话打入公司免费热线。当月,可口可乐的销量同比增长了8%,股价攀升到12年来的最高点每股2.37美元。但是可口可乐公司已经在这次的行动中遭受了巨额的损失。

思考:

1. 你如何评价可口可乐公司对于消费者所做的关于新可乐的意愿测试和口感测试。
2. 堪萨斯计划失误在哪里？对于像可口可乐这样的传统品牌在进行产品创新时应注意什么？

【案例教学】

捷安特品牌之路

捷安特——这个目前全球营收最大、经营绩效最佳的自行车品牌，在它的创始人和经营者刘金标眼中，与其说是一份事业，更不如说是一个痴迷的爱好。

"我最爱的运动就是骑自行车。"一身正装、胸口别着自行车徽章、架着金边眼镜、满头银发的刘金标说起自己的爱好时一边还手脚并用地比划着。他说他很遗憾现在台湾的总部离家比较远，"之前近的时候，我每天骑车上下班一共有50公里的路，现在太远了，但我每个周末的两天都要骑车。几十年如一日。"

刘金标的巨大集团如今在全球拥有四个自行车生产基地、两个原材料制造工厂、十多家区域行销公司、一万多个行销据点。捷安特自行车除了在中国的市场占有率排名第一，在欧洲也是第一大品牌。

一个和蔼的爱骑自行车的长者，在巨大集团的品牌定位方面却十分固执，"甚至是偏执，"巨大集团的一位高层职员说，"但正是这种固执成就了捷安特。"

在巨大代工生产自行车的14年后，巨大的最大合作伙伴——一家美国的自行车品牌开始慢慢减少对巨大的订单。"我当时从坊间听说他们要到深圳来考察设厂，自己生产自行车。"刘金标说。

"巨大当时面临了严重危机，甚至可能一蹶不振，乃至倒闭。"刘金标说，"但我几乎马上就决定要上自己的品牌。"因为订单减少，我们马上空置出了一条最好的生产线，当时取名叫 IA(Industry Art)线的生产线，集结了一批技术最好的工人。"

一方面不能得罪销出自己生产总量75%的美国客人，一方面又要发展自己的品牌，于是，刘金标将产品定位于欧洲市场，当时欧洲市场自行车质量和技术都非常高，几乎都是以比赛用车来衡量。刘金标认为要打进欧洲市场，必须让严格的欧洲自行车专卖行认可捷安特的质量，并能够进货。

"那时候，很多员工都非常犹豫，认为很难做到。我对他们说，要义无反顾，不成功便成仁。"刘金标在 IA 线上不断返工制造了3个月，终于造出了符合欧洲要求的产品。"然后又过了3个月，我们真正打进了欧洲市场。"

回想创品牌的初始，刘金标也认为自己非常大胆及果断。"这是私营企业的一点好处，我决定了，就能很快地实施，否则机会就会错失。"

在营销上，固执的刘金标从一开始就选择了走高端路线，不惜工本地在全球建立了1万多个专卖店及选择了几千家专业的自行车专卖店来建立捷安特的品牌渠道。而对于销量极高的大卖场，刘金标选择坚决放弃。"不进大卖场，一样能够做到世界第一。大卖场，不管是沃尔玛还是家乐福，它们重视的只有价格，没有售后服务，没有过硬的质量检验。"

刘金标承认对在卖场销售捷安特也曾经很犹豫，当他看到竞争对手有时候以每天每地几百辆的速度卖出的时候，他也动心了，"可是卖了几个月，我就停了。因为几个卖场间不断地压价，卖出的车不会再进行回笼检修，也没有跟进的服务，价格降到你不得不考虑是否要更换质量差一些的、便宜的零配件。现在，我是绝对不会考虑将捷安特放进大卖场了，我会一直持续做自行车的高端品牌。"

目前，刘金标在台北的研发中心限量生产了35辆环法比赛用车，每辆价格1万美元，一抢而空。而他自己所骑的一辆最新研制的自行车，安装了靠背，并有完整的舒适度调节。"卖人民币5 000元，现在欧洲和台湾销量都很好。"刘金标很得意。

刘金标把在内地的生产基地建在了昆山，可是业内很多人都认为此举不妥。"我也认为我很固执。"刘金标承认，"当时选择昆山，很多同行都笑我是傻瓜。主要是那里没有完整而又良好的产业链。其实一开始是到上海和凤凰谈合资的，根据政府安排选址在浦东。但我非常喜欢昆山的投资环境。因此，就决定在这里开两个厂。"刘金标对昆山情有独钟。

刘金标认为,台湾的自行车产业链是由自己一手培养和健全起来的,没有理由不可以在昆山重新来过。"而且,他们没有发现,其实长江三角洲一直是内地的自行车主要生产地,只是生产质量和水准还比较差。"刘金标开始给零件供应商及合作伙伴免费上各种各样的培训班。"我一点都不计较。供应商都强大了,我才能强大。"这是刘金标的眼光。

进入内地十多年以来,捷安特秉持着"以客为尊,顾客所欲,长在我心;品质是第一工作"的品质方针,将人类对于未来的执着汇入自身对于自行车的设计理念中,将对生活的热爱展现在它的每一个细节;维系自然和人的交流,在充满机遇的全新时代,以科技、时尚、人性为主题,为中国人民的美好生活创建更完善的产品。

捷安特在以全新的产品回报大陆人民的同时,秉持着"全球经营,当地深根;全球品牌当地经营"的新世纪经营哲学,坚持以自身发展来带动自行车文化的发展。目前已发展有15家直营店和25家经销商,651家专卖店和1451家经销点,使得消费者可以享受?"一地购车,全国服务"的服务。并且在关心中国自行车体育运动的同时,也注重自行车休闲文化的导入与发展。在赞助江苏、北京、河北、河南自行车队的同时,也不忘于消费者之间的互动。

刘金标目前在巨大集团占12%的股份。作为捷安特品牌的开创者,他说希望逐步退居二线,这样可以有更多的时间去骑他心爱的自行车。

思考:
1. 捷安特是如何开创其品牌的?
2. 捷安特进入欧洲市场的自行车与打入中国市场的自行车有什么区别?
3. 请你思考如何把捷安特自行车与休闲文化相结合。

二、商标

(一)商标的定义

商标是识别某商品、服务或与其相关具体个人或企业的显著标志。图形常用来表示某个商标经过注册,并受法律保护。

企业在政府有关主管部门注册登记以后,就享有使用某个品牌名称和品牌标志的专用权,这个品牌名称和品牌标志受到法律保护,其他任何企业都不得仿效使用。因此,商标实质上是一种法律名词,是指已获得专用权并受法律保护的一个品牌或一个品牌的一部分。

(二)商标的分类

1. 按商标结构分类

(1)文字商标。是指仅用文字构成的商标,包括中国汉字和少数民族字、外国文字和阿拉伯数字或以各种不同字组合的商标。

(2)图形商标。是指仅用图形构成的商标。其中又能分为:记号商标、几何图形商标、自然图形商标、字母商标、数字商标、三维标志商标、颜色组合商标、音响商标、气味商标等。气味商标只在个别国家被承认它是商标,在中国尚不能注册为商标。

2. 按商标使用者分类

(1)商品商标。商品商标就是商品的标记,它是商标最基本的表现形式,通常所称的商标主要使指商品商标;其中商品商标又可分为商品生产者的产业商标和商品销售者的商业商标。

(2)服务商标。服务商标是指用来区别与其他同类服务项目的标志,如航空、导游、保险和金融、邮电、饭店、电视台等单位使用的标志,就是服务商标。

(3)集体商标。是指以团体、协会或者其他组织名义注册,供该组织成员在商事活动中使用,以表明使用者在该组织中的成员资格的标志。

3. 按商标用途分类

(1)营业商标。营业商标是指生产或经营者把特定的标志或企业名称用在自己制造或经营的商品上的商标,这种标志也称为"厂标"、"店标"或"司标"。

(2)证明商标。证明商标是指由对某种商品或者服务具有监督能力的组织所控制,而由该组织以外的单位或者个人使用于其商品或者服务,用以证明该商品或者服务的原产地、原料、制造方法、质量或者其他特定品质的标志;如绿色食品标志、真皮标志、纯羊毛标志、电工标志等。

(3)等级商标。等级商标是指在商品质量、规格、等级不同的一种商品上使用的同一商标或者不同的商标。这种商标有的虽然名称相同,但图形或文字字体不同,有的虽然图形相同,但为了便于区别不同商品质量,而是以不同颜色、不同纸张、不同印刷技术或者其他标志作区别,也有的是用不同商标名称或者图形作区别。

(4)组集商标。组集商标是指在同类商品上,由于品种、规格、等级、价格的不同,为了加以区别而使用的几个商标,并把这几个商标作为一个组集一次提出注册申请的商标。组集商标与等级商标有相似之处。

(5)亲族商标。亲族商标是以一定的商标为基础,再把它与各种文字或图形结合起来,使用于同一企业的各类商品上的商标,也称"派生商标"。

(6)备用商标。备用商标也称贮藏商标,是指同时或分别在相同商品或类似商品上注册几个商标,注册后不一定马上使用,而是先贮存起来,等需要时再使用。

(7)防御商标。防御商标是指驰名商标所有者,为了防止他人在不同类别的商品上使用其商标,而在非类似商品上将其商标分别注册,该种商标又称为防御商标。

(8)联合商标。联合商标是指同一商标所有人在相同或类似商品上注册的几个相同或者近似的商标,有的是文字近似,有的是图形近似,这些的商标称为联合商标。这种相互近似商标注册后,不一定都使用,其目的是为了防止他人仿冒或注册,从而更有效地保护自己的商标。

4. 按商标享誉程度分类

(1)普通商标。普通商标是指在正常情况下使用未受到特别法律保护的绝大多数商标。

(2)驰名商标。驰名商标是指在较大地域范围(如全国、国际)的市场上享有较高声誉,为相关公众所普遍熟知,有良好质量信誉,并享有特别法律保护的商标。

(三)商标的特征

(1)商标是用于商品或服务上的标记,与商品或服务不能分离,并依附于商品或服务。

(2)商标是区别于他人商品或服务的标志,具有特别显著性的区别功能,从而便于消费者识别。商标的构成是一种艺术创造。

(3)商标是由文字、图形、字母、数字、三维标志和颜色组合,以及上述要素的组合的可视性标志。

(4)商标具有独占性。使用商标的目的就是为了区别与他人的商品或服务,便于消费者识别。所以,注册商标所有人对其商标具有专用权,受到法律的保护,未经商标权所有人的许可,任何人不得擅自使用与该注册商标相同或相类似的商标;否则,即构成侵犯注册商标权所有人的商标专用权,将承担相应的法律责任。

(5)商标是一种无形资产,具有价值。商标代表着商标所有人生产或经营的质量信誉和企业信誉、形象,商标所有人通过商标的创意、设计、申请注册、广告宣传及使用,使商标具有了价值,也增加了商品的附加值。商标的价值可以通过评估确定。商标可以有偿转让,经商标所有权人同意,许可他人使用。

（6）商标是商品信息的载体,是参与市场竞争的工具。生产经营者的竞争就是商品或服务质量与信誉的竞争,其表现形式就是商标知名度的竞争,商标的知名度越高,其商品或服务的竞争力就越强。

【小资料】

商标转让相关新规定

面对商标在我国的迅速发展,商标转让已经成为除商标注册外获得商标的重要手段。为了规范商标转让行为,减少商标转让纠纷,避免虚假商标转让行为,国家修正出关于申请商标转让的新规定如下：

1. 商标权利人或利害关系人对商标转让存在异议,要求商标局中止审查的,应当提出书面申请,并提供有关司法机关的立案证明或其他证明文件。商标局依据该申请可以中止对转让商标申请的审查程序。

2. 商标局对转让商标申请进行形式审查后,对于符合有关规定的,向受让人发送《转让申请受理通知书》,同时向国内(港、澳、台除外)转让人发送《转让申请受理通知书》。

3. 商标权利人发现其商标未经同意被他人申请转让并向商标局提出书面反映的,或者商标局对转让的真实性产生怀疑的,商标局可以向受让人发出补正通知书,要求其书面说明有关情况,必要时可以要求提供经公证的转让协议或经公证的转让人同意转让的声明,或者其他证明文件。

4. 申请人提供的转让申请材料中有外文文件的,应当同时提交其中文译文。中文译文应当由申请人或代理组织签字盖章确认。

5. 商标权利人发现其商标未经同意已经被他人转让的,可以向人民法院提起民事诉讼。商标局依据人民法院的裁判对该商标转让作出决定。

6. 转让注册商标的,受让人自公告之日起享有商标专用权。受让人在取得商标专用权之后才能提出再次转让申请。转让商标申请权的,受让人在取得核准转让通知书之后才能提出再次转让申请。

7. 在办理转让商标申请手续时,除应当按照有关规定提交《转让申请申请书》《注册商标申请书》等材料外,还应当提供能够证明转、受让双方主体资格的加盖公章的有效证件复印件。商标局对上述证件的真实性、有效性产生怀疑的,可以要求提供有关证明文件或经过公证的复印件,对于在国外形成的文件可以要求提供经公证、认证的复印件,对于在港、澳、台地区形成的文件可以要求履行相关证明手续。

【案例教学】

王致和商标海外维权案分析

（一）王致和案的事实

"王致和 WANGZHIHE 及文人图像"商标,在中国被认定为驰名商标,特别是腐乳产品,并在许多国家获得商标保护,但是在德国没有申请商标注册。欧凯是一家德国的有限责任公司,由具华裔背景的常务董事(总经理)所管理,他们将王致和产品从中国进口到德国。欧凯公司私自将完全相同的"王致和 WANGZHIHE 及文人图像"商标申请注册于调味品和奶类制品等,并在德国获得有关的商标注册。北京王致和食品集团有限公司发现商标被抢注,要求商标移转,但遭欧凯公司拒绝。欧凯公司争辩为保护他们在德国建立该品牌所做的付出,以及利用其自身已获得该商标注册为要挟,迫使王致和公司同意欧凯公司为其在德国的唯一独占的进口商。因此,进行诉讼是必要的。

（二）同一案件不同的意见

从中国人的角度来看,王致和是具有悠久历史的著名的中国企业,其产品众所皆知,在好几个国家有商标注册,被认为是驰名商标,应当是理所当然可获得世界各地的保护。此外,王致和商标中的"中国文人"的图片是一件艺术品,并受版权保护。

本案从非中国人观点或至少是德国人观点而言,中国企业在德国缺乏商标注册,业务非常少,在德国与其经销商并没有合同权利。王致和公司在德国并无直接业务,但借由代理商卖到德国。在德国的贸易商业界,甚少知道腐乳产品以及王致和中华老字号品牌。因此,王致和商标并不理所当然地享有未经注册而受保护的权利。中国文人的图像虽优美,但它不被视为受版权保护。自由竞争原则就是允许任何人申请商标。因此,如果一个竞争对手(或经销商)已获得商标注册保护,那么一般中国品牌拥有人的产品仍可能被拒绝营销于全欧洲或德国市场,原始的中国产品被海关查扣是可能的。不进行法律诉讼,中国企业将永远无法从商标注册人处取回其商标。

(三)驰名商标的保护

在中国,有主管机关提供认证授权证明商标是否合乎驰名。在德国和欧盟大多数国家,没有主管机构会颁发类似为驰名商标的文件,也不会被视为驰名的有效的证明,因为其通常并非基于大众民意调查而来。因此,为享有保护,这是未经注册的商标所有人的义务责任,需证明其商标在该国利益的贸易商业界拥有各自的高识别度因素。

在德国没有法律定义提到在贸易商业界合乎"驰名商标"或"著名商标"资格所需的熟知百分比,以达到未注册仍享有保护。但是,大多数法院要求至少50%的受访者认知此商标。这是非常困难的——即证明超过8 000多万的德国总人口中有4 000万人都知道某特定标记。

(四)版权及反不当竞争法

中国和德国是"修订伯尔尼公约"的成员,所以艺术著作在某一国创作,在其他国家也必须同样受保护。在中国已完成创作的艺术作品,依据版权法(UrhG)第121条第4项、经修订的伯尔尼公约第5条第1项,在德国享有保护。在德国与欧盟的大多数其他国家无法申请版权注册。假如是创新的独特的图形可以以外观设计(Geschmacksmuster)注册或商标注册而受保护。没有此类注册的权限的情况下,作品所有人有必要证明创作人是谁、何时、设计什么。换言之:版权所有人负担提供证据,证明版权的存在。此外,对"艺术作品"的理解,各国也许有不同解读。在德国与许多其他欧洲国家,对图形元素及装饰设计,即使它们可能十分繁复和优雅,通常不受版权保障。在德国日常产品或图形,是很难获得版权保护的。

反不正当竞争法的目的是禁止不公平的商业活动,但必须看到一般原则的自由竞争。

(五)海外诉讼,法院的裁决

中国公司应知道在德国的诉讼费用与欧美等国相比并不是很昂贵。在不太复杂的案件中,第一审有可能在不到一年的时间内做出判决。但是,中国的原告应做好准备预先缴付法院费用,并且向法院提交申请担保。法院费用可能在3 000欧元左右,担保金可能超过15 000欧元。但是,胜诉方可以在一段时间以后自败诉方得到这些费用补偿。此外,恶意抢注的申请人或商标侵害者要承担损害赔偿责任。假如商标抢注人只申请该商标,且仅出售原始产品而非侵权品,德国法院可能认为没有进一步的损害出现,因此审定毋须进一步给付赔偿金。

本案经过一审及二审的诉讼,最终判定由德国慕尼黑高等法院做出定论,维持第一审的判决,在重要的部分撤销欧凯公司的商标注册,并命令欧凯公司和常务董事(总经理)停止对商标的任何使用。经销商和其常务董事(总经理)个人要承担法律诉讼费用的大部分,这是在反不正当竞争法的基础上所形成的决定。

(六)对此案的评论及忠告

如果认为一个在中国驰名的商标在他国也必然驰名,这种认识通常是不正确的。应提早在现有存在的或预见商业必要进行的国家,提交商标申请及取得商标注册。申请案应当不仅申请保护现有销售的产品,并且也涵盖未来及相关产品和服务。在德国和欧盟提交商标申请案,商品和服务项目可做非常广泛地描述。比如以商品名称"计算机"提出申请,前述商品名称可包括零组件和计算机的电子配件。为确保取得最大保护,图形及文字单独分开提出申请,既可以申请图形加文字的结合,也可以申请音译的商标。与经销商在初步合作开始时,签订一份好的合同。如果合同是短期的,建议中国企业接受外国为法律管辖地,例如德国。监视市场及竞争对手的新商标申请并对它们采取攻击。针对侵权者坚决果断地采取行动,以显示您的品牌具有价值性,对侵犯或窃取您的商标者绝不姑息。中国企业和其中国知识产权律师以及德国诉讼事务所之间的良好合作是取得良好成果不可或缺的因素。

三、产品的包装

(一)产品包装的含义

产品的包装通常是指产品的容器、包装物和装潢的设计。

产品包装一般包括以下三个层次:基本包装,即商品的直接容器和包装物,例如,盛装啤酒的瓶子、装香烟的纸盒。次级包装,即基本包装外层的包装。运输包装,为了运输的安全和方便而加于产品之上的包装。

(二)产品包装的作用

产品包装最初的作用在于保护产品、方便运输。随着市场竞争的发展,包装也已成为企业非价格竞争的一个重要手段。良好的包装能够为企业带来营销价值。产品包装的具体作用包括以下四个方面:

1. 保护产品

这是包装的基本功能,良好的产品包装能够保护产品在运输、储存过程中免于损坏。

2. 促进销售

设计精美、富有新意的包装能够起到吸引消费者注意力、促销产品的功能。与此同时,包装也能体现产品的市场定位。例如,定位于高端市场的产品通常拥有精美、豪华的包装。

3. 创造价值

包装创造价值的作用主要体现在以下两个方面:包装提高了产品的附加价值,消费者愿意购买包装精美、富有创意的产品。包装能够体现品牌形象。漂亮的包装是无声的广告。

4. 提供便利

不同的包装可以帮助消费者很方便地识别不同的产品,从而节约了消费者的时间和精力。另外,便利的包装也能够方便消费者携带和储存产品。

(三)产品包装策略

鉴于产品包装在产品营销上的巨大作用,企业对产品的包装工作必须给予足够的重视。对于企业来说,可供其选择的包装策略包括以下七种:

1. 类似包装策略

类似包装策略是指企业在各种类型不同的产品上使用外形类似、图案类似、具有共同特征的包装,从而使企业各种产品具有统一类似的包装。从而使得消费者从外观上就可以直接判断出企业的系列产品。类似包装策略的优点在于:壮大企业声势,扩大企业影响,特别是在新产品初次上市时,可以借助于企业原有的声誉迅速让消费者接受新产品;类似的包装反复出现,无疑增加了企业形象在消费者面前的曝光率,客观上起到了宣传企业产品的效果;采用类似包装可以节省包装设计和印刷成本。

2. 差异包装策略

企业对不同的产品采用风格各异的包装,从而将不同市场定位、满足不同目标市场需求的产品区别开来。这种策略的优点是一个产品的失败不会波及企业的整体形象,但是却增加了企业的成本。

3. 配套包装策略

配套包装策略是指企业把两种或两种以上在消费上具有关联性的产品放在一个包装内出售。这种关联性可表现在使用、观赏或自身系列配套等方面。配套包装策略可以方便消费者的购买和使用，并且还可以帮助企业促销滞销的产品。但是，企业需要注意的是产品的搭售不要引起消费者的反感，或者损害消费者的利益。

4. 重复使用包装策略

重复使用包装策略是指产品的包装在产品被使用之后，可以移作他用。这种包装策略可以引起消费者的购买兴趣，移作他用的产品包装也可以起到宣传企业产品的效果。例如，盛装饮料的瓶子常被用来插花或其他用途。

5. 等级包装策略

这种包装策略是指企业根据产品的档次和价格给予其不同的包装。这些不同的包装在成本上具有很大的差别，可以丰富消费者的选择。例如，把产品用来送礼的消费者可能更倾向于购买具有豪华包装的产品，而为了自己使用的消费者则会购买简易包装的产品。

6. 更新包装策略

更新包装策略是指用新的包装来代替老的包装。这种策略常常在企业的销售陷入困境时使用，包装的更新就像产品的更新一样，能够给消费者以耳目一新的感觉。在一般情况下，一个企业的品牌和包装要保持稳定性。但是，当出现以下三种情况时，企业需要更新包装。这三种策略包括：第一，产品的质量出现了问题，给消费者留下恶劣的影响；第二，竞争者太多，原有包装不利于打开销售局面；第三，原包装使用时间过长，使得消费者产生了陈旧感。例如，河南省卫辉食品挂面厂就通过将纸包装改为塑料包装，由一般纸箱式包装改为手提礼品式彩色箱，从而一举打开销售局面，产品远销中国香港和日本。

7. 附赠品包装策略

附赠品包装策略是指企业在包装中附赠小礼品，来吸引消费者购买和重复购买以扩大产品销量的包装策略。附赠品包括玩具、图片、奖券等等，这种策略常被用来开发儿童、青少年或低收入者市场。

【实战演练】

一、实训目的、要求

通过实训，要求学生能够为背景企业选择品牌策略，决定包装定位，选择包装策略。

二、实训主要内容

(1)背景企业产品品牌策划。

(2)背景企业产品包装策划。

三、实训准备

学生收集现有企业的经典产品品牌策划、产品包装策划。

四、实训资料

经典策划方案。

五、实训操作步骤

第一步：决定背景企业的品牌化决策，即是否实行品牌化。

第二步:决定背景企业的品牌使用者决策,即决定使用谁的品牌。
第三步:为背景企业选择品牌名称,即家族品牌决策。
第四步:为背景企业进行品牌再定位。
第五步:决定背景企业产品包装的主要功能。
第六步:决定背景企业产品的包装定位,即根据产品品牌形象、产品定位、企业形象决定包装设计和包装材料选择。
第七步:选择包装策略。

六、实训成果

品牌策划方案。

第三节 定价策略能力

经典语录:

你不是通过价格出售产品,你是出售价格。

——菲利普·科特勒

理论基石:

一、定价目标

企业在定价之前必须首先确定定价目标。定价目标以企业营销目标为基础,是企业选择定价方法和制定价格策略的依据。

(一)利润导向定价目标

利润是考核和分析企业营销工作好坏的一项综合性指标。许多企业都把利润作为重要的定价目标,具体有以下三种情况。

1. 以获取预期利润率为目标

预期利润率是投资者将一定时期的利润水平规定为投资额或销售额的一定比率。也就是说,投资者既不追求一时的高利润,也不限制利润而求销售,而是力图保持长期稳定地获得利润。以一定的预期利润率为定价目标,其关键是确定预期利润率。不同的投资者可根据产品的销售、流动资金等状况,确定不同的利润率。对于占用资金少、资金周转速度快的产品,可以较低的销售利润率为目标;对于占用资金多、资金周转速度慢的产品,可以较高的销售利润率为目标。

2. 以获取最大利润为目标

实现最大利润是企业的最大愿望。最大利润是指企业在一定时期内可能并准备实现的最大利润总额,这是常见的定价目标之一。企业在采取获取最大利润为定价目标时,需具备三个条件。

(1)企业的产品在市场上具有一定优势,且在计划期内不易丧失这些优势。

(2)同行业竞争对手不强。

(3)能较准确地掌握本企业产品的需求或成本状况,为实现这一定价目标提供科学依据。

实现这一定价目标的方法就是提高产品的价格,提高单位产品的盈利额,追求短期利润最大化。

3. 以获取合理利润为目标

它是指为了保持销售稳定或减少竞争对手,达到长期占领市场的目的,以获取合理利润为定价目标。获取合理利润为目标是指企业在补偿正常情况下的社会平均成本的基础上,适当地加上一定量的利润作为商品价格,以获取正常情况下合理利润的一种定价目标。合理的标准往往是以既能获得一定的利润,又能减少竞争者的加入为标准。在此种目标下,商品价格适中,顾客乐于接受,政府积极鼓励。这一定价目标常常被大型企业采用。

(二)销量导向定价目标

这种定价目标是指企业希望获得某种份额的市场占有率而确定的价格目标。市场占有率是指一个企业产品销售量在市场同类产品销售总量中所占的比重。不断扩大产品销售量是提高市场占有率的主要途径。根据产品需求规律,要增加产品销售量就要降低产品价格。这样,从单位产品来说,利润水平可能降低,但从利润总额看,由于产品销售量增加,有可能弥补单个产品利润量减少的损失,甚至增加利润总量,这是企业制定和调整产品价格时所采用的定价目标之一。

此种定价目标要求企业具备的条件是:有潜在的生产经营能力,总成本的增长速度低于总销售量的增长速度;产品的需求价格弹性较大,即薄利能够多销。一般来说,这一定价目标要好于以扩大利润为目标。在产品市场不断扩大的情况下,如果只顾短期利润,可能会降低市场占有率,不会取得较好的经济效益和社会效益,不利于长期而稳定地获得利润。为了长远利益,有时需要减少甚至放弃眼前利益。因此,许多资金雄厚的大企业,喜欢以低价渗透的方式建立一定的市场占有率。一些中小企业为了在某一细分市场获得一定优势,也十分注重扩大市场占有率。

(三)适应或避免竞争导向定价目标

这种定价目标是指企业在竞争激烈的市场上以适应或避免竞争为目标。在市场竞争中,企业在制定产品价格时,为适应或避免竞争,需要广泛收集竞争者有关价格方面的资料,将本企业的产品质量与竞争者的同类产品进行比较,然后在高于、低于或等于竞争者价格这三种定价策略中选择其一。当市场存在领导者价格时,新加入者要想把产品打入市场,争得一席之地,只能采取与竞争者相同的价格。一些小企业因生产、销售费用较低,或某些企业为扩大市场份额,定价会低于竞争者。只有在具备特殊条件时,诸如资金雄厚、拥有专有技术、产品质量优越、推销服务水平高等,才有可能把价格定得高于竞争者。

(四)产品质量导向定价目标

这种定价目标是指企业通过在市场上树立产品质量的领先地位而在价格上做出的反应。优质优价是一般的市场供求规则,研究和开发优质产品必然要支付较高的成本,自然要求以较高的价格得到回报。采取这一定价目标的企业必须具备两个条件:(1)高质量的产品。(2)提供优质的服务。

(五)生存导向定价目标

当企业遇到生产能力过剩、市场竞争激烈或者要改变消费者需求时,它要把维持生存作为自己的主要目标。为了保持工厂继续开工和使存货减少,企业必然要制定一个低价格,并希望市场对价格十分敏感。生存比利润更重要,不稳定的企业一般都求助于大规模的价格折扣,为的是能保持企业的活力。对于这类企业而言,只要它们的价格能弥补变动成本和部分固定成本,即单价大于单位变动成本,它们就能够维持企业的生存。

(六)分销渠道导向定价目标

对于那些需要经中间商推销的企业来说,保持分销渠道的畅通无阻,是保证企业获得良好经营效果的重要条件之一。企业在激烈的市场竞争中,为了使分销渠道畅通,必须研究价格对中间商的影响,充分考虑中间商的利益,保证中间商有合理的利润,促使中间商有充分的积极性去推销商品。在现代市场经济中,中间商是现代企业营销活动的传递者,对宣传产品、提高企业知名度具有十分重要的作用。

(七)企业形象导向定价目标

在现代市场经济条件下,市场竞争的实质是企业形象和商品品牌的竞争,企业形象是企业的无形财富和资源,是企业实力的重要构成部分。良好的企业形象是由于企业成功地运用了市场营销组合,在消费者心目中确立了良好的信誉,取得了消费者的信赖。以维护企业形象为定价目标,是指企业在制定产品价格时要以消费者为核心、以树立良好的企业形象为目的。

(八)对等定价目标

对目前的市场份额和利润感到满意的企业,有时会采用对等定价目标——不扰乱对方的价格目标。管理人员可能会说这是因为他们想稳定价格或应对竞争,甚至回避竞争。当总体市场不再发展、扩大时,这种不扰乱价格的想法最为普遍。保持稳定的价格可能阻碍了价格竞争,但却避免了对困难决策的需求。选择对等定价目标,营销集中在除价格外的一种或多种其他策略方面。快餐连锁店麦当劳和汉堡王通过坚持多年的非价格竞争,实现了非常有利的利润增长和企业发展。

二、定价的基本方法

定价的基本方法是指为实现定价目标而采用的具体手段。影响商品价格的因素很多,但在现实生活中,总是侧重某一个因素。本节主要介绍定价的三种基本方法。

(一)成本导向定价法

成本导向定价法是以卖方意图为中心、以成本为基础的定价方法。定价时,首先要考虑收回企业在生产经营中投入的成本,然后再考虑取得一定的利润。属于这类定价方法的有成本加成定价法、边际成本定价法和损益均衡定价法。

1. 成本加成定价法

成本加成定价法是在产品的成本上加上一个标准加价百分比。"加成"即一定比率的利润,其计算公式是:$P=C(1+R)$。式中,P 为单位产品售价,C 为单位产品成本,R 为成本加成率。这是一种采用得很普遍的定价方法。

其主要优点是计价简便易行,在正常情况下能够补偿企业的全部成本费用,并可获得预期利润,也有利于保持价格稳定。但是这种方法也有其局限性,表现在只注重维护企业自身利益,定价过于呆板,不能灵活反映市场供求状况,缺乏竞争性。但是,这种定价方法在零售业还是被广泛应用。

2. 边际成本定价法

边际成本定价法是指企业在定价时只考虑变动成本,不计算固定成本,而以预期的边际贡献适当补偿固定成本。预期边际贡献是指预计的销售收入减去变动成本后的收益。因为在生产能力之内,无论企业生产多少数量的产品,所产生的固定成本都是一样的。

采取边际成本定价是有条件的,最主要的条件是:市场萧条期企业产品供过于求,企业在价格上若不采取灵活措施,可能会因没有市场而造成停产,企业将承担固定成本的全部损失。另外,如果企业除满足原市场需求外,仍有剩余生产能力,企业可采取边际成本定价为新市场服务。但新市场与原市场必须是彼此隔绝的,即不会形成新市场向原市场的转手倒卖。这种做法只能是短期的,在总销售额中不应占较大比重。

3. 损益均衡定价法

损益均衡定价法又称目标利润定价,是以产品的损益均衡或目标利润为依据的定价方法。当产品的销售量达到一定水平时,产品的收入与成本相等,即损益均衡。若销售量低于该水平,企业收不抵支,出现亏损;若高于该水平,收大于支,产生收益,即目标利润。在总成本和总收入线之间的虚线截距就是目标利润。因此,先计算损益均衡价格,其公式为:$P=F/Q+V$。式中,P 为损益均衡价格,F 为固定成本,Q 为预计销售量,V 为单位产品变动成本。在此基础上,若要盈利,则计算公式为:$P=F/Q+V+Z$。式中,P 为目标利润价格,Z 为单位产品的预计利润,其他同上式。

采用损益均衡定价,可以帮助企业决定最低价格以抵补预计的成本和取得目标利润,但是这种方法没有考虑到价格和需求之间的关系。它根据预期的销售量来确定价格,但价格恰恰是影响销售量的重要因素。因此,企业在运用这种方法定价时,还必须考虑到每个可能的价格实现预计销售量的可能性。

(二)需求导向定价法

需求导向定价法即以产品或服务的社会需求状态为主要依据,综合考虑企业的营销成本和市场竞争状态,制定或调整营销价格的方法。由于与社会需求有联系的因素很多,如消费习惯、收入水平、产品或服务项目的需求价格弹性,等等,企业对这些因素的重视程度不一,这便形成以下几种具体的需求导向定价法。

1. 习惯定价法

某些产品或服务在长期的购买使用中,消费者习惯上已经接受了这种产品的属性和价格水平,企业在从事新产品、新品种开发之际,只要产品的基本功能和用途没有改变,消费者往往只愿意按以往的价格购买产品。经营这类产品或服务的企业不能轻易改变价格,减价会引起消费者怀疑产品的质量,涨价会影响产品的市场销路。

2. 认知价值定价法

认知价值定价是按照买主对产品价值的认识来确定产品价格。这种定价方法与现代市场定位思想相适应,它强调产品价格的高低不取决于卖方的成本,而取决于买方对产品价值水平的理解程度。定价时,它要求以买方所能接受的价格来确定产品的价格。如果以高于买方所能接受的价格来销售产品,会造成滞销;而以低于买方所能接受的价格,则会使自身利益受到影响。采用这种定价方法,关键是必须合理地测定和分析市场上买方对产品价值的理解水平。在确定了市场上买方所能接受的价格之后,再根据此价格倒推出产品的批发价格和出厂价格。

为了建立起市场的认知价值,进行市场调研是必不可少的。正确判断顾客对商品价值的认知程度,目前采用的方法主要有以下三种。

(1)直接评议法。直接评议法就是邀请有关人员,如顾客、中间商及有关人士,对商品的价值进行直接评议,得出商品的认知价值。

(2)相对评分法。相对评分法又称直接认知价值评比法,即邀请顾客等有关人员用某种评分方法对多种同类产品进行评分,然后再按分值的相对比例和现行平均市场价格推算评定产品的认知价值。

(3)诊断评议法。诊断评议法就是用评分法对产品的功能、质量、外观、信誉、服务水平等多项指标进行评分,找出各因素指标的相对认知价值,再用加权平均方法计算出产品总的认知价值。

3. 反向定价法

所谓反向定价法,是指企业依据消费者能够接受的最终销售价格,计算自己从事经营的成本和利润后,逆向推算出产品的批发价和零售价。这种定价方法不以实际成本为主要依据,而是以市场需求为定价出发点,力求使价格为消费者所接受。分销渠道中的批发商和零售商多采取这种定价方法。

某产品市场可接受的零售价为15元,零售商加成20%,批发商加成15%,该产品出厂价推算如下:

批发价＝零售价×(1－零售商加成率)＝15×(1－20%)＝12(元)

出厂价＝批发商价×(1－批发商加成率)＝12×(1－15%)＝10.20(元)

(三)竞争导向定价法

1. 通行价格定价法

这是根据行业的平均价格水平,或竞争对手的价格为基础制定价格的方法,也称为随行就市定价法。

在有许多同行相互竞争的情况下,每个企业都经营着类似的产品,价格高于别人,就可能失去大量销售额,从而造成利润的降低,而这样做又可能迫使竞争者随之降低价格,从而失去价格优势。因此,在现实的营销活动中,由于"平均价格水平"在人们观念中常被认为是合理价格,易为消费者接受,而且也能保证企业获得与竞争对手相对一致的利润,因此,使许多企业倾向与竞争者价格保持一致。尤其是在少数实力雄厚的企业控制市场的情况下,对于大多数中小企业而言,由于其市场竞争能力有限,更不愿与生产经营同类产品的大企业发生"面对面"的价格竞争,而靠价格尾随,根据大企业的产销价来确定自己的实际价格。

2. 竞争价格定价法

与通行价格定价法相反,竞争价格定价法是一种主动竞争的定价方法。一般为实力雄厚,或独具产品特色的企业采用。定价步骤如下:

(1)将市场上竞争产品价格与企业估算价格进行比较,分为高于、低于、一致三个层次。

(2)将企业产品的性能、质量、成本、式样、产量与竞争企业进行比较,分析造成价格差异的原因。

(3)根据以上综合指标确定本企业产品的特色、优势及市场定位。在此基础上,按定价所要达到的目标,确定产品价格。

(4)跟踪竞争产品的价格变化,及时分析原因,相应调整本企业价格。

3. 密封竞标定价法

这种定价法主要用于投标交易方式。一般情况下,在同类同质产品之间,价格相对低的产品更具有竞争力。在市场营销活动中,投标竞争是一种营销竞争常用的方式,投标竞争的过程往往就是价格竞争的过程,竞争的结果产生实际的成交价格。企业参加竞标总希望中标,而能否中标在很大程度上取决于企业与竞争者投标报价水平的比较。因此,投标报价时要尽可能准确地预测竞争者的价格意向,然后在正确估算完成招标任务所耗成本的基础上,定出最佳报价。

三、定价策略

（一）新产品定价策略

企业新产品能否在市场上站住脚,并给企业带来预期效益,定价因素起着十分重要的作用,因此,必须研究新产品的定价策略。

1. 撇脂定价策略

撇脂定价策略是指企业在新产品上市初期以高价销售,以后随着市场情况的变化而降低销售价格的策略。其目的是在尽可能短的时间内获得尽可能多的利润,以收回投资。这如同从鲜奶中取奶脂一样,尽快取得精华。采取这种策略,是利用消费者的求新心理,通过高价刺激需求,适合于需求弹性很小、市场生命周期较短、款式色彩翻新较快的时尚性产品。撇脂定价还有一个优点:高价小批量地逐步推进战略,能让企业随时了解市场反映,采取对策,避免新产品大批量生产带来的风险。撇脂定价策略若运用得当,可以为企业带来丰厚的利润,但撇脂定价策略应用的前提是产品必须能吸引消费者,也就是产品要有新意。其缺点是:新产品价格过高,难以开拓市场,同时,高价策略很容易招来竞争者。

2. 渗透定价策略

渗透定价策略是指在新产品投放市场时将产品的价格定得较低,借以获得尽可能高的销售量和扩大市场占有率的策略。实行渗透定价是避免激烈竞争或低价挤入市场的有效方法。对需求弹性较大的非生活必需品,尤其是技术密集型生产资料和工业消费品,试销一般成本较高,为了尽快地进入市场,适宜采用渗透定价策略。其缺点是:投资回收期长、见效慢、风险大,一旦渗透失利,企业就会一败涂地。

3. 满意定价策略

满意定价策略是指介于渗透定价和撇指定价之间的一种定价策略。在新产品投放市场时,企业采用生产者和消费者都满意的合理价格,既能减少激烈竞争和被消费者拒绝的风险,又能较快地收回投资。对价格弹性较小的一般日用生活必需品和重要的生产资料,适合采取这种定价策略。

与撇脂定价或渗透定价相比,虽然这种策略缺乏一定的进攻性,但并不是说它没有市场竞争力。满意定价没有必要将价格制定的与竞争者的产品价格一样或接近市场上产品的平均价格水平,原则上讲,它还可以是市场上最高或最低的价格。与撇脂定价和渗透定价相类似,满意定价也需要参照产品的经济价值而做出价格决策。因此,当大多数潜在购买者认为产品的价格与价值相当时,即便价格很高也属于满意价格。

（二）产品组合定价策略

产品只是某一产品组合中的一部分时,企业必须对定价方法进行调整。这时候企业要研究出一系列价格,使整个产品组合的利润实现最大化。因为各种产品之间存在需求和成本的相互联系,而且会带来不同程度的竞争。产品组合定价策略分为以下六种。

1. 产品线定价

企业通常开发出来的是产品线,而不是单一产品。当企业生产的系列产品存在需求和成本的内在关联性时,为了充分发挥这种内在关联性的积极效应,企业可采用产品线定价策略。在定价时,首先确定某种产品线中的其他产品;其次,确定产品线中某种商品的最高价格,它在产品线中充当品牌质量和收回投资的角色;最后,产品线中的其他产品也分别依据其在产品线中的角色而制定不同的价格。在许多行业,营销者都为产品线中的某一种产品事先确定好价格点。

2. 非必需附带产品定价

许多企业在提供主要产品的同时,还会提供一些与主要产品密切相关的附带产品。如汽车用户可以订购电子开窗控制器、扫雾器和减光器等。但是,对非必需附带产品的定价却是一件棘手的事。例如,汽车公司就必须考虑把哪些附带产品计入汽车的价格中,哪些另行计价。这就需要根据市场环境、购买者的偏好等因素认真分析。

例如,有的汽车制造商只对其简便型汽车做广告,以吸引人们来汽车展示厅参观。而将展示厅的大部分空间用于展示昂贵的功能齐全的汽车。有些饭店的酒价很高,而食品的价格相对较低。食品收入可弥补食品的成本和饭店其他的成本,而酒类则可以带来利润。这就是为什么服务人员极力向顾客推销饮料的原因。也有饭店将酒价定的较低,而对食品制定高价,来吸引饮酒的消费者。

3. 必需附带的产品定价

必需附带的产品又称连带产品,是指必须与主要产品一起使用的产品。例如,胶卷和照相机、计算机和软件等,都是无法分开的连带产品。生产主要产品(计算机和照相机)的制造商经常为产品制定较低的价格,同时对附属产品制定较高的价格。

4. 分部定价

服务性企业经常收取一笔固定费用,再加上可变的使用费。一般而言,固定收费部分应较低,以推动人们购买,而收益则可以从使用费中获取。

5. 副产品定价

在生产加工肉类、石油产品和其他化工产品的过程中,经常有副产品。如果副产品价值很低、处理费用昂贵,就会影响到主产品定价。制造商确定的价格必须能够弥补副产品的处理费用。如果副产品对某一顾客群有价值,就应该按其价值定价。副产品如果能带来收入,将有助于公司在迫于竞争压力时制定较低的价格。

6. 产品群定价

为了促进销售,有时营销者不是销售单一产品,而是将有连带关系的产品组成一个群体,一并销售。例如,化妆品、计算机、假期旅游公司为顾客提供的一系列活动方案。这一组产品的价格低于单独购买其中每一产品的费用总和。因为顾客可能并不打算购买其中所有的产品,所以这一组合的价格必须有较大的下降,以推动顾客购买。

(三)折扣定价策略

价格折扣是企业为了更有效地吸引顾客、扩大销售,在价格方面给予顾客和销售商的优惠。折扣定价策略分为以下五种。

1. 数量折扣

它是根据顾客购买数量或金额的多少分别给予不同比例的价格折扣。即购买的数量越多,金额越大,折扣也越多。它又分为一次性折扣和累计折扣。

(1)一次性折扣。一次性折扣是按照买主一次性购买产品的数量或金额的多少来确定不同折扣的策略。一次性购买的数额越多,折扣也越多。此策略有利于鼓励消费者增加购买量,吸引流动消费者。

(2)累计折扣。累计折扣是按照买主在一定时期内购买产品的数量或金额累计数给予不同折扣的定价策略,累计购买的数量越大,折扣也越多。此方法有利于吸引老顾客,使企业与老顾客保持长期稳定的关系。

2. 现金折扣

现金折扣就是当顾客提前付清购买商品的款项时,供货方给予顾客的一种折扣。现金折扣一般在生产厂家与批发商或批发商与零售商之间进行。采用现金折扣一般要考虑折扣的比例、给予折扣的时间限制以及付清全部货款的期限。这种定价策略适用于价格昂贵的耐用消费品,尤其适用于采取分期付款的商品。美国通行的做法是:若客户能在10天内付清款,可得2%的折扣,但最迟必须在30天内付清全部款项。

3. 季节折扣

季节折扣是生产厂家为了维持季节性产品的全年均匀生产而鼓励批发企业淡季进货的一种定价策略。例如,电扇生产厂家在冬季给予批发电扇的客户以一定折扣,电热毯生产厂家在夏季给批发电热毯的客户以一定折扣。有的零售商店在销售中也采用季节折扣策略。

4. 功能折扣

功能折扣也叫交易折扣,是指根据中间商在产品分销过程中承担责任的大小、风险差异、功能的不同而给予不同的折扣。折扣的多少,主要依据是中间商在分销渠道中的地位、购买批量、完成的促销功能、承担的风险、服务水平以及产品在市场上的最终售价等。功能折扣的结果是形成购销差价和批零差价,主要目的是鼓励中间商大批量订货,扩大销售,与生产企业建立长期、稳定的合作关系,并对中间商经营企业有关产品的花费进行补偿,让中间商有一定的盈利。

5. 以旧换新

以旧换新是生产厂家向顾客,特别是具有节俭习惯的顾客推销产品的一种有效手段。随着生产的发展和人民生活水平的提高,产品的更新换代速度加快,往往老产品还未结束使用寿命,新产品又出现在市场上。在这种情况下,消费者手中的旧产品往往如同鸡肋,食之无味,弃之可惜,而且,收购站还不一定愿意收购这些旧物件。这时,由生产厂家出面开展以旧换新业务,一方面有助于达到旧物件利用的规模经济,另一方面消费者心理也达到了平衡。他们感到,没有因购买新产品而造成旧产品的浪费。

(四)差别定价策略

这是相同的产品以不同价格出售的策略,目的是通过形成数个局部市场以扩大销售,增加利润。

1. 地理差价策略

地理差价策即企业以不同的价格策略在不同地区营销同一种产品,以形成同一产品在不同空间的横向价格策略组合。差价的原因不仅是因为运输和中转费用的差别,而且由于不同地区性市场具有不同的爱好和习惯,具有不相同的需求曲线和需求弹性。明显的例子就是沿海与内地的价格,国内市场与国外市场价格。像大城市著名酒店中对饮料的需求呈现的强度高于小城镇的街边饮食店,那么即使是同种饮料,前者的价格要明显高于后者。

2. 时间差价策略

时间差价策略,即对相同的产品,按需求的时间不同而制定不同的价格。这只能在时间需求的紧迫性差别很大时才能采用。例如,夜间实行廉价的长途电话费,旺季的产品在淡季廉价出售等。采用此种策略能鼓励中间商和消费者增加购货量,减少企业仓储费用和加速资金周转,从而保证企业处于竞争的最佳地位。

3. 用途差价策略

用途差价策略,即根据产品的不同用途制定有差别的价格。实行这种策略的目的是通过增加产品的新用途来开拓市场。如粮食用作发展食品和用作发展饲料,其价格不同;食用盐加入适当混合物后成为海味盐、调味盐、牲畜用盐、工业用盐等以不同的价格出售;另外如标有某种纪念符号的产品,往往会产生比其他具有同样使用价值的产品更为强烈的需求,价格也要相应调高。

4. 质量差价策略

高质量的产品,包含着较多的社会必要劳动量,应该实行优质优价。当然这个价格差要使消费者接受,并非一件简单的事情。在现实的市场营销中,必须要使产品的质量为广大消费者所认识和承认,成为一种被消费者偏爱的名牌产品,才能产生质量差价。

(五)心理定价策略

市场上的每一件产品都能满足消费者某一方面的需求,其价值与消费者的心理感受有着很大的关系,这就使得企业在定价时可以利用消费者的心理因素,采取不同的定价技巧,有意识地将产品价格定得高些或低些,以满足消费者生理的和心理的、物质的和精神的多方面需求。而企业通过消费者对产品的偏爱或忠诚,可以扩大销售,获得最大效益。常用的心理定价策略有以下几种形式。

1. 整数定价策略

产品的价格不仅代表商品的价值,有时也代表着商品的质量,对于市场上那些无法明确显示其内在质量的商品,如高档商品、奢侈品、流行品或礼品,消费者往往通过其价格高低来判断质量的好坏。这时,企业可以采用整数进行定价,即给商品的价格取一个整数,给消费者造成高价的印象。整数定价常常以偶数,特别是"0"作尾数。例如,精品店的服装可以定价为1 000元,而不定为998元。这样定价的好处是:省却了找零钱的麻烦,方便商家和顾客的结算;满足消费者对地位、名牌及精品带来的虚荣心的满足,迎合消费者"一分价钱一分货"的购买心理。

2. 尾数定价策略

尾数定价策略又称"非整数定价",是指企业利用消费者追求便宜的心理,制定非整数价格,而且常常以奇数作尾数,尽可能让价格不进位。比如,宁可取2.97元,而不定3元,宁可定19.90元,而不定20元。这在直观上可以促使消费者对价格产生认同,激发消费者的购买欲望,促进产品销售。

3. 声望定价策略

这是根据产品在消费者心中的声望、信任度和社会地位而确定价格的一种定价策略。声望定价可以满足某些消费者的特殊欲望,如对身份、地位、财富以及自我形象等方面的虚荣心理。企业还可以通过高价格显示其产品的名贵品质,因此,这一策略适用于一些传统的名优产品、具有历史地位的民族特色产品,以及知名度高、有较大市场影响、深受市场欢迎的驰名商标。

4. 招徕定价策略

一般来说,顾客都有以低于市价的价格买到同质商品的心理要求。企业抓住顾客这一心理,可特意将商品价格定得略低于同行生产者和经营者的价格,以招徕顾客,引导其好奇心理和购买行为,并带动其他价格比较正常的商品的销售,这种策略称为招徕定价策略。这一定价策略常为综合性百货商店、超级市场,甚至高档商品的专卖店所采用。但是用于招徕的降价品,不同于低劣、过时的商品,"招徕"的商品必须是品种新、质量优的适销产品,而不能是处理品,否则,不仅达不到招徕顾客的目的,反而会使企业声誉受损。

【案例教学】

京东国美苏宁价格战升级?

京东大家电"三年零毛利"挑战国美苏宁 "美苏"宣布迎战

2012年8月14日上午10时许,京东商城董事局主席兼CEO在其认证微博上发布消息称,京东大家电三年内零毛利!如果三年内,任何采销人员在大家电加上哪怕1元的毛利,都将立即遭到辞退!他同时表示,从当日起,京东所有大家电保证比国美、苏宁连锁店便宜至少10%以上。随后刘强东又发一条微博,称即日起京东以每月不低于3 000元月薪的价格在全国招收5 000名"美苏"价格情报员,每店派驻2名。任何客户到国美、苏宁购买大家电时候,拿出手机与京东客户端比价,如果便宜不足10%,价格情报员现场核实属实,京东立即降价或者现场发券,确保便宜10%。

此两条微博一出,立刻在业内引起轩然大波。苏宁易购执行副总裁李斌先是在微博上表示"只有那些没有底气的企业才会在嘴上炒作低价,亏本赚吆喝先考虑自己能否活下去",然而没过多久,其又在微博上称"保持价格优势是我们对消费者最基本的承诺",并表示"从8月15日上午9时起,苏宁易购包括家电在内的所有产品价格必然低于京东,任何网友发现苏宁易购价格高于京东,我们都会即时调价,并给予已经购买反馈者两倍差价赔付"。

国美电器的回应则更加直接。其官方认证微博称"废话不多说,明天9:00起,国美电器电子商城全线商品价格比京东商城低5%"。

当当、易迅加入战斗 58同城、一得阁墨汁"打酱油"

就在刘强东发出"挑战书"不久,当当网也宣布加入战斗。当当CEO李国庆在其微博上称:当当网手机,电脑和小家电等以及当当网国美在线大家电旗舰店全品种迎战!欢迎顾客货比三家!

另一电商网站易迅网也不甘示弱,发布一条题为"'京东敢不敢和易迅比比价'易迅网致京东商城CEO刘强东先生的三点回应"的微博,称该网站将从9月开始掀起大规模整体促销,大家电和3C产品价格都将低于京东,并将定期发布自己和第三方价格监测报告。同时其建议京东"要和线上企业比价,而不要和线下企业比"。

有意思的是,除了上述电商企业之外,不少其他互联网公司甚至传统企业也跳出来"打酱油"。例如,58同城网站CEO姚劲波发布微博称,58同城不参加此次电商大战,但"为了鼓励大家拼命购买,已开通二手家电转让绿色通道,欢迎大家将家里有用没用的电器用10秒钟发布到58同城半卖半送,处理干净,腾出地方,添置明天可能的零元家电"。而墨汁生产企业一得阁则发布官方微博称,对于即将开始的电商价格大战,如果有人在消费过程中被算计了,愿意去刘强东和三家企业办公室门口泼墨的,"一得阁愿意免费提供墨汁"。

【实战演练】

一、实训目的、要求

通过实训,要求学生能够分别按成本导向、需求导向、竞争导向为背景企业产品确定合理价格,并设计具有吸引力的价格策略。

二、实训主要内容

(1)制定背景企业产品定价策略。

(2)为背景企业的产品定价。

三、实训准备

学生先搜集背景企业现有产品价目表。

四、实训资料

背景企业现有产品价目表。

五、实训操作步骤

第一步:了解各种定价策略。

第二步:为前面背景企业开发的新产品确定定价策略。

第三步:为背景企业制定产品组合定价策略。

第四步:为背景企业制定价格调整策略。

第五步:为背景企业制定价格竞争策略。

第六步:选择定价目标。

第七步:估计企业固定成本和变价成本。

第八步:分析竞争者价格和产品

第九步:分析影响定价的要素。

第十步:选择定价方法。

第十一步:确定背景企业产品的价格。

六、实训成果

定价策划方案。

第四节 分销渠道策略能力

经典语录:

渠道为王,决胜终端。

——李政权

理论基石:

一、分销渠道的含义

分销渠道(Distribution Channel),是指为促使产品或服务能顺利通过市场交换过程,转移给消费者(用户)消费的一整套相互依存的组织。它是独立于生产和消费之外的流通环节,同时又是联结生产与消费的桥梁。可以从广义与狭义两个方面理解分销渠道。

广义上的分销渠道是对厂商销售的产品以及生产产品所需要的原料零件进行运输、仓储、分送、调剂的通路及相应为之服务的组织与环节。

狭义的分销渠道是指顾客购买商品的起点与场所,即商品所有权从厂家向商家、顾客转移的过程,期间经历了批发与代理等各种经销商、零售商等,也有不少商品不经过经销与零售等中间环节,直接销售给顾客。

1. 分销渠道的长度

分销渠道可以按渠道层次数目来划分。每个中间商,只要在推动产品及其所有权向最终购买者转移的过程中承担若干工作就是一个渠道层次。由于生产者和最终消费者都承担了某些工作,它们也是渠道的组成部分。我们用中间商的层次数目来表示渠道的长度。即:分销渠道可以分为零层、一层、二层和三层渠道,据此还可以分为直接渠道和间接渠道、短渠道和长渠道几种类型。

(1)零层渠道是制造商将产品直接销售给消费者或用户的直销类型。其特点是没有中间商参与。常见方式有上门推销、邮销、互联网直销及厂商自设机构销售。

(2)一层渠道含有一级中间商。在消费品市场,这级中间商通常是零售商,而在工业品市场,它可以是一级代理商或经销商。

(3)二层渠道包含两级中间商。消费品二层渠道的典型模式是经由批发和零售两级转手分销。在工业品市场则多由代理商及批发经销商组成。

(4)三层渠道包含三级中间商。通常是在批发商和零售商之间增加一级专业性经销商,以便更好地为小型零售商服务。

层数更高的营销渠道也有,但是不多。从生产者的观点看,渠道层数越高,控制也越成问题,制造厂商一般总是和最近的一级中间商打交道。零层渠道亦称直接渠道,一、二、三层渠道则统称为间接渠道。为分析和决策方便,有些学者将间接渠道中的一层渠道定义为短渠道,而将二、三层渠道称为长渠道。显然,短渠道较适合在小地区范围销售产品(服务);长渠道则能适应在较大范围和更多的细分市场销售产品。在当今市场,随着信息技术特别是电子商务的发展,分销渠道有缩短趋势。

渠道的长度策略即是指企业根据产品特点、市场状况和企业自身条件等因素来决定渠道的层数。

2. 分销渠道的宽度

渠道宽度是指企业在某一市场上并列地使用多少个中间商。企业在制定渠道宽度策略时面临着三种选择:

(1)独家分销。独家分销是指在一定地区,一定时间内只选择一家中间商经销或代理,授予对方独家经营权。这是最窄的一种分销渠道形式。生产和经营名牌,高档消费品和技术性强、价格较高的工业用品的企业多采用这一形式。这种做法的优点在于:中间商经营积极性高,责任心强。缺点是市场覆盖面相对较窄,而且有一定风险,如该中间商经营能力差或出现意外情况,将会影响到企业开拓该市场的整个计划。

(2)密集性分销。密集性分销是指使用尽可能多的中间商从事产品的分销,使渠道尽可能加宽。价格低、购买频率高的日用消费品、工业用品中的标准件、通用小工具等,多采用此种分销方式。其优点是市场覆盖面广泛,潜在顾客有较多机会接触到产品。缺点是中间商的经营积极性较低,责任心差。

(3)选择性分销。选择性分销即在市场上选择部分中间商经营本企业产品。这是介于独家分销商和广泛分销商之间的一种中间形式。主要适用于消费品中的选购品,工业用品中的零部件和一些机器、设备等。当然经营其他产品的企业也可以参照这一做法。如果中间商选择得当,采用此种分销方式可以兼得前两种方式的优点。

二、营销中介机构的主要类型

按照不同的归类方法,我们可以将营销中介机构分成不同的类型。在此,我们主要介绍两种分类方法:按所有权的归属划分和按商品流通途径中承担的角色来划分。按照所有权的归属我们可以将营销中介机构分为经销中间商、代理中间商和辅助机构三大类。

1. 经销中间商

经销中间商是指在商品流通过程中,取得商品所有权,然后再出售商品的营销中介机构,又称经销商。如我们常说的一般批发商、零售商等。

除此以外,还有一种经销中间商称为工业品经销商。他们主要是将工业品或耐用消费品直接出售给顾客的中间商。工业品经销商通常同他们的供应者之间建有持久的关系,并在某个特定的区域内拥有独家经销的权利。

2. 代理中间商

代理中间商是指这样一种中间商,在商品流通过程中,他们参与寻找顾客,有时也代表生产厂商同顾客谈判,但不取得商品的所有权,因此也无需垫付商品资金,他们的报酬一般是按照商品销售量的多少,抽取一定比例的佣金。比较常见的有企业代理商、销售代理商、采购代理商、佣金代理商和经纪人。

代理商的主要任务是接受订单,然后转交制造商,由后者直接运送货物给客户,客户则直接付款给制造商。因此,代理商一般不必持有存货。生产厂商在其业务范围内可委托多个代理商。

3. 辅助机构

在营销中介机构中,还有这样一种类型的机构——他们既不参与买或卖的谈判,也不取得商品的所有权,只是起到支持产品分配的作用。我们把这类机构称为辅助机构。

配送中心是这类辅助机构中的重要形式之一。配送中心主要是对商品进行集中储存,然后根据销售网点的需要,定期或不定期地对所需商品进行组配和发送的机构。在现代连锁业广泛发展的今天,配送中心的作用显得尤为重要。目前在欧美及日本等国,不少批发企业实际上是以配送中心为外壳而存在的,他们集商流、物流、信息流于一体,大大提高了批发流通的效率。辅助机构还包括运输公司、独立仓库、银行和广告代理商。

三、分销渠道的设计

分销渠道设计是企业对关系其长期生存和发展的分销模式、基本目标及管理原则所作的规划、选择与决策。其基本目标是向目标市场有效地传达重要消费者价值。企业进行渠道设计需要两个前提:一是要有清晰的产品或服务概念可以提供给顾客;二是产品或服务必须有明确的目标市场。

（一）影响分销渠道战略设计的主要因素

1. 市场性质

目标市场顾客的规模、地理分布、需求特征、购买行为特点等要素,对渠道类型的选择具有决定性意义。面对顾客人数多、分布范围广、多品种小批量购买的市场,企业通常需要选择能充分利用中间商的长渠道;反之,则会倾向于采用短而窄的渠道。

2. 产品特性

产品特性(理化性质、单价、式样和技术复杂程度等)对渠道决策有重要影响。易腐易损品、危险品、体积粗大笨重品,要尽可能采用直销或短渠道。单价较低的日用品、标准化的产品可采用较长渠道。专门性产品、需要提供特别服务如专业性安装调试、培训保养产品,一般宜采用直销。

3. 中间商状况

可能利用的中间商类型及其优缺点,是渠道设计的制约因素。地区市场现有或潜在的中间商结构、业务素质和财务能力,批发商、零售商在执行产品运输、储存、促销、接触顾客,以及信用条件、送货、退货、人员培训等职能的程度和效率,都是渠道设计必须考虑的。

4. 竞争者状况

竞争者使用渠道状况是渠道设计时模仿或避免的参照系。一些制造商希望以相同或相似渠道与竞争者品牌抗衡,或将自己的品牌纳入领导者品牌相同的市场中。另一些企业则要另辟蹊径,避免与竞争者渠道雷同。

5. 企业自身状况

企业自身状况是渠道设计的立足点。每个企业都要根据其规模、财务能力、产品组合、渠道经验和营销政策来选择适合自己的渠道类型。实力雄厚的大公司有能力和条件承担广泛、直接的分销业务,可以对渠道做更多的垂直整合或一体化工作。弱小的公司只有较少资源用于分销,通常只能更多依赖中间商。

6. 环境特征

环境作为大系统对渠道设计有广泛影响。就其最主要方面来说,一是经济形势。经济景气,渠道选择余地较大;经济萧条,渠道就要缩短,以减少渠道费用满足廉价购买需求。二是科技进步。冷冻技术延长了易腐食品储存期,信息技术减少了沟通困难,可以提供渠道的更大选择空间。三是法律法规。相关的法规,如专卖制度、反垄断法、进出口规定、税法等是渠道设计不能不考虑的。

(二)评估渠道设计方案

如果制造商需要从几个渠道设计方案中挑选最佳方案,那么每一渠道设计方案都必须从经济性、可控性和适应性三个方面加以考察。

1. 经济性标准

每一个方案都有其特定的成本和销售额,首要问题是利用本公司的推销部门还是销售代理商,到底谁带来的销售额更高。许多制造商认为,公司推销员的销售业绩更佳,因为他们专注于推销公司的产品,他们在推销本公司产品方面受过良好的训练;由于他们的未来与公司的前途有密切的关系,所以比较积极肯干,他们成功的可能性较大,因为消费者更愿意与制造商直接打交道。

2. 控制性标准

渠道必须把控制问题考虑在内,使用销售代理商容易产生控制问题。因为销售代理商是一个独立的机构,以追求自己的利润最大化为目标,它会将注意力集中到消费者最想购买的商品上,而不是制造商的产品上。

(三)选择最佳渠道结构

从理论上讲,我们可以在所有的备选方案中找出最优化的方案,得到最好的效果。即要求用最少的成本来确定各渠道任务在中间商之间的分配是最有效的。但在实际上,寻求最优的方案是不可能的。因为这意味着设计者将考虑所有的可能因素,列示出所有的可能方案,这样成本就太高了。因此,我们在此所说的最佳方案实际是指在已经列示出的方案中的最好的选择。它将对渠道的任务作出相对比较合理的分配。

四、分销渠道的管理

(一)分销渠道成员的选择

根据渠道设计方案要求招募选择合适的中间商是渠道管理的重要环节。通常,企业需要具体框定可供选择的中间商类型和范围,综合考察、比较它们的开业年限、经营商品特征、盈利、发展状况、财务、信誉、协作愿望与能力等。对代理商,还要进一步考核其经营产品的数量与特征,销售人员的规模、素质和业务水平。对零售商则要重点评估其店址位置、布局、经营商品结构、顾客类型和发展潜力。

渠道成员的选择是双向互动行为。不同企业对中间商的吸引力有很大差异,在不同区域市场的选择难度也不尽相同。渠道管理者应当根据本企业及当地市场的具体情况,把握和考核选择伙伴的上述标准,做出最合理的选择。当企业同意以渠道关系来共同经营时,它们就形成了渠道伙伴并承担长期责任。

(二)激励渠道成员

激励的基本点是了解中间商的需要,并据此采取相应的激励措施或手段。开展促销活动:主要包括广告宣传、商品陈列、产品展览和操作表演、新产品信息发布会等等。资金支持:给中间商在付款上的优惠措施,以弥补中间商资金的不足,如分期付款、延期付款等。管理支持:协助中间商进行经营管理,培训营销人员,提高营销的效果。提供情报:生产商将市场情报及时传递给中间商,将生产与营销的规划向中间商通报,为中间商合理安排销售计划提供依据。与中间商结成长期的伙伴关系。

(三)评价渠道成员

制造商必须定期评估中间商的业绩,其标准有销售配额完成情况、平均存货水平、送货时间、对次品与丢失品的处理情况、在促销和培养方面的合作、对消费者提供的服务等。或许,制造商会发现对于某一中间商与其实际做的相比它支付的报酬过多了,或许制造商还会发现它为中间商提供补贴,鼓励在它的仓库里保持一定水平的存货,而事实上存货被放在了货栈,而且费用也由制造商自己来支付。制造商应建立类似的制度:完成协议的任务,支付一定的报酬;如果中间商完不成任务就需要予以建议、重新培训或重新激励;如果还不行的话也许最好的办法就是中止关系。

(四)渠道冲突与管理

渠道冲突是指某渠道成员从事的活动阻碍或者不利于本组织实现自身的目标,进而发生的种种矛盾和纠纷。分销渠道的设计是渠道成员在不同角度、不同利益和不同方法等多因素的影响下完成的,因此,渠道冲突是不可避免的。

1. 渠道冲突的类型

(1)水平渠道冲突。水平渠道冲突是指同一渠道模式中,同一层次中间商之间的冲突。产生水平冲突的原因大多是生产企业没有对目标市场的中间商数量分管区域作出合理的规划,使中间商为各自的利益互相倾轧。

(2)垂直渠道冲突。垂直渠道冲突是指在同一渠道中不同层次企业之间的冲突,这种冲突较之水平渠道冲突要更常见。垂直渠道冲突也称为渠道上下游冲突。一方面,越来越多的分销商从自身利益出发,采取直销与分销相结合的方式销售商品,这就不可避免要同下游经销商争夺客户,大大挫伤了下游渠道的积极性;另一方面,当下游经销商的实力增强以后,不甘心目前所处的地位,希望在渠道系统中有更大的权利,向上游渠道发起了挑战。

(3)不同渠道间的冲突。随着顾客细分市场和可利用的渠道不断增加,越来越多的企业采用多渠道营销系统即运用渠道组合、整合。不同渠道间的冲突指的是生产企业建立多渠道营销系统后,不同渠道服务于同一目标市场时所产生的冲突。

2. 渠道冲突的原因

(1)角色对立。角色是对某一岗位的成员的行为所做的一整套规定。应用于营销渠道中,任一渠道成员都要实现一系列他或她应该实现的任务。

(2)资源稀缺。特许权授予者应该向特许经营者提供广泛的经营协助以及促销支持,反之,特许经营者也应该严格按照特许权授予者的标准经营程序来经营。如果有一方偏离其既定角色(例如,特许经营者决定制定一些自己的政策),冲突就产生了。

(3)感知差异。一个代表性的例子是关于购买现场(point-of-purchase,POP)促销的。采取这种方式的制造商认为POP是一种有效的促销方式,可以提高零售量。而零售商通常视现场宣传材料为废物一堆,占用了宝贵的空间。

(4)期望差异。典型的例子是全美最大的传输维修业务公司Aamoco公司。Aamoco特许经营商预测随着汽车制造商提供的维修保证越来越多,他们今后的业务会越来越难做。这种业务会削减的预期使很多特许经营商迫切要求将特许使用费率从9%降至5%,同时扩大其经营区域。激烈的冲突由此而引发。

(5)目标不相容。在不同层次的成员之间,由于渠道成员总是以实现自身的利益最大化为目标,所以在如何实现渠道的整体目标上,或者说在渠道的运作过程中出现分歧以及因此发生的冲突是很常见的,各个渠道成员都会有各自的主张和要求。

【案例教学】

渠道冲突　雅芳的转型之痛

雅芳作为一家最早进入中国直销市场的外资公司,在经历了1998年政府颁布《关于全面禁止传销经营活动的通知》,从而使直销业在中国进入了寒冬的洗礼之后,雅芳痛定思痛,决定彻底削足适履来适应中国特有的国情。雅芳通过大规模的转型,奉行以店内、柜内销售产品为主的单层次的直销模式,从而让雅芳在中国转型为批零店铺的经营模式。目前其在中国的销售网络已有6 000多家授权产品专卖店,1 700多个美容专柜,这些店铺在2004年为雅芳贡献了70%左右的销售额。业界普遍承认,雅芳公司是中国政府批准的10家"外商投资传销企业必须转为店铺经营"转型企业中,做得最成功与最彻底的。此外,从政府的角度来看,在现阶段雅芳单层次的经营模式相对来说是最好管理的模式,所以政府选择雅芳模式也就显得比较明智和稳妥。业内人士推测,雅芳的试点资格表明中国政府在直销法出台的初期,为了对直销活动实行有效的管理,雅芳的单层次模式将可能成为立法的重要参考依据。那么,这将被认为是雅芳在中国直销市场的一次重大胜利。

正所谓"成也萧何,乱也萧何",1998年以后雅芳的彻底转型虽然成就了雅芳成为首家获得直销试点资格的企业,但由此对雅芳的伤害性却也立刻凸显出来。在政府看来,雅芳始终是一个"乖乖女"的形象,这是雅芳的外部优势资源之一。然而,"乖乖女"背后的代价就是"6 000专卖店+1 700专柜"所形成的巨额店铺固定资产投资和大量经销商存货。由于对原有渠道成员的利益构成现实和预期的威胁,雅芳的直销试点资格也就成为渠道冲突的导火线,直接导致了雅芳经销商去广州总部讨说法局面的发生。雅芳高层当然非常清楚开展直销试点业务对经销商店铺所带来的巨大冲击,并且在不同场合也表达了雅芳肯定不会让专卖店的利益受损失的决心,比如,雅芳全球 CEO 钟彬娴在北京宣布获得直销试点"牌照"时,就承诺会保障专卖店经销商和销售人员的利益;然而,雅芳所不愿看到的经销商逼宫一幕还是上演了。

雅芳渠道冲突的根源何在? 经销商要求退货、讨说法等"逼宫"之举,就是现实中渠道冲突的最好写照,雅芳为了对冲突进行有效管理,笔者认为,首先应该去探根溯源,了解冲突的深刻根源是什么。其实,直销试点只是雅芳渠道冲突的导火线而已,雅芳多年来削足适履的转型,进而引发的一系列问题才是冲突的真正根源。

1. 目标差异性

实际上,雅芳在中国所实行的经营方式也并非纯粹意义上的单层次直销,而更多是倾向于批零店铺的经营模式,因为它没有形成推销员团队,也没有推销员集体激励机制,而且它的主要收入来自于专卖店及专柜。即使是彰显雅芳"转型最彻底"的 6 000 家专卖店中,占 95% 的店铺也是授权加盟连锁店。

也就是说,雅芳与经销商所形成的是一种相对松散的、以授权加盟为主的"超级组织",其最大特征就是成员之间保持着相同而又相对独立的目标体系。当然,出于对提高效率和节省成本的考虑,雅芳与经销商都有为渠道整体目标贡献自己力量的努力。但是,对于如何达到渠道的整体目标,他们都会有各自的主张和要求。例如,作为中国市场中唯一取得直销试点"牌照"的企业,雅芳当然希望通过直销试点来对扩大其在中国的市场占有率、彰显直销优势从而提高竞争力、实现其长期发展战略;然而,经销商们却将直销试点资格视为"不祥之兆",因为直销试点不但降低了他们的销售预期,而且还使相当数量的存货成为沉重负担,以及前期价值不菲的固定投资付之东流……

当然,雅芳更愿意保持直销员与经销商共存的局面,从而共同为雅芳的终端消费者提供优质的服务。不过,这似乎只是雅芳一厢情愿的想法,它与经销商之间的目标差异性所导致的渠道冲突,将最大程度地考验着雅芳高层的营销技能与渠道管理能力。

2. 领域冲突

渠道中不同的成员会扮演不同的角色。每个渠道成员都有自己的领域和活动范围,而且每个渠道成员也会为自己争取一片独享的决策领域。目前雅芳的销售收入主要来自于商场专柜与专卖店,它们是雅芳为顾客服务、促进雅芳发展的主力军。然而,直销试点的展开将对这些专柜与专卖店造成巨大冲击,它可能使目前分工明确的局面被完全打破。由于销售员可直接到公司拿货,直接销售可能降低各种直接或间接的费用,所以直销员将具有更多的价格优势。同时,由于雅芳在人力资源管理上一向实行严格的"绩效管理"制度,并推行量化业绩指标,雅芳店铺销售员在转型后可能带走大量的店铺消费者。或许在不久的将来,雅芳产品将完全跳过经销商而通过直销人员销售,专卖店、专柜则可能沦为免费展示雅芳产品、免费退换问题产品的场所。

尽管雅芳方面一再坚称,直销试点的体系将完全独立于目前的专卖店运作体系,无论在试点区还是非试点区,专卖店都将正常运营;但是,不可否认的是,直销试点已经在各个方面对原有的、界限分明的领域范围造成冲击。领域范围的重新"改写"是此次经销商"逼宫"事件重要根源之一,经销商退货只是一个表面问题,深层次问题是成员的领域冲突而导致的新、旧渠道之间利益的冲突。

3. 多渠道冲突

目前,消费者可以从不同渠道购买到适合自己的雅芳产品,其中包括商场专柜、专卖店、网上商店,也有一些非正式的渠道如灰色营销渠道、地下黑店等,众多的渠道方便了顾客的消费。当然,在取得直销试点之前,由于专柜与专卖店的贡献最大,雅芳对经销商也就非常倚重,雅芳主要是通过高额的批零利润来保持经销商的忠诚度。然而,直销经营活动需要大批推销人员来彰显其最大的竞争优势,雅芳为了适应新的直销游戏规则,就不得不逐渐减少对经销商的依赖程度,转而重视对推销员的培养,这在经销商们看来有一种"过河拆桥"的味道。经销商将被置于何种地位呢? 难道商场专柜、专卖店只是起到做美容或产品展示的作用? 或仅是专为雅芳设立一个直销提货点?

自从 1998 年转型以来,雅芳的经销商为雅芳在中国的发展作出了不可磨灭的贡献。正是这些授权专卖店,给雅芳中国公司带来了每年 40% 的销售增长率。2004 年雅芳在中国取得的 20 多亿元的销售额中,来自专卖店的贡献达到了70%。雅芳当然对经销商们是心存感激的,给予了他们丰厚的回报。正如一位也参加"逼宫"的经销商所说:她非常感谢多年来雅芳给予了她赚钱的机会。

然而,现在的情况已经完全变了!直销试点将使店铺的业绩受到致命打击,甚至已经出现一些专卖店的销售员利用专卖店来直接销售产品的现象。直销员现在可以直接向雅芳公司提货,这导致专卖店的销售额急剧缩水。人员推销与传统的经销商形成的多渠道冲突是雅芳在经营模式转型中的一种阵痛,又是很难回避的。

另外,随着雅芳直销试点的纵深发展,相信作为直销主要方式之一的网上直销,将会成为雅芳直销帝国蓝图中的重要内容之一。而且,日新月异的互联网技术、现代物流技术、现代营销技术也为网上直销提供坚强的物质保证。然而,正是网上直销的引入,在巩固雅芳直销帝国的同时,也对现有的渠道(包括人员推销和店铺销售)形成激烈的冲击。前几年雅芳在导入网上商店后,引起众多经销商的强烈抵制就是一个很好的例证!

由于雅芳在未来几年仍将处于经营模式的转型阶段,而且中国的直销进程也是一个循序渐进的过程,因此,专卖店(专柜)、人员推销、网上直销等在一定时期内都将共存于雅芳的销售网络中,不同的渠道有不同的利益诉求,因此,多渠道冲突将很难避免,这是对雅芳的营销技术与管理能力的重大考验。

【实战演练】

渠道策划

一、实训目的、要求

通过实训,要求学生能够为背景企业产品制定分销渠道策略,选择与评估渠道成员。

二、实训主要内容

(1)设计背景企业产品渠道方案。

(2)评估与确定背景企业渠道方案。

(3)选择与评估背景企业渠道成员。

三、实训准备

学生搜集背景企业现有产品销售渠道,即在哪些地方可以买到背景企业的产品。

四、实训资料

背景企业现有产品销售渠道资料。

五、实训操作步骤

第一步:分析渠道设计的影响因素。

第二步:确立渠道设计的目标。

第三步:为背景企业选定中间商类型。

第四步:为背景企业确定中间商数目。

第五步:评估渠道方案。

第六步:决定渠道方案。

第七步:为背景企业设计渠道选择标准。

第八步:寻找备选渠道成员。

第九步:评价渠道成员。

第十步:确定分销渠道成员。

第十一步:按照标准评估渠道成员。

六、实训成果

渠道策划方案。

第五节 推销能力

经典语录：

信心是取得成功的法宝，也是推销制胜的秘诀。相信自己，这是推销员取得成功的绝对条件
　　　　　　　　　　　　　　　　　　　　　　　　　　　——乔·吉拉德

对于强者来说，困难越多成就越大，对于推销这个职业来说，在大的机构推销可以获得更大的成功。
　　　　　　　　　　　　　　　　　　　　　　　　　　　——克莱门特·斯通

理论基石：

一、推销的概念

狭义的推销是推销人员在一定的环境下，运用各种方法和技巧说服潜在顾客接购买商品和劳务的活动过程。

广义的推销是指不限于商品交换，也不限于人员推销，指人们在社会生活中，通过传递信息，让他人接受自己的意愿和观念，或购买商品或服务。

二、推销的职能

（一）人员推销的职能

人员推销的职能主要是推销人员通过寻访潜在顾客，向其展示所推销的商品，介绍商品的功能和效用，采用各种推销方法和技巧，帮助潜在的顾客认识商品，唤起其需求，进而采取购买行动以满足需求。

（二）非人员推销的职能

广告、公共关系及销售促进等属于非人员推销方式，其职能是通过报刊、电视、广播、网络等信息载体，展览会、交易会、广告牌和橱窗等宣传形式，以及有说服力的传播和多种销售促进形式，总之是千方百计把有关商品的信息传递给潜在顾客，刺激和唤起潜在顾客的购买欲望并促进购买。

三、人员推销

（一）人员推销的概念和作用

1. 人员推销的概念

人员推销是指企业通过派出销售人员与可能成为购买者的人进行交谈，说服他们并推销商品，促进和扩大商品销售。从事推销工作的人员通常称为推销员，有时也称销售顾问、客户主管、地区代理、代理商、行销代表和厂家代表等。随着推销活动的发展，现在，多采用推销人员或销售人员来称呼从事此项工作的人。

2. 人员推销的作用

（1）引导和影响消费，更好地满足消费者的需求。顾客一般是在接受了推销员的价值观

念、商品知识以后才接受产品的,推销员要在推销活动中起到传递这些信息,引导购买和消费的作用。

(2)实现产品的价值。产品的价值需要在市场上通过交换来实现。通过推销,可以使顾客认识到商品的效用,实现商品从生产领域向消费领域的转移,从而实现商品的价值,使企业再生产得以顺利进行。

(3)优化产品,增强企业的竞争力。通过推销,推销员可以了解顾客的需求现状和趋势,了解竞争对手的产品优势,促使企业调整产品结构,增强产品的市场适应能力和竞争能力。

(4)树立企业良好的形象。推销人员的形象是企业形象的直接反映,推销是塑造企业形象的重要窗口。推销员在与广泛的顾客接近和推销过程中,可以扩大企业的影响,在社会公众心目中树立起企业良好的形象。

(5)有利于企业正确决策。企业决策的正确性取决于信息是否充分、及时、正确和有效,推销员可以得到市场的一手资料和信息,可以为企业的各种生产经营决策提供可靠的信息。

3. 人员推销策略

(1)试探性策略。这是指推销员在不了解顾客情况时,同顾客进行试探性接触,观察顾客的反映,有针对性地采取一定的方法激发顾客的购买欲望,促使顾客购买产品。

(2)针对性策略。这是指推销员在基本掌握和了解顾客的情况时,有针对性地根据顾客的需求进行宣传介绍和劝购的策略。

(3)诱导性策略。这是指推销员从顾客的角度分析产品能给顾客带来的利益和好处,当好顾客的参谋,诱导顾客需求并满足顾客需要的策略。

(4)公式性策略。这是指推销员用公式化的语言,指导和吸引顾客购买产品的策略。

4. 人员推销的管理

(1)推销人员的素质要求。推销人员的素质是指推销人员担任推销工作、完成推销任务时应具备的综合能力。人员推销本身就是一个错综复杂的过程,推销人员既要洞察市场、沟通信息,又要交换商品、提供服务;这些都要求推销人员具备较高的素质;推销人员在实现企业目标、促进企业发展中起着的重要作用,因此,一名合格的推销人员必须充分履行起职责。而要做到这一点,则必须不断地提升自己的素质。具体体现在政治素质、个人素质、文化素质、业务素质和法律素质几个方面。

政治素质是一个合格的推销员应当具备的首要条件,是推销人员世界观、人生观、价值观的概括。个人素质是指推销人员所具备的条件和特点,包括先天的生理条件和后天形成的一些素质。推销人员必备的个人素质如下:健康的体魄、稳定的情绪、坚定的自信心、强烈的事业心、良好的性格、顽强的意志。文化素质一般指一个人所受的教育程度以及在人文科学、社会科学等方面的修养。推销人员的文化素质是指推销人员为更好的推销产品而掌握的与推销有关的知识和能力。推销人员要和各种人打交道,在语言、行为等表现上要给人以良好的印象。同时,随着技术的提高,一些产品的技术含量越来越多,推销人员如果相对产品有全面的了解,必须拥有一定的知识。推销人员还要搜集市场信息、撰写市场调查报告、分析预测市场行情、预定个人工作计划等,这些都需要推销人员具有一定的文化修养。业务素质是推销人员所具有的推销业务要求相符合并保证在推销活动中取得成绩的综合能力,是推销人员文化素质的体现。市场经济是法制经济,要求所有的参与者都应该树立牢固的法制观念,并且掌握一定的相关法律知识。推销人员也要适应这个要求。推销人员必须严格按照有关法律、法规、条例、规定等进行活动,会利用法制经济提供的市场机会达到成功推销的目的,会运用法律来维护企业和自身的正当权益,会运用法律来处理推销过程中产生的各种纠纷。

(2)推销人员的培训。在选聘工作结束之后和新销售人员上岗之前,必须进行系统的培训,使其具备本企业产品销售的基本知识和技能,尽快熟悉和掌握推销工作。培训内容要根据企业市场营销策略的特点和学员实际来确定。一般来说,培训包括以下几个方面内容:

①职责与任务。进行职业道德的培训,提高觉悟,树立远大的理想和坚定的信念,增强使命感和责任感。

②企业情况。包括企业的发展历史、经营方针和各项策略,组织机构和人事制度、经营现状和利润目标及长远发展规划等,使销售人员了解企业面貌,以激励他们为企业发展服务。

③产品知识。讲解产品的制造过程、质量、技术性能和主要特点,产品的用途和使用方法等。只有全面掌握这些知识,才能向顾客准确地宣传本企业的产品,回答顾客疑问,有说服力地劝说客户购买。

④市场情况。要向销售人员介绍本企业各种类型的客户及其需要、购买动机和购买习惯,客户的地区分布和经济收入情况及市场竞争状况,只有让他们掌握这些情况,才能保持同老客户的关系,并积极寻找新客户,提高推销效率。

⑤推销技巧。对新的销售人员要进行推销理论和推销技巧的培训。其主要内容包括:如何制定销售计划;如何分析顾客心理;如何访问潜在的顾客;如何运用语言艺术和人际交往技巧;如何处理顾客争议;如何听取顾客意见和收集市场信息等等。

(3)推销人员报酬的确定。推销人员的工作具有很大的独立性、流动性和自主性,他们同其他部门工作人员的工作有很大差别,因而,其报酬制度也要有别于其他部门。一般来说,推销人员的报酬采用以下几种形式:

①固定工资制。即无论推销人员的业绩如何,都按照固定的工资标准支付报酬。这种报酬形式使业绩和所得脱节,不易调动和发挥推销人员的积极性,目前企业采用较少。

②分成制。就是从销售额中提取一定比例作为推销人员的报酬。分成制能把推销人员的业务成绩和收入紧密结合起来,鼓励推销人员努力工作,不断提高销售量。

③混合制。多数企业为兼顾企业、个人利益,常采用基本工资加分成的报酬制度作为对推销人员的报酬方式。

在实际中,企业应注意对分成标准、比例的合理确定,然后根据推销人员的具体情况选择合适的报酬方式。

(4)对推销人员的考核。推销人员的工作流动性、变化性较大,对其工作的考核也较复杂。一般对推销人员的绩效考核采用多种方式、多个指标的综合考核。考核推销人员的基本方式有工作报告制度和成绩比较制度两种。通过定期、文字性工作报告,管理部门能了解推销人员业务进展状况、访问次数、拜访新客户的数量、推销额等,同时,从中也可了解市场信息、顾客特点、竞争状况等,为考核推销人员、评估推销业绩等提供一些客观依据。成绩比较则是将推销人员的业绩进行相互比较,根据每个人的定额、以往业绩、所负责地区等对推销人员的绩效加以评价,具体的评价指标可参考如下:

$$推销定额完成率 = (实际销售额/推销定额) \times 100\%$$

$$访问次数完成率 = (实际访问次数/计划访问次数) \times 100\%$$

$$新顾客销售率 = (新顾客销售额/总销售额) \times 100\%$$

新顾客访问率＝(对新客户访问时间/总访问时间)×100％

此外，企业还可以通过用户反映等途径来考核推销人员，将各种指标加以综合，对推销人员的绩效做出较为客观、公正的评价。

【小资料】

八位最伟大的推销员

1. 乔·吉拉德——汽车《推销之神》

乔·吉拉德(Joe Girard)是世界上最伟大的销售员，连续12年荣登世界吉尼斯纪录大全世界销售第一的宝座，他所保持的世界汽车销售纪录：连续12年平均每天销售6辆车，至今无人能破。

2. 汤姆·霍普金斯——房屋《如何达成卓越销售》

世界"销售之神"；国际第一行销大师；世界第一销售培训大师；吉尼斯世界纪录(地产销售)保持者。他是全世界单年内销售最多房屋的地产业务员，平均每天卖一幢房子，3年内赚到3 000万美元，27岁就已成为千万富翁。至今，汤姆·霍普金斯仍是该项吉尼斯世界纪录保持者。

汤姆·霍普金斯目前是国际培训集团的董事长，是当今世界第一名推销训练大师，全球推销员的典范，被誉为"世界上最伟大的推销大师"，接受过其训练的学生在全球超过500万人。

3. 原一平——保险

身高只有145厘米，体重50公斤，3年内创下了全日本第一的推销纪录，到43岁后连续保持15年全国推销冠军，连续17年推销额达百万美元。

4. 玫琳·凯——化妆品

5. 齐格·齐格勒——点子

6. 克莱门特·斯通——保险

7. 弗兰克·贝德加——培训大师

8. 布莱恩·霍普金斯——培训大师

【实战演练】

客户寻找与拜访

一、实训目的、要求

通过实训，要求学生能够撰写访客计划书，访问客户，与客户沟通，并填写客户拜访记录。

二、实训主要内容

(1)寻找背景企业顾客。

(2)推销准备。

(3)正式拜访。

三、实训准备

要求学生先熟悉客户寻找方法，背景企业目标客户情况，访客记录表。

四、实训资料

背景企业目标客户资料、访客记录表。

五、实训操作步骤

第一步：设计如何寻找客户。

第二步：分析背景企业目标客户应具备的条件。

第三步：制作访客计划书。内容包括客户地址、电话、客户类型、访问动机、面谈时间、对应商品、销售预估额等。

第四步：模拟推销员确定访问对象。

第五步：告知对方访问事由。

第六步：约定访问时间和地点。

第七步：充分熟悉推销的背景企业的产品

第八步：对顾客做好应有的准备。

第九步：拜访背景企业客户。

第十步：填写客户拜访记录。

六、实训成果

客户拜访计划书、填制好的访客记录。

第六节　公关能力

经典语录：

笑能把你的友善与关怀有效地传达给准客户。

——原一平

理论基石：

一、公共关系的性质

公共关系是企业促销的又一重要策略。公共关系是企业利用各种传播手段，同包括顾客、中间商、社区民众、政府机构以及新闻媒介在内的各方面公众沟通思想情感，建立良好的社会形象和营销环境的活动。

公共关系不是一般的促销活动，它具有以下一些基本特征：

(1)公共关系不仅仅为了推销企业的产品，更是为了树立企业的整体形象。通过企业良好形象的树立来改善企业的经营环境。

(2)公共关系的传播手段比较多，可以利用各种传播媒体，也可以进行各种形式的直接传播。公共关系对传播媒体的利用，通常是以新闻报道的形式，而不像广告那样需要支付费用。

(3)公共关系的作用面比较广泛，其作用于企业内外的各个方面，而不像广告那样只是针对企业产品的目标市场。

二、公共关系的对象

(一)公共关系的对象

公共关系的对象是公众，但不是一个单一的公众，而是社会各方面公众的组合。企业一般的公关对象有企业内部公众、媒介公众、顾客公众、政府公众、社区公众及业务往来公众。

1. 企业内部公众

内部公众是指企业内部的职工和有关人群。企业要树立良好的形象和声誉,首先从内部做起。只有内部关系融洽协调,职工对企业才会产生认同感、归属感,从而产生向心力、凝聚力。只有这样,才能发挥职工的主人翁责任感,树立企业的整体形象,追求"团体存在的价值"。这是企业内部公共关系工作的根本任务。

2. 媒介公众

对企业来说,媒介公众一方面是一种工具,通过新闻大众媒介,例如报纸、电台、电视台与公众取得联系;另一方面,新闻大众媒介本身也是一种公众。他们掌握着宣传大权,对企业有重要影响,只有搞好与这一公众的关系,才能有效地提高企业的知名度。

3. 顾客公众

企业和顾客之间的关系是最重要的关系,企业应经常注意企业行为在顾客头脑中产生什么样的企业形象,企业为顾客提供商品的满意程度,顾客对产品的反应。因为失去了顾客,企业就失去了生存的基础。

4. 政府公众

政府是国家权力的执行机构,对企业有间接的控制权力,正确处理企业与政府的关系,就必须贯彻执行政府颁布的政策法规,使企业的经营方针和营销活动适应政府的政治法律环境。

5. 社区公众

社区是企业所在的区域。正确处理好所在区域的行政机关、社区团体及居民之间的关系,处理好左邻右舍的关系,尽可能为社区提供一些帮助和服务,这是企业获得良好环境,得到社区内各单位和居民爱护、合作与支持的关键。

6. 业务往来的公众

这类公众主要是指企业经营活动中的供应商、批发商、零售商、金融保险等业务往来单位。企业应与他们经常互通信息。履行有关合同,平衡与协调同他们之间的矛盾,他们是企业经营顺利进行的关键角色,这类公众也是企业公关对象中较为重要的公关对象之一。

(二)公共关系的方式

1. 宣传型公关

企业运用各种传媒及沟通方法,向公众传递组织信息,使之了解企业的价值观念、产品特色、经营方针等,从而对内增强凝聚力,对外扩大影响、提高美誉度。常用的方式有新闻发布会、开业庆典、周年纪念、形象广告、宣传图册、影视制品等。

2. 服务型公关

这是通过提供优质服务来增进公众对企业良好印象的公关活动。如免费安装、终身保修、提供保险、热线导购、代看婴幼童、出借雨具等。例如,小天鹅洗衣机厂推出的五项服务,荣事达奉行的红地毯服务,都是典型的服务型公关活动。

3. 交往型公关

这是以人际交往为主要方式的公关活动,其目的在于通过相互联络提供彼此接触的机会,以利双方感情的交流。招待会、舞会、茶话会、座谈会、春节团拜、中秋赏月等都是被实践证明有效且易于操作的活动形式。

4. 公益型公关

这类活动的特点是注重社会效益,展现企业关心社会、关爱他人的高尚情操。其常见的活动形式有赞助文体赛事、资助公共设施建设、捐资希望工程、向慈善机构捐献、宣传社会新风尚、参与再就业创造工程等。

5. 征询型公关

征询型公关活动以采集信息、了解民意为主要内容,其目的是通过征询这种特殊方式,加强双向沟通,加深公众印象。活动形式有民意测验、舆论调查、群众信访、监督电话、征询广告等。每年3月15日消费者权益日前后,是企业进行征询型公关活动的良好时机。

三、公共关系的策略

(一)新闻宣传

企业可通过新闻报道、人物专访、记事特写等形式,利用各种新闻媒介对企业进行宣传。新闻宣传不用支付费用,而且具有客观性,能取得比广告更为有效的宣传效果。但是新闻宣传的重要条件是:所宣传的事实必须具有新闻价值,即应具有时效性、接近性、奇特性、重要性和情感性等特点。所以企业必须十分注意提高各种信息的新闻性,使其具有被报道的价值。企业可通过新闻发布会、记者招待会等形式,将企业的新产品、新措施、新动态介绍给新闻界;也可有意制造一些新闻事件,以吸引新闻媒介的注意。制造新闻事件并不是捏造事实,而是对事实进行适当的加工。如利用一些新闻人物的参与,创造一些引人注目的活动形式,在公众所关心的问题上表态亮相等等,都可能使事实的新闻色彩增强,从而引起新闻媒介的注意并予以报道。公共关系的新闻宣传活动还包括对不良舆论的处理。如果在新闻媒介上出现了对企业不利报道,或在社会上出现了对企业不利的流言,企业应当积极采取措施,及时通过新闻媒介予以纠正或澄清。当然若确因企业经营失误而导致不良舆论,则应通过新闻媒介表示诚恳的歉意,并主动提出改进措施,这样才能缓和矛盾,重新获得公众的好感。

(二)广告宣传

企业的公共关系活动中也包括利用广告进行宣传,这就是前文所提及的公共关系广告。公共关系广告同一般广告之间的主要区别在于,其以宣传企业的整体形象为内容,而不仅仅是宣传企业的产品和劳务;其以提高企业的知名度和美誉度为目的,而不仅仅为了扩大销售。公共关系广告一般又可分为以直接宣传企业形象为主的声誉广告;以响应某些重大的社会活动或政府的某些号召为主的响应广告,以及通过广告向社会倡导某项活动或提倡某种观念为主的倡议广告。

(三)企业自我宣传

企业还可以利用各种能自我控制的方式进行企业的形象宣传。如在公开的场合进行演讲;派出公共关系人员对目标市场及各有关方面的公众进行游说;印刷和散发各种宣传资料,如企业介绍、商品目录、纪念册等,有条件的企业还可创办和发行一些企业刊物,持续不断地对企业形象进行宣传,以逐步扩大企业的影响。

(四)社会交往

企业应通过同社会各方面的广泛交往来扩大企业的影响,改善企业的经营环境。企业的社会交往活动不应当是纯业务性的,而应当突出情感性,以联络感情、增进友谊为目的。如对各有关方面的礼节性、策略性访问;逢年过节发礼仪电函、送节日贺卡;进行经常性的情况通报和资料交换;举办联谊性的舞会、酒会、聚餐会、招待会等等;甚至可以组建或参与一些社团组织,如联谊会、俱乐部、研究团体等等,同社会各有关方面发展长期和稳定的关系。

【实战演练】

处理公共关系危机事件

一、目的要求

通过实验了解危机事件对组织形象的极大损害和处理好危机事件的重大意义,掌握处理危机事件的一般程序和注意事项。

二、实验原理

理论联系实际,培养学生应对公共关系危机的能力。

三、实验内容

利用网络收集近年来的典型案例,运用公共关系的知识与原理对其进行分析,总结经验教训,掌握处理危机事件的一般程序和注意事项,能提出解决危机的初步思路。

四、实验步骤

1. 将学生按照8人一组分为6个小组。

2. 学生浏览相关网站,搜集近年来企业、政府、事业单位发生的各种危机时间及其处理的程序、方式、方法等的资料;选择一些典型案例分析处理危机事件的经验教训、一般程序和注意事项。

3. 教师提供以下的情境(学生也可以自己设计情境),让学生讨论来解决问题:

情境一:你是某食品公司的经理,你公司的产品因质量问题遭到消费者的投诉,你该如何处理?(可以南京冠生园为例)

情境二:吉林石化爆炸导致松花江流域的居民饮用水水源污染,如果你是吉林省省长,你该如何处理这次危机事件?

第七节 广告能力

经典语录:

我认为一个伟大的广告,是世上最美的事物。

——美国广告大师李奥·贝纳

理论基石:

一、广告的概念和作用

(一)广告的概念

广告是以付费为原则,运用一定的艺术形式,通过一定的媒体广泛传递商品、服务信息,以达到增加信任、促进销售的一种经济活动。

广告发展到现代,人们已无法回避它无处不在的影响。在电视里,广播里,在报纸上,在街头巷尾,在地铁车站……你无时无处不在接触各种各样的广告。广告正在影响着人们的消费观念,影响着人们的购买行为,甚至影响着我们的学习、工作和生活。

(二)广告的组成要素

广告作为一个整体来讲,主要由以下四个因素组成:

(1)广告主:广告的主体,是将信息传递给大众的当事人,包括各类企业、组织或个人。

(2)广告信息:广告的主要内容,包括产品的性能、质量、功效、价格、品牌等产品、服务信息。

(3)广告媒体:传播广告信息的中介物,即广告主与广告对象之间的信息媒介。广告媒体的种类较多。传统媒体主要包括电视、广播、报纸、杂志。近年来,随着高新科技的发展,网络已经成为一种重要的现代媒体。

(4)广告费:广告活动的费用,比如,利用任何一种广告媒体都需要给媒体部门支付费用。

(三)广告的分类

1. 告知性广告

目的是为产品创造最初的基本需求,常在产品的介绍期用来介绍新产品、开拓新市场,因此,又称创牌广告,或称开拓性广告。告知性广告主要是向市场告知有关新产品情况,提出某项产品的若干新用途,说明新产品如何使用,描述所提供的各项服务,树立公司形象等。

2. 对比性广告

对比性广告是市场激烈竞争阶段企业常用的有力武器,一般多用于处在成长期和成熟期的产品的宣传。企业实行差异性营销策略时也使用劝说性广告,其目的是为特定的品牌确定选择性的需求,促使消费者产生品牌偏好。市场上的大多数广告都是劝说性广告,又称对比性广告或竞争性广告。此类广告诉求的重点是宣传本产品同其他产品相比的优异之处,使消费者能认知本产品并能指名购买。

3. 提示性广告

使用提示性广告的目的是使顾客保持对某品牌产品的记忆,巩固已有市场阵地,并在此基础上深入开发潜在市场和刺激购买需求。那些经常出现在各种媒体的品牌名称广告,往往既不是宣传新产品,也不是劝说消费者,而只是提示人们该品牌随时等着为你提供满意的服务。提示性广告的用意在于:提醒消费者可能在最近需要这个产品,提醒他们在哪里可以购买到这个产品,并使消费者在淡季也可以记住这些产品,保持最高的知名度。广告诉求的重点是着重保持消费者对广告产品的好感、偏爱和信心,因此,又称保牌广告。

(四)广告的作用

广告以其独特的作用而成为促销的主要手段之一。广告的作用主要包括以下方面:

1. 介绍产品

广告能使顾客了解有关产品的存在、优点、用途及使用方法等,有助于顾客根据广告信息选择适合自己需要的产品。同时,广告信息的传播,对培养新的需求和新的消费方式有一定作用,对扩大销售量和开发新产品具有重要意义。

2. 促进尝试性购买

顾客使用产品是广告要达到的目的,广告能刺激、鼓励人们做第一次尝试购买。顾客通过尝试性购买和使用产品,才有可能成为企业的忠实顾客。

3. 开拓新市场、发展新顾客

企业要发展壮大,就需要谋求扩大市场,拓展产品销路。对于新的细分市场,由于广告能广泛、经常地接近顾客,因而能起到开路先锋的作用。广告是进行市场渗透的有力武器。

4. 保持或扩大市场占有率

广告可以让消费者经常感觉和认识到某种产品的存在。这是企业保持一定市场占有率的有效手段。

5. 树立或加深企业商标的印象

顾客购买产品时,企业的名称和商标往往是选择的重要依据。因此,企业名称和商标是否能赢得顾客的好感和信赖,直接关系着产品的销售。广告是确立理想的企业与商标印象的重要途径。

二、广告信息

(一)信息选择

广告信息的选择主要是涉及企业想告诉目标受众哪些事情。因为对于一种产品和服务来讲,能够吸引顾客的因素是很多的,广告如果什么都想说,结果必然是不能给人留下任何印象,也不可能建立自身的品牌的特色,所以在进行广告宣传之前,必须对所要传播的信息进行认真地选择,从各种能反映产品和服务优势的要素中,挑选出一两种对顾客最有吸引力,对竞争对手最有竞争力的要素,将其作为进行传播的主要内容。

(二)广告设计

广告信息的设计是营销人员根据企业所要传递的商品、服务信息,结合企业营销的内外部环境,运用广告艺术手段来塑造形象,传递信息的创作活动。广告设计的基本内容主要包括主题设计、文稿设计、图画设计和技术设计四部分。

1. 主题设计

广告主题必须明确。应当以广告的诉求为取向,而只有明确的诉求才能达到说服受众的目的,假如主题含糊不清,那么受众就不知所云,难以产生共鸣及购买欲望;广告主题应当唯一、突出。尽管一个企业或产品的不同广告作品可以拥有多个主题,但每一则广告的主题却只能是唯一的,它不可能包罗广告内容的所有信息,但必须传递最主要、最富特色或优势的信息;广告的主题应包括目的、好处、承诺三个基本要素。广告的主题设计应围绕一定的目的展开;而从消费者角度,更关心的是商品或企业对自己带来什么利益,给予多少承诺,所以主题还应考虑好处和承诺,以赢得消费者的好感和信服。

2. 文稿设计

广告文稿是表现广告主题和内容的文字材料,在广告的实际制作中,它常与广告主题一起被统称为广告文案。广告文稿是传递广告信息的主要部分,一般由三方面的要素构成,即广告标题、口号和正文。广告标题即广告的题目,其作用是引起受众的注意,概括引导和提示广告内容,同时能在一定程度上美化版面,活跃布局;广告口号,又称为广告语,是反映商品基本特征或企业形象的一种相对固定的宣传语句。广告口号是广告文稿的重要内容,好的广告口号不仅能够传递信息,甚至会因脍炙人口而在大众中广为流传,成为企业或产品的特定标志;广告正文,是广告的主体部分,其主要功能是把标题提示的内容进一步具体化,能说明产品的基本功能、特征,直接向受众传达信息,以期引起他们购买商品的欲望。在结构上,广告正文一般包括开头、主体、结尾三个部分,在表达题材上,正文经常采用陈述式、对话式、论述式、幽默式、文艺式等。

3. 图画设计

广告图画，是广告艺术化的突出反映，指运用线条、色彩及其组成图案对广告主题的表达。在平面广告中，图画通常以绘画或摄影的形式来表现，或为黑白，或为彩色；在电视或电影广告中，图画则以摄制的画面为载体，她几乎占据了广告的全部。无论哪一种广告，图画的作用都是不言而喻的，主要在于三个方面：一是吸引受众注意、强化受众记忆；二是显露广告的主题和内容；三是愉悦受众精神、美化社会环境。

4. 技术设计

技术设计是广告设计中的最后一道环节，是由广告设计向广告制作的过渡。不同的广告形式，技术设计的重点也不一样。就平面广告而言，技术设计的重点体现在版面布局上，版面布局的主要任务包括：确定广告面积的大小；确定广告版面的基本形状；确定广告各部分的位置；勾画广告的装饰轮廓等。而广播广告的一个突出特点是其听觉效果非常强，由此技术设计的基本内容主要指音响与文字的和谐搭配，包括广告歌词的谱曲、背景音乐的选择及播音或对话的语气的界定等；电视广告中，技术设计偏重于场景的布置、人物的造型、音乐的穿插等；而霓虹灯或POP广告则注重空间的结构、灯光的烘托等。总的来讲，技术设计就是将广告设计中的所有元素进行最佳组合，使广告效果尽可能的理想化。

（三）广告创意

广告设计的成功关键在于广告的创意，即广告的艺术表现手段。广告创意是广告设计人员对广告的主题思想和表现形式所进行的创造性的思维活动，它指导着广告的设计和创作。与普通的创意相一致，广告创意的关键也在于一个"新"字，一定要有所突破，而且能给予受众愉快、兴奋的艺术享受；然而，广告创意与一般创意又有所不同，它必须符合企业的广告目标，在受众心目中塑造企业所期望的形象，一切都是为广告的现实目的——激发消费者的购买动机服务的，所以广告的创意具有很强的目的性，就是要寻求最佳的广告诉求的表现形式。广告创意在广告活动中占据重要的地位，它对广告活动的全过程都有指导作用，其成败直接影响着广告的总体效果。

【小资料】

经典广告语

1. 康师傅方便面，好吃看得见。出自：康师傅
2. 不要太潇洒！出自：杉杉西服
3. 让一亿人先聪明起来。出自：巨人脑黄金
4. 共创美的前程，共度美的人生。出自：美的电器
5. 省优，部优，葛优？出自：双汇火腿肠
6. 喝孔府宴酒，做天下文章。出自：孔府宴酒
7. 健康成就未来。出自：海王
8. 牙好，胃口就好，身体倍儿棒，吃嘛嘛香。出自：蓝天六必治
9. 永远的绿色，永远的秦池。出自：秦池酒
10. 坐红旗车，走中国路。出自：红旗轿车
11. 要想皮肤好，早晚用大宝。出自：大宝
12. 孔府家酒，叫人想家。出自：孔府家酒
13. 补钙新观念，吸收是关键。出自：龙牡壮骨冲剂

14. 喝汇源果汁,走健康之路。出自:汇源果汁
15. 我的眼里只有你。出自:娃哈哈纯净水
16. 非常可乐,非常选择。出自:非常可乐
17. 新春新意新鲜新趣,可喜可贺可口可乐。出自:可口可乐
18. 送礼就送脑白金。出自:脑白金
19. 飘柔,就是这么自信。出自:飘柔
20. 美国货,本土价。出自:DELL
21. 经典精铸,隽永典藏。出自:明基
22. 因智慧而不同。出自:多普达
23. 长城永不倒,国货当自强。出自:奥尼皂角洗发浸膏
24. 天生我就一肚子气!出自:某矿泉水广告

三、广告媒体

(一)广告媒体的类型

广告媒体是广告主与广告接收者之间的连接介质,它是广告宣传必不可少的物质条件。广告媒体并非一成不变,而是随着科学技术的发展而发展。广告媒体主要有以下几种:

1. 报纸、期刊等印刷类广告媒体

各种报纸、期刊是最有效、最普遍的传播媒体。报纸广告最大的优越性是读者比较稳定,宣传覆盖率高;传播迅速,反应及时;能对产品进行较详细的说明;制作简单、灵活;费用较低。但也有一定的局限性:它的保存性较差;报纸内容庞杂,易分散注意力;画面清晰度也差。

2. 电台、电视、电影等视听传播媒体

电台主要是用语言表达来吸引听众,由于它不受文化水平的限制,传播对象较为广泛。电视、电影广告的优点是宣传作用较大;涉及范围广泛;生动、灵活、形式多样,观众记忆深刻。缺点是费用高,竞争者较多。

3. 邮寄广告媒体

广告主将印刷的广告物,诸如商品样本、商品目录、商品说明书、商品通告函等,直接寄给消费者、中间商或代理人。邮寄广告最大的优点是:广告对象明确,选择性好、传递较快。缺点是:传播面小。

4. 户外广告媒体

户外广告通常有招贴、广告牌、交通广告及霓虹灯广告等。户外广告经常作为辅助性推广媒体。

5. 网络广告媒体

网络已经发展了很多年,就广告来讲,是一种重要的媒体形式,尤其受年轻人喜欢。

(二)选择广告媒体的影响因素

1. 商品的特性及信息传递的目标

对于需要表现外观和质感的商品,如服装、化妆品等,应选用电视、杂志、互联网等具有强烈视觉效果的可视媒体,以增加美感和吸引力;对技术性要求较高的商品,可能要求选用专业性杂志或目录邮寄方式;如果仅仅是一条促销活动的告知性信息的发布,广播或报纸可能是广告效益较高的媒体选择;对于只需听觉就能了解的商品和信息,则适宜选用广播作为广告媒介。

2. 目标消费者的媒体习惯

有针对性地选择广告媒体,使用目标消费者易于接受并随手可得的媒体,是增强广告效果的有效措施,也是实现广告效益最大化的必要手段。

3. 媒体的影响力

企业所选媒体的影响力应尽可能到达企业拟定目标市场的每一个角落,而且所选媒体的信誉度越高,社会公众形象及口碑越好,其所发送信息的可信度就越强。报纸、杂志的发行量,广播、电视的听众、观众数量,媒体的频道和声誉,以及各种媒体的覆盖范围和相对固定的顾客群等,是媒体影响力的标志。

4. 媒体成本

从一次性的广告投入总额看,电视是最贵的媒体,相比之下报纸比较便宜。但衡量某一媒体成本高低的指标,往往是指成本与目标对象的人数之间的比例,而不是成本的绝对数字,因此,若按每千人成本计算,电视广告又可能是最合算的媒体。企业应谨慎考虑广告效果与成本的关系,尽量实现广告投入销售效益的最大化。

5. 竞争状况

假如企业基本能够垄断某一市场,则完全可以根据自身实力较为自如地选择媒体的形式。如果企业竞争对手少,并且不能构成大的威胁,则企业只需在交叉的媒体上予以重视。倘若企业被竞争对手重重包围,那么,在财力允许的情况下企业可以使用更大的广告投入,通过类似地毯式的广告轰炸来进行正面交锋,以压倒众多存在或潜在的竞争对手,当然,如果财力无法支撑庞大、持久的广告投入,则可采取迂回战术。

(三)广告媒体的选择策略

1. 无差别策略

无差别策略又称无选择策略,即在目标消费者所可能接触到的所有媒体同时展开全面的广告攻势,而且不计时间,甚至不计成本,旨在迅速地、全方位地打开和占领市场,这种广告策略也就是我们通常所说的地毯式广告轰炸。这种广告策略在保健品、医药行业颇受青睐。

2. 差别策略

差别策略确定了符合企业的目标和任务、适合企业资源条件的细分目标市场后,企业有针对性地选择个别媒体做广告的媒体选择策略称为差别策略,最终的目的是为了提高广告媒体的单位效益。

3. 动态策略

动态策略即根据广告媒体的传播效果和企业达到目标市场的需求状态来灵活选用广告媒体的策略。一种选择是先采用较多媒体大范围地进行广告宣传,掌握了各种媒体的反馈情况后,再决定下一步的媒体选择目标,此为"先宽后窄"策略;另一种被称为"先窄后宽"策略,即先投入少量媒体广告和费用以投石问路,然后再决定是启用更多的媒体同时展开广告攻势,还是另择其他媒体从头再来。在时间许可而且竞争不足以构成致命威胁的前提下,这种策略有一定的灵活性,而且可以节省因盲目的广告投入而增加的成本。

四、广告费用

广告费用是选择广告媒体的制约因素之一。不同广告媒体的广告费用不一样。一般而言,电视、电影媒体的广告费用最高,广播、报刊次之,路牌、橱窗、招贴的广告费用最低。

对于企业来说,广告费用对其的制约主要体现在两方面,一是经济承受力,若一次性支付的广告费用很高,而企业经济实力又不是很雄厚,企业就难以选择这样的广告媒体。二是广告的经济效果,即广告费用的投入和产出之比。如虽然利用某种媒体的一次性广告费用较高,但其所引发的经济效益却远远超出广告费用的投入,企业也愿意利用这样的广告媒体。反之若效益低于广告费用的支出,那么即使该媒体的广告费用很低,企业也不会愿意对其进行投入。

五、广告效果评价

(一)广告效果的性质

广告活动的产出就是指广告对企业经营活动所产生的促进作用,这种作用即广告的效果。广告效果的性质表现在以下四个方面:

1. 滞后性

在广告播出或刊登之后,一般来说其效应不可能立即产生。因为,一方面消费者接受广告存在时间间隔,另一方面消费者的购买决策需要一定的过程,而且有些产品的价格可能并非受众当时所承受得起的。所以广告效果的滞后短则几天,长则几年。

2. 交融性

广告的主要作用是促进企业产品的销售和市场环境的改善,但是这个目标还会受到其他许多因素的影响,如价格、产品质量、企业的竞争环境等等,这些因素相互交融在一起,成为推动企业产品销售和企业形象提高的合力。

3. 隐含性

由于广告效果的交融性,使其隐含在广告的其他经营销售情况之中,难以从各种相互交融的因素中分离出来。广告活动的"产出"是无形产品,所以广告效果可能体现在企业的柜台销售上,可能体现在市场中的知名度或美誉度上,很难明显地分辨和测量。

4. 难测定性

广告效果的测定与一般经济活动,如新项目投资、销售渠道开发等不同,难以从经济效益上进行确切地分辨和测定;另一方面,由于大部分广告活动是借助大众媒体,广告作用的对象广泛而分散,增加了信息反馈、收集的难度,从而也给广告实际效果的测定带来困难。

(二)广告效果的评价方法

规划和控制广告的关键是对广告效果的评价。合理的广告促销应先在一个或几个城市开展小规模广告活动,评价其效果,然后再投入大笔费用在全国范围内铺开。广告效果评价包括沟通效果评价和销售效果评价两个方面:

1. 沟通效果评价

这是指广告是否有效地将信息传递给了消费者。沟通效果的评价可分为事前测试和事后评估。

(1)事前测试有三种方法,一种是直接评分法,即让消费者观看本企业产品的各种备选广告,请他们给不同的广告打分,以此来测试广告效果;另一种是组合测试法,请消费者看或听一组广告,不限制时间,然后请他们回忆广告内容,其结果可表明广告内容中突出的地方以及易懂性、易记性。还有一种是实验室测试法,这是用仪器测试消费者对于广告内容的生理反应。但这类试验只能测量广告的吸引力,无法衡量消费者的信任、态度和意图。

(2)事后评估是在广告发布后对消费者进行的测试。一种是回忆测试,即让接触过广告媒体的人回忆最近几次媒体刊播的广告及其产品,其结果可说明广告为人注意和容易记忆的程度。另一种是识别测试,即让接触媒体者从若干广告中辨认哪个广告是他们过去曾经看过的,由此可说明广告在顾客头脑中留下的印象。

2. 销售效果评价

评价沟通效果可以帮助企业了解广告传递信息的结果,但却无法揭示其对销售额的影响,那么销售效果评价就是直接评估广告使销售额增加了多少。这比沟通效果的测量更为困难,因为销售额的增长不仅受制于广告,而且还受其他各种因素的影响,如产品、价格、收入、渠道等。评价效果的难易取决于影响因素的多少,比如直销方式下销售效果比较容易衡量,而在运用品牌广告或企业形象广告时,销售业绩很难衡量。

(1)历史资料分析法。这是由研究人员根据同步或滞后的原则,利用最小平方回归法求得企业过去的销售额与企业过去的广告支出两者之间关系的一种测量方法。在西方国家,不少研究人员在应用多元回归法分析企业历史资料、测量广告的销售效果方面,取得了重大进展,尤以测量香烟、咖啡等产品的广告效果最成功。

(2)实验设计分析法。用这种方法来测量广告对销售的影响,可选择不同地区,在其中某些地区进行比平均广告水平强50%的广告活动,在另一些地区进行平均水平弱50%的广告活动。这样,从150%、100%、50%三类广告水平的地区销售记录,就可以看出广告活动对企业销售究竟有多大影响,还可以导出销售反应函数。

【实战演练】

广告促销

一、实训目的、要求

通过实训,要求学生能够依据一定的广告表现形式及主题,为背景企业创作广告脚本,选择广告媒体,评价广告效果。

二、实训主要内容

(1)背景企业广告内容创意。

(2)背景企业广告媒体选择。

(3)背景企业广告效果评价。

三、实训准备

学生先搜集经典广告案例。

四、实训资料

广告案例资料。

五、实训操作步骤

第一步:根据背景企业目标市场情况及市场定位设定广告目标。

第二步:确定广告要向消费者诉求什么?向哪些消费者诉求?产品的特性是什么?

第三步:确定广告表现形式。

第四步:决定广告信息的表达形式。

第五步:为背景企业创作广告脚本。

第六步:评价各种媒体在覆盖范围、频率和影响等方面的特性。

第七步:决定背景企业广告的媒体组合。

第八步:决定背景企业广告的媒体传播时序。
第九步:评价背景企业广告的沟通效果。
第十步:评价背景企业广告的销售效果。
六、实训成果
广告策划方案。

第八节 销售促进能力

经典语录:

销售促进只是促销技巧中的一种方法。
——原一平

理论基石:

一、销售促进的概念和作用

(一)销售促进的概念

销售促进,是企业在某一段时期内采用特殊的手段对消费者实行强烈的刺激,以促进企业销售迅速增长的一种策略。销售促进常用的手段包括:赠送样品、发放优惠券、有奖销售、以旧换新、组织竞赛和现场示范等。销售促进有时也用于对中间商的促销,如转让回扣、支付宣传津贴、组织销售竞赛等。各种展销会和博览会也是销售促进经常采用的手段。

(二)销售促进的作用

销售促进作为促销的主要方式之一,它有不同于其他促销方式的作用:

1. 刺激购买行为,在短期内达成交易

当消费者对市场上的产品没有足够的了解并做出积极反应时,通过销售促进的促销措施,如赠送或发优惠券等,能够引起消费者的兴趣,刺激他们的购买行为,在短期内促成交易。

2. 向顾客提供特殊的优惠条件,可有效地抵御和击败竞争者

当竞争者大规模的发起促销活动时,销售促进是在市场竞争中抵御和反击竞争者的有效利器。如减价、试用,此举能增强企业经营的同类产品对顾客的吸引力,从而稳定和扩大自己的消费群,抵御竞争者的介入。

3. 与中间商保持良好的业务关系

制造商常常通过销售促进的一些形式,如折扣、馈赠等鼓励中间商更多地购买,同厂商保持稳定的业务关系,从而有利于双方的中长期合作。

4. 创造推销佳绩

销售促进可以吸引和鼓励推销员努力推销本企业的产品,创造推销佳绩。

二、销售促进方式

(一)针对消费者的销售促进

销售促进常见的有以下几种形式:

1. 赠送或试用

通过向消费者赠送小包装的新产品或附赠其他便宜的商品,来介绍产品的性能、特点、功效或企业的有关信息,既可以使顾客得到实惠,又可以刺激顾客的购买行为。赠送的渠道可以灵活多样,主要有:在特定的时间或地点向目标市场的顾客无条件赠送;随货赠送;批量购买赠送;随货中奖赠送。

2. 发放优惠券产品

推销者事先通过多种方式将优惠券发放到消费者手中,持有此优惠券的消费者在购买本企业的商品时,可以得到一定的价格折扣。其实这种方式的本质是减价,但比减价要灵活。减价给人以处理、产品滞销的感觉,而且减价后就难以再提价。而发放优惠券,得到优惠券的人有一种优越感,因为不是人人都可以得到优惠券。

3. 赠券或印花

当消费者购买某一商品时,企业给予一定张数的交易赠券或印花,购买者将赠券或印花积累到一定数额时,可到指定地点换取赠品。该方式特别适合于购买频率较高的商品。

4. 有奖销售

有奖销售形式多样,有声有色,现为很多企业所采用。但企业应本着诚信、透明的原则进行,不能欺骗消费者。

5. 折扣或减价

即明码折扣与减价。

6. 提供信用

常见的操作方式是发生在消费信贷的销售活动中,一般采取赊销、分期付款等形式。

7. 商品展销

通过展销会的形式,使消费者了解商品,增加销售的机会。常用的展销形式有:为适应消费者季节性购买的特点而举办的"季节性商品展销";以名优产品为龙头的"名优产品展销";为新产品打开销路的"新产品展销"等。

8. 现场演示

"耳听为虚,眼见为实",在销售现场为顾客演示产品的使用,使顾客亲身感受到产品的效果,甚至让顾客亲自操作、使用,促其购买。

9. 俱乐部制或"金卡"制

俱乐部制是指顾客交纳一定数量的会费给组织者后,即可享受到多种价格服务优惠的促销方式,"金卡"制是指顾客交纳一定数量的现金,即可取得有期限的"金卡",从而可享受价格折扣的促销方式。

(二)针对中间商的销售促进

1. 主要作用

制造商策划与掀起的促销活动,如果没有中间商的响应、参与和支持,是难以取得促销效果的。劝诱中间商更多地订货的最有效办法可能是给予价格折扣,主要是数量折扣。或者当中间商订货达到一定数量之后,就免费赠送他们一部分产品。为中间商培训推销人员、维修服务人员,使中间商能更好地向顾客示范介绍产品、提高产品售后服务质量,对于有效地促进中间商的营销工作,吸引顾客购买生产企业的产品具有积极的作用。

2. 常见方式

针对以上的推广目标,有以下几种常见的销售促进方式:

(1)购买折让。这是最有代表性的一类方法。具体形式有批量折扣、季节折扣、现金折扣等,以鼓励经销商多购、付现金和非季节性进货。

(2)推广津贴。为经销商提供商品陈列设计资料、付给经销商陈列津贴、广告津贴、经销新产品津贴,以鼓励经销商开展促销活动和积极经销本企业的产品及新产品。

(3)经销竞赛。即组织所有的经销本企业产品的中间商进行销售竞赛,对销售业绩较好的中间商给予某种形式的奖励。

(4)代销。这是指中间商受生产厂家的委托,代其销售商品,中间商不必付款买下商品,而是根据销售额来收取佣金,商品要是销不出去,则将其返还生产厂家。代销可以解决中间商资金不足的困难,还可以避免销不出去的风险。因此,很受中间商的欢迎。

(三)针对推销人员的销售促进

企业可以通过推销竞赛、推销红利、推销回扣等方式来奖励推销人员,鼓励他们把企业的各种产品推荐给消费者,并积极地开拓潜在的市场。以下是几种具体方法:

(1)红利提成或超额提成具体做法有:从企业的销售利润中提取一定比例的金额作为奖励发给推销员;推销员按销售利润的多少提取一定比例的金额,销售利润越大,提取的百分率越大。

(2)开展推销竞赛。推销竞赛的内容包括推销数额、推销费用、市场渗透、推销服务等。规定奖励的级别、比例与奖金(品)的数额,用以鼓励推销人员。对成绩优异、贡献突出者,给予现金、旅游、奖品、休假、提级晋升、精神奖励等。

(3)特别推销金。企业给予推销人员一定的资金,以鼓励其努力工作。

技能培养:

淘宝网的促销方式

一、网店内部的促销策略

1. 信用管理

信用评价是会员在淘宝网交易成功后,在评价有效期内(成交后3~45天),就该笔交易互相做评价的一种行为。信用评价不可修改。评价分为"好评"、"中评"、"差评"三类,每种评价对应一个信用积分,具体为:"好评"加一分,"中评"不加分,"差评"扣一分。

据调查,一方面,网店的信用级别会对消费者的购买决策产生影响,另一方面,买家在交易后对卖家所给的信用评判表示关注。由此看来,店主一方面要诚信经营,提升自己的信用度和信用级别;另一方面要把握好这个宣传机会,每次交易后,不仅要对买家作级别评判,还要在评判留言栏留下相关的店铺信息。如"我们将在下周进行全场商品九折活动,欢迎再次光临"。这样一来,评判留言栏就成了一个促销信息的发布专区,合理地利用了网络资源。

2. 销售促进

网店内部的销售促进手段以免邮费、打折、赠品为主,其余方式为辅。

(1)赠品。赠品促销的关键在于赠品的选择上,一个得当的赠品,会对产品销售起到积极的促进作用,而选择不适合的赠品只能使成本上升,利润减少,顾客不满意。选择合适的赠品应注意:第一,不要选择次品、劣质品,这样做只会适得其反,影响店铺的信用度;第二,选择适当的能够吸引买家的产品或服务。可以赠送试用装或小样,还可以赠送无形的东西——服务。第三,注意赠品的预算,赠品要在能接受的预算内,不可过度赠送赠品而造成成本加大。

(2)会员、积分。凡在网店购买过商品的顾客,都能成为网店的会员。会员不仅可享受购物优惠,同时还可以累计积分,用积分免费兑换商品。此方式的优点是:可吸引买家再次来店购买,以及介绍新买家来店购买,不仅可以巩固老顾客,使其得到更多的优惠,还可以拓展发掘潜在买家。

(3)红包。红包是淘宝网专用的一种促销道具,各位卖家可以根据各自店铺的不同情况灵活制定红包的赠送规则和使用规则。通过此种手段可增强店内的人气,由于红包有使用时限,因此,可促进客户在短期内再次购买,有效提升网店销量。

(4)积极参与淘宝网主办的各种促销活动。淘宝网会不定期在不同版块组织不同的活动,参与活动的卖家会得到更多的推荐机会,这也是提升店铺人气和促进销售的一个好方法。要想让更多的人关注到网店,店主就要经常到淘宝网的首页、支付宝页面、公告栏等关注淘宝举行的活动,并积极参与。

(5)免邮费。网络购物中间环节的邮费问题一直是买家关注的焦点之一,这会影响到买家对于网购价格优惠的感知。当前邮费主要分为邮局(包裹平邮)、物流快递、特快专递等,平邮的价格较低,但周期较长;物流快递价格适中,送货周期在3~5天;特快专递的价格昂贵;因此,快递公司是最被买家接受的。店主可以根据买家所购买商品的数量来相应地减免邮费,让消费者从心理上觉得就像在家门口买东西一样,不用附加任何其他的费用。

(6)打折。由于打折促销直接让利于消费者,让客户非常直接的感受到实惠,因此是目前最常用的一种阶段性促销方式。折扣主要采取以下两种方式:一是不定期折扣。在重要的节日,如春节、情人节、母亲节、圣诞节等,进行8~9折优惠,因为在节日期间人们往往更具有购买潜力和购买冲动。店主应选择商品价格调节空间较大的商品参加活动,并不是全盘托出。这种方式的优点是:符合节日需求,会吸引更多的人前来购买,虽然折扣后可能会造成利润下降,但销售量会提高,总的销售收入不会减少,同时还增加了店内的人气,拥有了更多的顾客,对以后的销售也会起到带动作用。二是变相折扣。如采取"捆绑式"销售,以礼盒方式在节假日销售。这种方式的优点是:符合节日气氛,更加人性化。

二、网店外部促销策略

网店外部促销策略可以采取搜索引擎、销售联盟网店推广和网络广告等方式。

(一)各大购物导航网站申请收录

有些购物导航是人工的,需要主动联系;有些购物导航是可以自动申请提交的,如速途特色网店导航等。被购物导航收录后短期未必非常见效,但日积月累,积少成多,会有很大营销价值的。

(二)"三管齐下"专攻搜索引擎

许多用户上网首先浏览的页面是淘宝搜索引擎页面,这时,脑海中就会出现一些他们所需求商品的关键词,然后通过引擎搜索到符合条件的商品。因此,要想提高网店商品被浏览的几率,就必须对搜索引擎排序原理有充分的了解。淘宝网商品的搜索排序先后规则有如下四部分:第一部分:被设为橱窗推荐位的宝贝;第二部分:虽然是橱窗推荐,但是该商品已经有90天未被人购买;第三部分:未被橱窗推荐的一般宝贝;第四部分:一般宝贝中90天未被购买的宝贝。

由此看出,如果买家在淘宝网搜索引擎里用关键词来搜索商品,所有带关键词的商品是这样显示的,先是显示橱窗推荐的商品13天后,接下来再显示设置了橱窗推荐,但长期(超过90天)没有售出的商品0~13天,然后再显示没有设置为橱窗推荐的所有宝贝0~13天,最后显示所有宝贝里长期没有售出的宝贝0~13天,一共分四个层次来显示搜索结果,同时只显示100页的商品,101页以后的商品是不显示的。从这个规则来看,网店要想办法让商品在同类商品的排名中尽量显示在前几页,就必须从商品名称、定时发布和橱窗推荐这三方面入手。

网上商店按存在形式分为两种:一种是独立的网上商店;另一种是注册于大型专业网站里的网上商店,即按照相应规定在提供网上开店服务的大型专业网站里注册会员,获得网上商店的使用权与经营权,目前网上开店主要是采用这种方式。

【实战演练】

一、实训目的、要求

通过实训,要求学生能够为背景企业制定销售促进计划,选择促销方法。

二、实训主要内容

(1)背景企业销售促进选择。

(2)制定销售促进方案。

三、实训准备

学生先搜集各背景企业针对消费者、中间商、推销人员等现有的销售促进方案。

四、实训资料

背景企业销售促进情况资料。

五、实训操作步骤

第一步:针对消费者、中间商、推销人员,确定背景企业销售促进的目标。

第二步:选择销售促进方法。

第三步:制定背景企业的销售促进计划。

第四步:模拟实施销售促进计划。

第五步:根据活动前、活动中和活动后销售额的变化评价销售促进效果。

六、实训成果

销售促进方案。

第五章　营销战略与整合营销能力培养与训练

【学习目标】

熟悉营销战略、计划、组织、控制内容；掌握企业业务组合的内容和方法；了解整合营销、整合营销传播、营销策略组合的基本含义；熟悉网络营销的内容、特点和实施策略。

【能力目标】

培养运用网络营销和整合营销的能力，重点训练对营销战略和业务组合的认知能力；信息的收集整理、分析与综合能力。

第一节　营销战略能力

经典语录：

一个企业不是由它的名字、章程和公司条例来定义的，而是由它的任务来定义的。企业只有具备了明确的任务和目的，才可能制定明确和现实的企业目标。

——彼得·德鲁克

不谋万世者，不足谋一时；不谋全局者，不足谋一域。

——[清]陈澹然

理论基石：

一、企业战略的含义和特征

（一）企业战略的含义及特征

企业发展战略或称企业战略，是企业为实现各种特定目标以求自身发展而设计的行动纲领或方案，它具有全局性、长远性和方向性的特点。这种总体性谋划方案，是企业根据当前和未来市场环境变化所提供的市场机会和出现的限制因素，考虑如何更有效地利用自身现有的以及潜在的资源能力，去满足目标市场的需求，从而实现企业既定的发展目标。企业战略的实质是：预计和评价市场营销环境中即将来临的发展，并预先决定怎样最好地去迎接这种发展以及从这种发展中获取尽可能多的利益。

(二)市场营销战略具有的特点
1. 全局性
市场营销战略以企业全局和营销活动全局的发展规律为研究对象,它规定的是营销总体活动,追求的是企业营销总体效果,着眼点是营销总体的发展,实现的是营销发展的总体目标。
2. 长远性
市场营销战略是对企业未来较长时期(一般为5年以上)营销发展和营销活动的谋划。
3. 纲领性
市场营销战略中所规定的战略目标、战略重点、战略对策等对企业具体的营销活动具有权威性的指导作用。
4. 竞争性
市场营销战略具有如何在激烈的市场竞争中与竞争对手抗衡的特点。
5. 应变性
市场营销战略具有根据企业外部环境和内部条件的变化,适时加以调整,以适应环境变化的特征。成功的战略具有承担更大的风险的能力,在条件变化的情况下适时加以调整,以适应变化后的情况。
6. 相对稳定性
稳定性要求营销战略本身具有一定弹性。指导企业营销实践活动的战略也应该是动态的,以适应外部环境的多变性,所以,企业市场营销战略的稳定性是相对稳定性。

二、企业战略计划

企业战略计划实际上是由企业任务说明、企业目标描述、企业业务组合、业务战略计划的制定等一系列工作及其指导性文件所构成的。

(一)企业任务说明
从企业的角度讲,企业任务的确定一般应当考虑以下五个基本要素:
1. 企业历史
企业的发展历史可在很大程度上影响企业任务的确定,这是因为企业生产和经营的历史状况会使企业在某一领域形成自己的特征和优势,如生产、技术方面的优势,市场声誉方面的优势或是营销渠道方面的优势等等。
2. 管理者偏好
企业任务的选择在一定程度上还取决于管理者的偏好。个人心理状况会影响对各种各样市场机会的评价,如好高骛远的管理者往往会选择期望利润高而风险较大的生产和经营任务;谨小慎微的管理者则往往可能选择风险较小的生产和经营任务。
3. 市场环境
市场环境的变化会在不同程度上导致企业市场机会的变化,各种政治、经济、社会、自然因素的变化都可能导致社会总需求在数量和结构上发生变异,从而使某些需求减退,某些需求增长。使企业执行某种生产和经营任务的利益和风险也发生相应的变化。
4. 企业资源
企业选择其生产或经营任务时必须充分考虑资源的可能性,考虑企业的人、财、物力是否能同所选择的任务相适应。因为一定的人、财、物力是实现生产和经营任务的必要条件,超越了这一基本条件是什么事情也办不成的。从现代企业的角度来看,人、财、物的资源中还包括了技术资源的因素,因为先进的技术的应用可使同样的资源产生出成倍的效益。

5. 企业核心能力

企业任务的选择应当建立在自己核心能力的基础之上,这样才有利于发挥自身的特长。尽管企业的现有资源和能力有可能使企业执行多种生产和经营任务,但是只要这种经营能力并非企业独有,就可能带来强大的竞争压力;如果这种能力不如他人,甚至可能在竞争中失败。所以企业应当寻找出其具有相对优势的某种核心能力(在资本、技术、成本、资源或是环境方面的独特优势),扬长避短,选择那些自己具有独特经营能力或相对优势的生产和经营任务。

(二)企业业务组合

战略经营单位(Strategic Business Units,SBUs)就是企业值得为其专门制定一种经营战略的最小经营单位。区分 SBU 的主要依据是各项业务之间是否存在共同的经营主线,注意贯彻市场导向,保证切实可行。

1. 波士顿"市场成长—份额"矩阵

波士顿矩阵(BCG Matrix:Boston Consulting Group)又称市场增长率—相对市场份额矩阵,是由美国著名的管理学家、波士顿咨询公司创始人布鲁斯·亨德森于 1970 年首创的一种用来分析和规划企业产品组合的方法。

波士顿矩阵认为一般决定产品结构的基本因素有两个,即市场引力与企业实力。市场引力包括企业销售量(额)增长率、目标市场容量、竞争对手强弱及利润高低等。其中最主要的是反映市场引力的综合指标——销售增长率,这是决定企业产品结构是否合理的外在因素。企业实力包括市场占有率,技术、设备、资金利用能力等,其中市场占有率是决定企业产品结构的内在要素,它直接显示出企业竞争实力。波士顿矩阵对于企业产品所处的四个象限具有不同的定义和相应的战略对策。如图 5-1 所示。

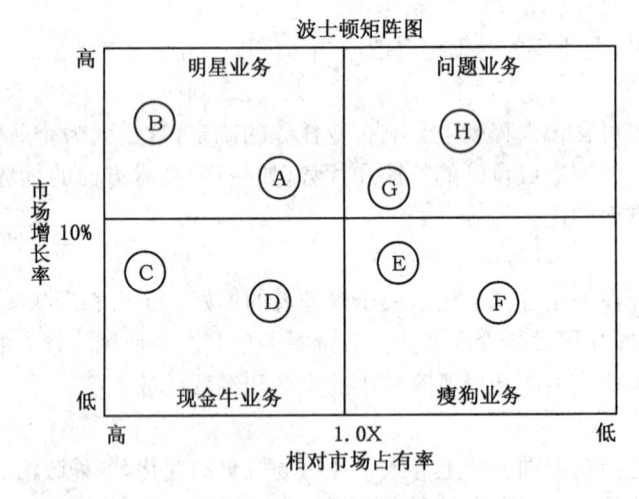

图 5-1 波士顿矩阵

(1)明星产品(stars)。它是指处于高增长率、高市场占有率象限内的产品群,这类产品可能成为企业的现金牛产品,需要加大投资以支持其迅速发展。采用的发展战略是:积极扩大经济规模和市场机会,以长远利益为目标,提高市场占有率,加强竞争地位。发展战略以及明星产品的管理与组织最好采用事业部形式,由对生产技术和销售两方面都很内行的经营者负责。

(2)现金牛产品(cash cow),又称厚利产品。它是指处于低增长率、高市场占有率象限内的产品群,已进入成熟期。其财务特点是销售量大,产品利润率高,负债比率低,可以为企业提供资金,而且由于增长率低,也无需增大投资。因而成为企业回收资金、支持其他产品,尤其明星产品投资的后盾。对这一象限内的大多数产品,市场占有率的下跌已成不可阻挡之势,因此可采用收获战略,即所投入资源以达到短期收益最大化为限。①把设备投资和其他投资尽量压缩;②采用榨油式方法,争取在短时间内获取更多利润,为其他产品提供资金。对于这一象限内的销售增长率仍有所增长的产品,应进一步进行市场细分,维持现存市场增长率或延缓其下降速度。对于现金牛产品,适合于用事业部制进行管理,其经营者最好是市场营销型人物。

现金牛业务指低市场成长率、高相对市场份额的业务,这是成熟市场中的领导者,它是企业现金的来源。由于市场已经成熟,企业不必大量投资来扩展市场规模,同时作为市场中的领导者,该业务享有规模经济和高边际利润的优势,因而给企业带来大量财源。企业往往用现金牛业务来支付账款并支持其他三种需大量现金的业务。图中所示的公司只有一个现金牛业务,说明它的财务状况是很脆弱的。因为如果市场环境一旦变化导致这项业务的市场份额下降,公司就不得不从其他业务单位中抽回现金来维持现金牛的领导地位,否则这个强壮的现金牛可能就会变弱,甚至成为瘦狗。

(3)问号产品(question marks)。它是处于高增长率、低市场占有率象限内的产品群。前者说明市场机会大,前景好,而后者则说明在市场营销上存在问题。其财务特点是利润率较低,所需资金不足,负债比率高。例如,在产品生命周期中处于引进期、因种种原因未能开拓市场局面的新产品即属此类问题的产品。对问题产品应采取选择性投资战略。即首先确定对该象限中那些经过改进可能会成为明星的产品进行重点投资,提高市场占有率,使之转变成"明星产品";对其他将来有希望成为明星的产品则在一段时期内采取扶持的对策。因此,对问题产品的改进与扶持方案一般均列入企业长期计划中。对问题产品的管理组织,最好是采取智囊团或项目组织等形式,选拔有规划能力,敢于冒风险、有才干的人负责。

(4)瘦狗产品(dogs),也称衰退类产品。它是处在低增长率、低市场占有率象限内的产品群。其财务特点是利润率低、处于保本或亏损状态,负债比率高,无法为企业带来收益。对这类产品应采用撤退战略:首先应减少批量,逐渐撤退,对那些销售增长率和市场占有率均极低的产品应立即淘汰。其次是将剩余资源向其他产品转移。最后是整顿产品系列,最好将瘦狗产品与其他事业部合并,统一管理。

2.GE法

即多因素矩阵评价法。该矩阵是美国通用电气公司在波士顿矩阵法的基础上创立的,如图5-2所示。在多因素组合矩阵中,按市场吸引力和企业优势大小将企业的产品分为几类。

(1)市场吸引力。图5-2中,纵轴表示市场吸引力。市场的吸引力又包括:

①市场规模。市场规模越大的行业,吸引力越大。

②市场增长率。市场增长率越高,其吸引力越大。

③利润率。利润率越高,吸引力越大。

④竞争程度。竞争越激烈,吸引力越小。

⑤周期性。受经济周期影响越小,吸引力越大。

⑥季节性。受其影响越小,吸引力越大。

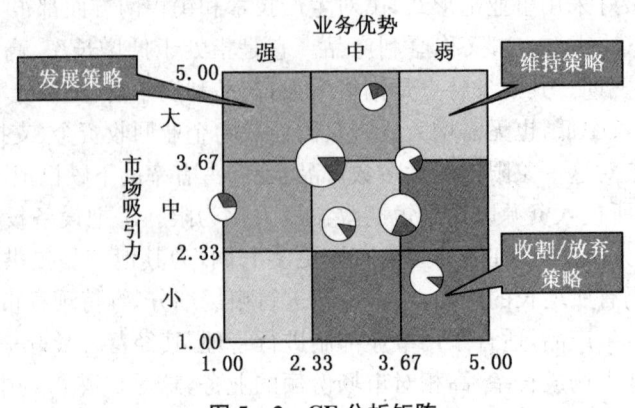

图 5-2 GE 分析矩阵

⑦规模经济效益。单位产品成本随生产和分销规模的扩大而降低的行业,吸引力大;反之,则吸引力小。

⑧学习曲线。单位产品成本有可能随经营管理经验的增加而降低的行业,吸引力大;反之,如果其积累已经达到极限,单位成本不可能因此再下降的行业,则吸引力小。

(2)业务优势构成。图 5-2 中,横轴表示企业的战略业务单位的业务优势,构成如下:

①相对市场占有率。业务力量与相对市场占有率成正比,即相对市场占有率越高,业务力量就越强。

②价格竞争力。业务力量与价格竞争力成正比,即价格竞争力越强,业务力量就越强。

③产品质量。产品质量较竞争者越高,业务力量就越强。

④顾客了解度。对顾客了解程度越深,业务力量就越强。

⑤推销效率。推销效率越高,业务力量就越强。

⑥地理优势。市场位置的地理优势越大,业务力量就越强。

(3)投资策略。企业根据上述两大类因素的各具体项目评估打分,再按其重要性分别加权合计,得出行业吸引力和企业业务力量的数据,然后利用"多因素矩阵评价法"加以分析,分成三个区域:绿色区域、黄色区域、红色区域。

上述评估划分区域,其目的是为了有针对性地进行投资决策。其策略包括三种:

①发展策略。对于绿色区域应该增加投资,促进其发展。

②维持策略。维持现有投资水平,不增不减。黄色区域应采取此策略。

③收缩或放弃策略。对两者均低的红色区域应采取收获或放弃策略,不增加投资或收回现有投资。

三、业务组合的发展和调整

企业的业务组合的扩展主要有三种途径:一是在现有的业务领域中继续投资和发展,一般称其为"密集型成长机会";二是发展同企业现有主要业务相关的业务,一般称其为"一体化成长机会";三是在同企业当前业务无关的领域发展新的业务,一般称其为"多角化成长机会"。

(一)密集型成长机会

密集型成长机会由于是在企业比较熟悉的领域进行业务组合的扩展,所以相对比较容易。

但由于仍然是在从事原有的业务,很可能因为本身的市场发展空间较小,而难以使企业的销售和利润有明显的增长。一般来说,其只有在提供新的产品和开拓新的市场这两方面进行努力,由此而构成了安索夫(Ansoff)的"产品—市场方阵","产品—市场方阵"以产品发展和市场发展的二维模型构成了企业密集型成长的四种基本战略:市场渗透战略,使现有产品在现有的市场上进一步深入推广,以争取更多的市场份额;市场开发战略,将现有的产品推向新的市场(如进行区域的转移或消费群体的转移);产品开发战略,在原有的业务领域内通过开发新的产品来满足顾客的潜在需要;多元化经营战略,为满足新的市场需要而开发新的产品。但由于其仍然是在原有的业务范围内进行多样化产品开发,所以同"多角化成长机会"还是有层次上的区别的。如图5-3所示。

	现有产品	新产品
现有市场	1.市场渗透	3.产品开发
新市场	2.市场开发	4.多元化经营

图5-3 产品—市场方阵

(二)一体化成长机会

根据企业的资源条件和发展需要不同,"一体化成长机会"的开发又可以分为向上游产业扩展的"后向一体化",如建立自己的原材料供应基地;向下游产业发展的"前向一体化",如建设自己的垂直分销网络或专卖店;还可以通过收购或兼并一些竞争企业来扩大自己的销售量和市场份额,实施"水平一体化"。企业通过开发"一体化成长机会"来扩展自己的业务组合可采用不同的做法,一种是由企业重新投资建设,建立一个全新的企业或部门;另一种是通过收购从事该业务的现有企业来扩大自己的业务组合。一般只有在企业感到从事该业务的现有企业在技术水平上已相当落后,收购改造的成本过高,或客观上不存在收购或兼并的可能的情况下,才会倾向于自己重新投资建设。而大多会倾向于通过收购或兼并现有的企业来实现自己的"一体化"战略。

(三)多角化成长机会

多角化成长机会是指企业在同目前经营的业务无直接关系(如供应或销售关系)的领域去扩展新的业务。多角化成长机会也存在三种不同的扩展途径:一是以消费关联性为主的多角化,或称"水平多角化战略",其主要是指企业进一步开发同目前自身的产品或业务消费有配套和协同作用的产品和业务。如经营宾馆的企业可成立自己的出租汽车公司或旅行社,甚至可投资宾馆酒店设备的制造或流通产业。二是以资源(生产)关联性为主的多角化,或称"同心多角化战略",其主要是指企业可利用现有的资源和技术条件开发和生产一些新的产品或业务,投入新的市场。如生产木制家具的企业会考虑开发木制工艺品、装饰品以及木制玩具或旅游纪念品等新的产品投入市场。三是无关联多角化,或称"跨行业多角化战略",即企业在同目前业务的生产和消费完全无关的业务领域进行投资和开发,如家电生产企业去投资房地产业,石油公司去开发主题公园等。无关联多角化从本质意义上讲是一种资本的运作，从而也是最为名副其实的"多角化战略"。

四、业务战略规划

业务战略规划是企业的各具体业务单位根据企业的总体战略而制订的具体的战略规划，它是直接指导企业各项业务开展的指导性文件。业务战略规划的制订不仅是一个工作程序的安排，而且具有很强的谋略性。所以实际上是企业开展某项业务的策划过程，一般包含以下七个步骤。

（一）业务描述（业务单位任务书）

业务描述是具体业务单位对于其将要开展的某项业务的一种界定和认识过程，通常会以业务单位任务书的形式来进行描述。任务书必须明确说明本单位所开展的具体业务以及同企业总体战略之间的关系。

（二）SWOT 分析

SWOT 分析是业务单位对其将开展的具体业务所进行的一种环境分析，并会依此来决定其所采用的基本战略及战略目标。其包括开展此项业务的外部环境分析，即机会（opportunities）和威胁（threats）的分析；以及内部环境的分析，即优势（strenth）和劣势（weaknesses）的分析。

业务外部环境的分析（O/T 分析）主要是通过对影响该业务的各种宏观和微观环境因素的分析，来认识开展此项业务的发展前景、市场潜力、盈利空间以及潜在风险等方面的问题。外部环境的分析还可能发现业务开展过程中所面临的风险，如原材料供应的短缺，竞争产品或替代产品的出现，市场需求状况的变化，政策的限制，突发事件的产生，甚至自然环境的变迁等都可能会对业务的发展带来影响。所以在进行业务的评价和选择时，一定要对机会和风险进行比较分析，然后才可能作出正确的决策。

内部环境分析（S/W 分析）主要是通过同竞争对手（或行业平均水平）的比较，了解业务单位自身的优势和劣势，以便在业务战略计划制订中扬长避短，突出自身的优势和特色，避免在竞争中遭到失败。内部环境的分析还应当能够发现业务单位所存在的一些弱点，以便在业务战略计划中有相应的措施给以补救和克服。

外部环境分析同内部环境分析必须要结合起来，这样才能使业务战略目标和手段变得更为清晰，因为业务单位的优势和劣势都是基于一定的环境条件而言的，环境条件发生了变化，业务单位的优劣势也就会发生变化。

【案例教学】

沃尔玛（Wal-Mart）SWOT 分析

一、优势（Strengths）

1. 沃尔玛是著名的零售业品牌，它以物美价廉、货物繁多和一站式购物而闻名。

2. 沃尔玛的销售额在近年内有明显增长，并且在全球化的范围内进行扩张（例如，它收购了英国的零售商 ASDA）。

3. 沃尔玛的一个核心竞争力是由先进的信息技术所支持的国际化物流系统。例如，在该系统支持下，每一件商品在全国范围内的每一间卖场的运输、销售、储存等物流信息都可以清晰地看到。信息技术同时也加强了沃尔玛高效的采购过程。

4. 沃尔玛的一个焦点战略是人力资源的开发和管理。优秀的人才是沃尔玛在商业上成功的关键因素，为此沃尔玛投入时间和金钱对优秀员工进行培训并建立忠诚度。

二、劣势(Weaknesses)

1. 沃尔玛建立了世界上最大的食品零售帝国。尽管它在信息技术上拥有优势，但因为其巨大的业务拓展，这可能导致对某些领域的控制力不够强。

2. 因为沃尔玛的商品涵盖了服装、食品等多个部门，它可能在适应性上比起更加专注于某一领域的竞争对手存在劣势。

3. 该公司是全球化的，但是目前只开拓了少数几个国家的市场。

三、机会(Opportunities)

1. 采取收购、合并或者战略联盟的方式与其他国际零售商合作，专注于欧洲或者大中华区等特定市场。

2. 沃尔玛的卖场当前只开设在少数几个国家内。因此，拓展更多国家的市场可以带来大量的机会。

3. 沃尔玛可以通过新的商场地点和商场形式来获得市场开发的机会。更接近消费者的商场和建立在购物中心内部的商店可以使过去仅仅是大型超市的经营方式变得多样化。

4. 沃尔玛的机会存在于对现有大型超市战略的坚持。

四、威胁(Threats)

1. 沃尔玛在零售业的领头羊地位使其成为所有竞争对手的赶超目标。

2. 沃尔玛的全球化战略使其可能在其业务国家遇到政治上的问题。

3. 多种消费品的成本趋向下降，原因是制造成本的降低。造成制造成本降低的主要原因是生产外包向世界上的低成本地区转移，这导致了价格竞争，并在一些领域内造成了通货紧缩。恶性价格竞争是一个威胁。

(三)目标设定

在业务战略计划中也必须要有明确的战略目标。它同企业的总体目标相一致，但处于不同的层次。企业总体目标的实现是建立在各业务单位目标实现的基础上的，而业务目标比企业的总体目标更明确、更具体，从而也更具有直接指导意义。然而在目标设定的原则上则同企业总体目标的制定是一样的，也必须体现层次化、数量化、现实性、协调性等基本原则。

(四)战略选择

业务目标设定之后，必须要对采取何种业务战略进行必要的选择。目标设定是解决向什么方向发展的问题，战略选择则是解决用何种方式去实现的问题。实现目标的战略是多方面的，主要可包括以下一些：基本战略。这是通过SWOT分析后得出的业务单位的总体战略，它是对其他战略具有指导意义的。竞争战略。这是针对不同的竞争对手和竞争环境而对业务单位所确定的竞争指导思想。根据迈克·波特的理论，可分为成本领先战略、差别化战略和集中化战略等几种不同的战略。开发战略。在市场开发，特别是市场进入的初期，企业可采用不同的战略，如造势型、渐近型、渗透型、依附型等，这些战略指导思想的确定，对整个业务计划的制订具有重要影响。布局战略。业务单位所开展业务将会在哪些市场上进行覆盖？会进入哪些区域？进入的顺序和方式是怎样的？战略联盟，在目前市场普通处于寡头垄断的环境条件下，越来越多的企业认识到，要想在竞争中击垮对手，难度是很大的，有时甚至会导致"两败俱伤"的结局。而要在市场上保持稳定的份额和长远的利益，更可取的方式是开展企业间的合作和联盟,利用资源、市场、信息等方面的共享,来争取各企业利益的共同提升。于是在业务战略计划中,发展战略联盟也就成为业务战略的重要方面。

(五)计划制订

业务单位在确定其业务战略之后,就应当制订出具体的业务计划来实现其战略。业务计划的制订必须是具体、明确和可靠的。一般应包括:计划阶段、阶段目标、重点工作、成本核算和评价标准等。

1. 计划阶段。是指将实现某一业务战略目标的过程划分为几个相互衔接的执行阶段。这样就能使业务的开展具有明确的步骤和可操作性。

2. 阶段目标。是指对每一阶段的工作都必须设立相应的目标。阶段目标是业务战略目标的分解,各阶段的目标必须相互衔接,递次推进,最后使业务战略目标能顺利实现。

3. 重点工作。是指在每个阶段中起核心作用的活动和任务。这是支撑业务战略目标得以实现的具体行为,也是反映各阶段特征的主要标志,是实现业务战略的基本抓手,必须在业务计划中予以明确。

4. 成本核算。在业务计划中,由于已经涉及各项具体的业务活动,成本和费用也就能得到反映。所以在业务计划中必须对每项活动乃至整个业务战略计划的成本费用进行预算,以判断开展业务的最后成效。若成本过高,就必须对业务计划加以修正,以保证业务活动能取得理想的效益。

5. 评价标准。在业务计划中,还应当对业务的成效提出适当的评价标准,以作为最终检验业务计划执行效果的衡量尺度。评价标准应当根据业务战略目标来制定,必须有明确的、可测量的量化指标体系,同时还应当明确评价的方法,以使评价的结果能够科学合理。

(六)计划执行

业务战略计划的执行也是业务战略计划过程的一个重要组成部分。因为战略计划的制订并不能保证战略计划的成功,在计划执行的过程中,还需要依靠有效的组织体系,高素质的人员队伍,共同的价值认知,以及良好的工作作风,这样才能使业务战略计划得到顺利地实施。若计划的执行人员的利益目标或价值认知同计划的制订者不一致,就有可能导致行为与计划的偏离,使计划的效果下降,甚至导致整个业务战略计划的失败。因此,在业务战略计划的执行过程中,必须抓好动员、培训和激励三个环节。通过动员让执行者了解具体行动方案的意义和实现战略目标的价值;通过培训使执行者掌握落实计划的主要措施和行为原则;通过激励来调动执行者执行计划的主动性和积极性,从而保证计划能够得到完满的落实。

(七)反馈与控制

业务战略计划在执行过程中应当受到及时的控制,这主要依靠对各阶段执行情况的检查和反馈,以了解与所设定的目标之间是否出现偏离。若发现出现偏离,就应当及时地检查原因,并予以纠正。这是保证业务战略计划能够顺利执行的重要一环。同时还必须对计划执行期间所发生的各种环境因素的变化进行了解,并及时反馈。要分析环境因素变化对计划目标实现是否产生影响及其影响程度。并在产生影响的情况下能够采取有效的应对措施,以保证计划目标的实现。

【实战演练】

一、实训目的、要求

通过实训,要求学生能够掌握SWOT分析的方法。
二、实训主要内容
寻找熟悉的一家企业或者一个项目进行SWOT分析。
三、实训准备
要求学生通过书籍或者网络查询资料熟悉企业背景或者项目情况,并做好记录表。
四、实训资料
背景企业资料、记录表。
五、实训操作步骤
第一步:寻找熟悉的企业或项目。
第二步:查询资料,做好记录。
第三步:按所学内容进行相应的SWOT分析。
第四步:制作出PPT。
第五步:按小组进行展示。
六、实训成果
记录表、SWOT分析PPT。

第二节　整合营销能力

经典语录:

在互联网,传播系统是互动的,而不是单向的,信息不在被营销人员或者信息传播人员所控制,而是被受众所控制。

——唐·舒尔茨

理论基石:

一、整合营销概念及特点

(一)整合营销的概念

整合营销是一种对营销活动的各个层面进行系统化结合,根据环境进行即时性的动态修正,以使交换双方在交换中实现价值增值的营销理念与方法。

它是一种市场营销沟通计划的观念。即在计划中对不同的沟通形式,如一般性广告、直接反应广告、销售促进、公共关系等的战略地位作出估计,并通过对分散的信息加以综合,将以上形式结合起来,从而达到明确的、一致的及最大限度的沟通。

(二)整合营销的特点

(1)在整合营销传播中,消费者处于核心地位。

(2)对消费者深刻、全面地了解,是以建立资料库为基础的。

(3)整合营销传播的核心工作是培养真正的"消费者价值"观,与那些最有价值的消费者保持长期的紧密联系。

(4) 以本质上一致的信息为支撑点进行传播。企业不管利用什么媒体，其产品或服务的信息一定得清楚一致。

(5) 以各种传播媒介的整合运用作手段进行传播。凡是能够将品牌、产品类别和任何与市场相关的信息传递给消费者或潜在的消费者的过程与经验，均被视为可以利用的传播媒介。

(6) 紧跟移动互联网发展的趋势，尤其是互联网向移动互联网延伸、手机终端智能化以后，新技术对原有 PC 互联带来了前所未有的颠覆和冲击，在这个过程当中应当紧盯市场需求，整合现有的资源，包括横向和纵向的资源。成为一个移动营销价值的整合者和传播者。就如优秀移动营销整合服务商百分通联已覆盖金融、汽车、IT 数码、房地产等行业，已拥有一些典型案例和成功用户。

(三) 整合营销的优点

(1) 符合社会经济发展潮流及其对企业市场营销所提出来的新要求。

(2) 有利于配置企业资源，优化企业组合，提高企业的经济效益。

(3) 有利于企业更好地满足消费者的需求，有利于企业的持续发展。

(4) 有利于从观念到行为的整合。

(5) 有利于企业上下各层次的整合。

(6) 有利于企业各个部门的整合。

(7) 有利于营销策略的整合。

(8) 有利于企业长远规划与近期活动的整合。

(9) 有利于企业开展国际化营销。

技能培养：企业整合营销规划九步法则

第一步：市场调查。

第二步：SWOT 分析（企业的优势、劣势、机会和威胁）。

第三步：市场定位和经营战略。

第四步：制订针对性的营销策略。

第五步：品牌规划与低成本整合营销传播策略。

第六步：制订竞争性的区域市场推广策略。

第七步：招商规划和策略及经销商的管理。

第八步：营销团队建设及管理（人员、业务、信息等管理）。

第九步：营销预算与年度营销实施计划（包括营销控制体系）。

【案例教学】

DHC 的整合营销

1. 网络病毒营销

互联网是消费者学习的最重要的渠道，在新品牌和新产品方面，互联网的重要性第一次排在电视广告前面。

DHC 采用广告联盟的方式，将广告遍布大大小小的网站，因为采用试用的策略，广告的点击率也比较高，因为采用了大面积的网络营销，其综合营销成本也相对降低，并且营销效果和规模要远胜于传统媒体。

2. 体验营销

一次良好的品牌体验(或一次糟糕的品牌体验)比正面或负面的品牌形象要强有力得多。

DHC采用试用体验的策略,用户只需要填写真实信息和邮寄地址,就可以拿到4件套的试用装。当消费者试用过DHC产品后,那么就会对此有所评价,并且和其他潜在消费者交流,一般情况交流都是正面的(试用品很差估计牌子就砸掉了)。

3. 口碑营销

31%的被采访对象肯定他们的朋友会购买自己推荐的产品。26%的被采访对象会说服朋友不要买某品牌的产品。

消费者对潜在消费者的推荐或建议,往往能够促成潜在消费者的购买决策。铺天盖地的广告攻势和媒体逐渐有失公正的公关,已经让消费者对传统媒体广告信任度下降,口碑传播往往成为化妆品消费最有力的营销策略。

4. 会员制体系

类似于贝塔斯曼书友会的模式,只需通过电话或上网索取DHC免费试用装,以及订购DHC商品的同时自动就成为DHC会员,无需缴纳任何入会费与年会费。DHC会员还可获赠DM杂志,成为DHC与会员之间传递信息、双向沟通的纽带。采用会员制大大提高了DHC消费者的归属感,拉近了DHC与消费者之间的距离。

5. 多渠道营销

网络营销是DHC营销体系的一部分,当然传统媒体依然会有DHC的广告,包括重金聘请代言人等行为,都是在提升品牌的形象,多渠道的营销推广,加深了消费者对DHC的品牌印象,当接触到试用的机会后,促成购买的可能性也大大增加。

整体来看,DHC近几年的高速发展和其营销策略是密不可分的,或者可以说DHC更了解市场,懂得利用新媒体为品牌传播。通过传统媒体、形象代言人提升品牌形象、品牌可信度,对于新产品而言是核心关键;网络的病毒营销能够将传播的点放大化,投入1分的成本看到的也许是10分的效应;通过体验营销的方式,直面消费者,用产品去改变消费者的消费观念;一旦能够建立品牌信任,很有可能DHC在这个消费者影响范围内就传播开来,更多的人申请试用,更多的人尝试购买;最终用DHC的会员DM杂志将用户和品牌紧紧捆绑在一起,不断关注和提醒消费者,自然会促成更多的购买决策和传播影响。

从以上的分析而言,互联网对DHC最大的促进有以下方面:

(1)降低了营销成本。

(2)大幅度提高了品牌占有市场的速度。

(3)消费者通过互联网对潜在消费者有效的引导。

从此数据和案例我觉得可以引起很多的思考,一方面是传统企业如何针对消费者的心态,利用互联网新媒体工具进行有效的营销推广;另一方面,消费者的心态和消费交流的欲望,本身也是一种非常有价值的需求,进而商业的转化也是十分便利,必然会受到商业的青睐。也许这就是社会化商务应该做的事情,只是一个时间问题。

二、整合营销的内容

(一)营销战略整合

整合营销观念认为,企业的所有部门而不仅仅是营销部门,都要为"满足顾客需要"而工作,同时,企业的所有部门不仅仅要考虑顾客利益,还要考虑企业利益。通过整合营销,可以实现二者的统一,形成持久的竞争优势。整合营销观念把企业的营销由策略提升到战略的层次,从而提出了业务整合和系统规划的必要性。

营销战略整合理论把营销的视角分为三个层次:企业层次、营销层次、沟通层次,相应地有企业战略、营销战略、沟通战略。如图5—4所示。

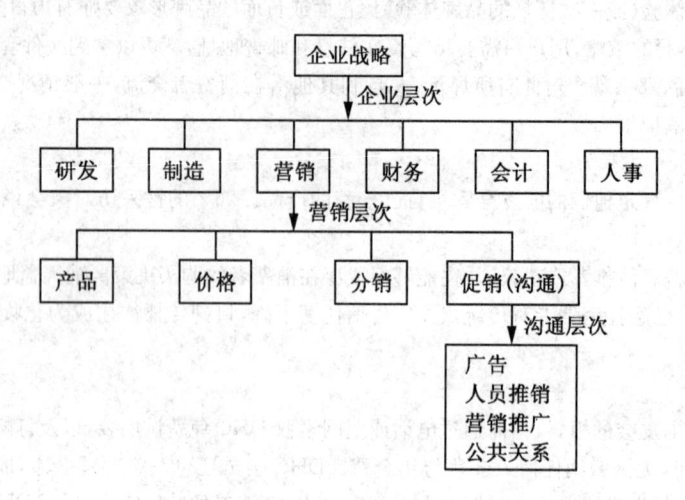

图5—4 营销战略整合的三个层次

1. 企业战略

企业战略是最高层次即企业层次的战略,它通常以某一战略业务单位为基础,主要包括:成长战略、维持战略、收获战略、放弃战略、创新战略等。企业要在该层次实现战略,必须通过企业组合要素来实施,企业组合要素主要包括:研究开发、工程技术、生产制造、财务会计、人力资源、市场营销等业务流程,出于管理和组织的考虑,通常将这些业务流程在组织内按职能进行划分,在具体实施企业战略时,还需使之相互配合。

2. 营销战略

营销战略介于企业战略和沟通战略之间,是中间层次即营销层次的战略,主要包括成本领先战略、差异化战略、集中战略。其中,成本领先战略强调价格要素的作用,差异化战略可通过产品或服务的差异化定位来实现,集中战略可通过特定顾客群的定位来实现。企业要实施营销战略,必须通过对营销组合要素的调度而实现,营销组合要素主要包括产品、价格、分销、促销等。

3. 营销沟通战略

营销沟通战略是最低层次即营销沟通层次的战略,其目标是通过寻求消费者在认知、情感和行为三方面的反应,最终促使消费者采取购买行动。根据消费者在购买时思考方式的不同,营销沟通战略可分为理性战略和感性战略。理性战略是指以理性的方式向消费者提供产品及品牌利益等营销信息,帮助消费者了解和认识产品,从而建立品牌知晓度和品牌认知度。感性战略则是以感性诉求的方式,向消费者提供产品及品牌利益等营销信息,从而改变消费者的品牌态度,建立品牌偏好。二者使用的营销沟通工具基本相同,如广告、公共关系等,只是在诉求方式、信息内容与媒体选用等方面有所不同。

整合营销把企业战略、企业营销战略、营销沟通战略联结和协调起来,把顾客利益、顾客需求纳入到企业战略管理体系之中,并将其转化为企业利益和企业目标。

(二)营销工具整合

营销战略必须通过具体的营销方案来实施,其内容就是实现营销资源在各种营销工具之间的分配,达到效益最大化。营销工具主要包括:产品、价格、分销和促销(沟通)。营销工具整合的内容包括:营销组合要素之间的整合,营销组合中每一要素的内部整合。

1. 产品组合

产品组合主要涉及以下内容。

(1)产品质量。营销沟通不仅停留在企业的促销环节,而且分布于企业的每一项活动之中。从某种意义上说,产品质量是由顾客认知驱动的,要注意产品质量、产品认知质量、产品传播质量的吻合,同时还要注意产品质量与分销渠道的整合。

(2)产品设计。产品设计具有沟通价值,体现在产品特色、性能、风格等方面。产品设计必须与目标市场顾客的需要相吻合,必须与价格、分销和营销沟通协调起来。

(3)产品特征。产品特征创造了营销沟通的独特利益和吸引力,能形成较高的顾客价值。产品特征的开发和选择,既要兼顾到顾客认知价值,又要考虑相对成本。产品特征必须与营销沟通和价格进行整合。

(4)产品包装。现代包装的营销作用越来越大。首先,包装应与产品质量、特征相吻合;其次,构成包装的所有要素必须协调一致,包括文字说明、品牌标记、图案色彩等;最后,产品包装还要与价格、分销、沟通等营销工具相互协调。

(5)品牌。品牌营销是企业营销的重要组成部分。品牌是一个多重要素的复合体,在品牌塑造、品牌维护、品牌发展过程中,要对其进行不断分析研究和开发投资。其核心问题是品牌整合,其一,品牌要素本身的一致性,如品牌属性与品牌利益必须统一;其二,品牌要素还要与其他营销工具协调起来。

2. 价格组合

尽管当前在消费者的购买决策中非价格因素日益重要,但由于价格与收入、市场份额和利润紧密相关,因而企业在制定价格时要与其他营销工具进行整合。

首先,价格战略必须与产品战略结合起来,一般而言,产品质量越高,产品越是独特、替代品越少、产品声望越高,消费者对价格就越不敏感,价格就可以定得越高。

其次,价格与分销也是紧密相连的,不同的分销地点、不同的经销商,对价格的反应及分销成本是不同的,如高档的名贵产品应选择专卖店或专柜销售。

最后,价格还要与沟通进行整合,从而影响消费者的认知。价格的制定必须以消费者认知为依据,而消费者认知的建立又依赖于营销工具的综合运用。

3. 分销组合

分销组合必须与其他营销工具配合使用。

其一,分销必须与产品进行整合。分销渠道的选择与产品的物理特性密切相关,还要考虑到产品的技术复杂程度和产品生命周期。

其二,分销必须与营销沟通进行整合。分销渠道具有强大的营销沟通功能,制造商的分销策略是把商店形象与其提供的产品形象相配合,批发商的促销工具主要是人员推销,零售商的促销工具则包括广告、销售促进、公共关系等。营销沟通与分销的整合因企业选择推式和拉式策略而有所不同,在推式策略中,分销与沟通必须在每一分销环节进行整合,在拉式策略中,制造商直接与最终消费者进行沟通。同时,分销要配合营销沟通,为消费者提供最大购物便利。

其三,分销必须与价格进行整合。在分销渠道中,零售商的价格是一个关键性的定位因素,必须根据目标市场、竞争状况等确定。

最后，企业的整个分销系统必须整合。

4. 促销（沟通）组合

从 4C 理论的角度考察，促销组合实质上是最低层次的营销沟通组合。营销沟通要达到的效果是对消费者的态度和行为产生影响，因此，在整合营销中，对营销沟通信息的基本要求有三个：必须清楚简单；必须清晰一致；必须与消费者认知相吻合。

（三）营销沟通整合

营销沟通面临的主要问题是：如何以最低成本取得一定的沟通效果？如何以一定成本取得最大沟通效果？为此，必须对各种沟通工具进行研究，通过各种沟通工具的协调运用，达到协同效果。

1. 广告

广告的主要优势是有助于建立长期形象，同时有助于促进短期销售；缺陷是成本较高。根据广告目标的不同，可把广告分为三类：通知型广告、说服型广告、提醒型广告。通知型广告旨在建立品牌认知，一般用于产品的市场导入阶段，企业同时还采用销售促进、人员推销、公共关系宣传等沟通工具，通知型广告必须与这些工具密切配合；说服型广告旨在建立品牌偏好，一般用于产品的成长期，说服型广告应与公共关系宣传和销售促进协调使用；提醒型广告旨在建立长期的品牌形象或用于短期的消费提示，一般用于产品的成熟期，可与销售促进结合使用。

2. 销售促进

近年来，销售促进在营销沟通预算中的比重日益提高，尤其是在消费品行业。销售促进工具的影响通常是短期的，对建立长期品牌偏好作用较小，因此必须与其他营销沟通工具配合使用才能发挥协同作用。在销售促进的整合中，要注意以下几个问题：(1)根据各种推广工具的优缺点和推广对象，选择合适的具体销售促进工具。(2)把各种具体的销售促进工具结合起来，并在时间、内容上相互一致。(3)把销售促进工具与其他营销沟通工具进行协调配合。

3. 公共关系

作为营销沟通工具的公共关系，又称营销公共关系，本质上是企业整体公共关系的一个重要组成部分。企业整体公共关系包括媒体关系、企业内部公众关系、金融关系、公共事务和社区关系、营销公共关系等。营销公共关系即宣传，其工作重点是通过获得在媒体上的免费报道来促进企业形象的建立或产品的销售。与其他营销沟通工具相比，公共关系的主要优势是：高度可信、成本效益高、能迅速建立知晓度，缺陷是效果难以评估。成功的公共关系主要取决于与其他营销沟通工具的整合。

4. 人员推销

销售人员工作的核心是顾客关系的建立，属于一对一的沟通，是直接增加销售的工具。与此同时，其他营销沟通工具则属于大众沟通，对销售的作用是间接的。由于组织结构和工作性质的差异，销售人员和营销沟通人员往往是相互独立的，如果不注重人际沟通与非人际沟通的交互作用，将会影响整体沟通效果，因此，应把人员推销与其他非人际营销沟通工具整合起来，做到：其一，人员推销与广告整合。广告在通常情况下通过大众传媒向广大受众传达有关企业和产品的最一般信息，信息反馈和调整机会几乎为零。二者的结合使用可以实现优势互补，尤其是在新产品上市时非常重要。由于人员推销是一对一的人际沟通模式，可以在一定程度上弥补广告的不足，向受众解释、反馈及有针对性地调整信息。其二，人员推销与销售促进整合。销售促进对人员推销能起到积极的促进作用，二者的结合使用能刺激顾客购买。其三，人员推销与公共关系整合。公共关系的重要作用是建立和维持与公众的关系,而销售人员在企业和公众顾客的关系建立中扮演着重要角色,二者应紧密协作。最后,与其他营销沟通工具的整合。人员推销可与销售点广告等其他沟通工具配合使用,以产生协同效应。

【实战演练】

一、实训目的、要求

通过实训,要求学生能够熟悉整合营销的方式、方法。

二、实训主要内容

寻找一个品牌,以小组为单位进行对该品牌的整合营销。

三、实训准备

要求学生通过书籍或网络查询资料熟悉该品牌情况,并做好记录表。

四、实训资料

该品牌详细资料、记录表。

五、实训操作步骤

第一步:市场调查。

第二步:查询资料,做好记录。

第三步:运用一定方法进行资料和数据的分析。

第四步:市场定位。

第五步:制订针对性的营销策略。

第六步:品牌规划与低成本整合营销传播策略。

第七步:制订竞争性的区域市场推广策略。

第八步:营销预算与年度营销实施计划。

六、实训成果

记录表、分析表,最终的整合营销计划PPT。

第三节 营销计划与控制能力

经典语录:

像产品或服务一样,计划如果被管理者作为进行战略决策的工具,那么它本身也必须被加以管理和塑造。

——罗伯特·伦兹

理论基石:

一、市场营销计划系统

(一)市场营销计划

现代营销管理,既要制定长期的战略规划,决定企业的发展方向和目标,又要有具体的市场营销计划,具体实施战略计划目标。因此,企业应依靠两个计划系统的支持,即战略计划系统和市场营销计划系统。

市场营销计划是对每一项业务、产品线或品牌的具体营销方案与计划。战略计划决定了各项战略业务单位的目标与方向,然后,每项业务还需要制订一个具体的营销计划。例如,战略计划认为某一个品牌有增长潜力,应发展该品牌,这时就需要制订该品牌具体的营销计划以实现战略目标。

市场营销计划包括:

1. 长期计划(五年计划),描述五年内影响该品牌的主要因素,五年的目标以及市场占有率、销售增长率等主要战略目标和投资计划等。

2. 年度计划,即根据长期计划而逐年制订的详细计划,主要分析当前的营销环境,面临的机会与挑战,年度内的市场营销战略、计划项目、预算等。

(二)市场营销计划内容

1. 计划概要

市场营销计划的概要是对本计划目标和内容作扼要概述。该项内容毋须过于细致复杂,因为具体目标与内容在计划的其他部分会有更具体的描述。

2. 目前市场营销形势

该部分应提供有关市场、产品、竞争、分销及宏观环境方面的有关背景数据。

(1)市场形势:提供目标市场的数据。

(2)产品形势:过去几年产品线中主要产品的销量、价格、边际收益、净利润等。

(3)竞争形势:明确主要的竞争对手,及他们的规模、目标、市场份额、产品质量、营销战略及其意图和行为特征。

(4)分销形势:提供有关各分销渠道规模与重要性的数据。

(5)宏观环境形势:与产品线未来有关的宏观环境趋势,即人口统计、经济、技术、政治、法律、社会文化。

3. 机会与问题分析

这一部分主要包括:产品线面临的主要机会、威胁、优势、劣势和产品线面临的主要问题。

(1)机会与威胁分析:明确业务所要面临的主要机会与威胁。

(2)优势与劣势分析:明确产品优势与劣势。

(3)问题分析:利用前面发现的情况确定计划中必须要强调的主要问题。

4. 目标

实现营销目标是营销计划的最终目的,是营销计划所有内容的服务指向。目标分为财务目标和营销目标两类,这两类目标都必须明确量化。

(1)财务目标:投资收益率、净利润、净现金流量等。

(2)营销目标:销售额、销售增长率、销售量、市场份额、品牌知名度、美誉度、分销网点、销售价格等。

5. 营销战略与策略

营销战略与策略提供将用于实现计划目标的主要营销手段。它们的制定并非仅仅是营销计划制订者的任务,而需要组织各个部门、领域的人员参与,如采购人员、制造人员、销售人员、广告人员、财务人员等;否则,等到产品下线才为其准备营销策略,会给企业带来灾难性的后果,如产品缺乏市场需求或出现定位偏差等。

一般而言,营销战略在营销计划中常常以下列条目来加以描述:目标市场、产品定位、产品线、产品定价、分销网点、销售队伍、广告、销售促进、产品研发、市场调研等。

6. 行动方案

营销战略表明了企业为实现营销目标而明确的总体思路与措施。而行动方案则是开展营销行动的具体手段与途径,是实现营销战略与目标的根本保证。

7. 促销方案

包括针对经销商和针对消费者的两部分促销方案。

8. 预计盈亏报表

预测计划中的预期财务开支,还应从收入和费用两方面预计,其中收入主要预计销售量、平均实现价格;费用主要考虑生产、物流、营销成本。

9. 控制

指明如何控制计划,监测计划的进度,有时也包括应急计划。

二、市场营销控制系统

(一)市场营销控制的原则

市场营销控制原则的核心内容是适度,使组织营销活动的目标和规模与组织的资源相协调,即充分地发挥现有资源的创造力,又把营销风险控制在合理的水平,保持组织平稳与持续的发展。

1. 目标匹配原则

营销规模要与营销目标相匹配。营销目标是组织目标体系中的一部分,它与组织的整体目标是一致的、协调的。组织整体目标体系决定了营销目标的水平,而营销目标的水平又决定了营销规模大小。在给定营销目标水平下,营销规模过小不易达到组织目标,而营销规模过大,也会形成资源浪费,甚至给组织经营造成混乱,破坏组织形象。

还有的组织过度依赖广告的作用,没有把精力放在生产质量与服务质量上,广告规模与组织生产能力和服务能力、广告力度与组织生产质量和服务质量不匹配,这样的组织最终会被市场抛弃。在20世纪90年代,这样的例子在中国市场上并不少见,以广告起家的人,并不能靠广告生存下去。所以,营销规模一定要与营销目标一致,与组织的生产能力、服务能力和其他资源条件相一致。

2. 现金流动原则

现金流动原则是指组织当前的营销活动所需要的资源支持符合组织当前可以承担的财务能力,而不是依赖于组织的总财产状况作出营销决策与营销计划。现金流动原则也是许多其他组织活动决策的主要依据之一。比尔·盖茨曾说过,只要微软有足够的现金支付员工一年的工资,他就不用担心公司的生存问题。只有现金才是当前营销活动的经济基础,变现力弱的资产是不可以作为现阶段营销活动的资金保障的。因此,组织总资产多并不表示它可以支持大规模的营销活动,而组织总资产少,现金多,却可以支持现阶段的规模较大的营销活动。

3. 例外事件原则

强调例外可使组织保持灵活性,能提高组织各级管理人员和营销人员的工作效率。例外事件原则产生的根本原因是管理者不能对未来营销计划的执行环境进行充分、完全的预测。

一些例外事件是可以包容于既定的营销计划之下的,不会削弱组织达到目标的能力,而有一些例外事件却会使组织营销活动走上与目标不一致的道路。处理这种事件的不二法宝是在计划制订的初期,确立标准时,留下应付未来事件的足够的空间。组织可以预测营销活动可能面对的最好的结果与最坏的结果,作为波动空间的上下限。合理的决策权分配可以帮助有效地处理例外事件,如果一个例外事件的影响力较小,不会对组织目标产生较大的影响,就可以由较低层的管理人员自主处理,如果例外事件的出现已经严重影响了组织的营销活动,就要上报给高层管理人员,由他们来处理问题。这种分权可以处理所有的意外事件,也能提高各级管理人员的工作效率,节约高层管理者的时间。

4. 持续发展原则

营销活动需要持续不断地进行。在各个时期都要有营销活动,并且需要营销创新。各个营销活动既可以是相互衔接的,也可以是相互独立的。例如建立一个品牌的过程就是一个持续营销过程,通过一系列的广告宣传和树立形象的活动,组织品牌逐渐为消费者所熟悉和认知,并建立对品牌的忠诚。与营销活动的持续发展相适应,营销预算应该是持续的,各个时期都要有一定的营销预算。从总体来看,组织可按照一定的标准,如销售额、利润额的百分比或者竞争对等法等,制订组织的总营销费用,然后,按照每年的营销活动计划,把营销预算分配给各个营销活动。不同类型的组织对营销活动持续性的需求是不一样的,商业领域和日用消费品领域的经营者需要不断地进行各种营销活动。

5. 标准合理原则

市场营销控制标准应该是合理的,即营销人员通过一定的努力是可以达到的。营销目标过高,营销人员压力太大,挫折感会比较强,从而抑制他们的工作积极性和工作热情;营销目标太低,就不具有挑战性,不能激发营销人员的斗志,失去鼓励他们的作用。一套合理的标准应该是富有挑战性,并能鼓励员工表现得更好,而不是让人感到沮丧或动力不足。

6. 多重目标原则

管理者和营销人员都希望自己的工作成绩看起来更好,因此,除了努力工作提高绩效外,也会用其他的方式对工作成绩进行修饰。如果使用多重的市场营销控制标准,营销人员就难以对工作成绩进行修饰,这样可以防止做表面文章的事情发生。另外,在实际工作中,使用单一的工作标准也是不客观的,只有用多个控制标准才能对实际工作绩效进行全面的衡量。

(二)市场营销控制的基本形式

1. 年度计划控制

任何企业都要制订年度计划,然而,年度市场营销计划的执行能否取得理想的成效,还需要看控制工作进行得如何。所谓年度计划控制,是指企业在本年度内利用控制手段,检查实际绩效与计划之间是否有偏差,并采取改进措施,以确保市场营销计划的实现。许多企业每年都制订有相当周密的计划,但执行的结果却往往与之有一定的差距。事实上,计划的结果不仅取决于计划制订得是否正确,还有赖于计划执行与控制的效率如何。可见,年度计划制订并付诸执行之后,搞好控制工作也是一项极其重要的任务。

年度计划控制的主要目的在于:

(1)促使年度计划产生连续不断的推动力;

(2)控制的结果可以作为年终绩效评估的依据;

(3)发现企业潜在问题并及时予以妥善解决;
(4)高层管理人员可借此有效地监督各部门的工作。
年度计划控制系统包括四个主要步骤:
(1)制定标准,即确定本年度各个季度(或月)的目标,如销售目标、利润目标等;
(2)绩效的测量,即将实际成果与预期成果相比较;
(3)因果分析,即研究发生偏差的原因;
(4)改正行动,即采取最佳的改正措施,努力使成果与计划相一致。
企业经理人员可运用五种绩效工具以核对年度计划目标的实现程度,即销售分析、市场占有率分析、市场营销费用与销售额比率分析、财务分析、顾客态度追踪分析。

2. 盈利能力控制

盈利能力控制是指企业需要衡量各种产品、地区、顾客群、分销渠道和订单规模等方面的获利能力。市场营销盈利能力分析显示了不同渠道、产品、地区或其他市场营销实体的相对赢利能力。它既不证明最好的行动方案是放弃没有盈利能力的市场营销实体,也不是说如果放弃这些刚好够本的市场营销,实体就一定会有可能提高利润。盈利能力分析的目的在于找出妨碍获利的因素,以便采取相应措施排除或削弱这些不利因素的影响。公司可采用的调整措施很多,企业必须在全面考虑之后作出最佳选择。

(1)营销盈利能力分析的主要步骤为:
①首先测定每一项活动需要多少费用,确定功能性费用。
②测定通过每种渠道销售产品各需多少功能性费用,将功能性费用指定给各市场营销实体。
③为每个市场营销实体编制一份损益表。
(2)盈利能力考察的指标:
①销售利润率。销售利润率是指利润与销售额之间的比率,表示每销售100元使企业获得的利润,它是评估企业获利能力的主要指标之一。其公式是:销售利润率=(本期利润÷销售额)×100%
②资产收益率。资产收益率是指企业所创造的总利润与企业全部资产的比率,其计算公式是:资产收益率=(本期利润÷资产平均总额)×100%。其分母之所以用资产平均总额,是因为年初和年末余额相差很大,如果仅用年末余额作为总额显然不合理。
③净资产收益率。净资产收益率是指税后利润与净资产所得的比率。净资产是指总资产减去负债总额后的净值。其计算公式是:净资产收益率=(税后利润÷净资产平均余额)×100%。
④资产管理效率。可通过以下比率来分析:
A. 资产周转率。资产周转率是指一个企业以资产平均总额去除产品销售收入净额而得出的比率,其计算公式是:资产周转率=产品销售收入净额÷资产平均占用额。
资产周转率可以衡量企业全部投资的利用效率,资产周转率高说明投资的利用效率高。
B. 存货周转率。存货周转率是指产品销售成本与产品存货平均余额之比,其计算公式是:存货周转率=产品销售成本÷产品存货平均余额。
存货周转率是说明某一时期内存货周转的次数,从而考核存货的流动性。存货平均余额一般取年初和年末余额的平均数。一般来说,存货周转率次数越高越好,说明存货水准较低,周转快,资金使用效率较高。

资产管理效率与获利能力密切相关。资产管理效率高,获利能力相应也较高。这可以从资产收益率与资产周转率及销售利润率的关系中表现出来。资产收益率实际上是资产周转率和销售利润率的乘积:资产收益率=(产品销售收入净额÷资产平均占用额)×(税后息前利润÷产品销售收入净额)=资产周转率×销售利润率。

【案例教学】

从一张图看亚马逊和苹果差异:盈利能力差距惊人

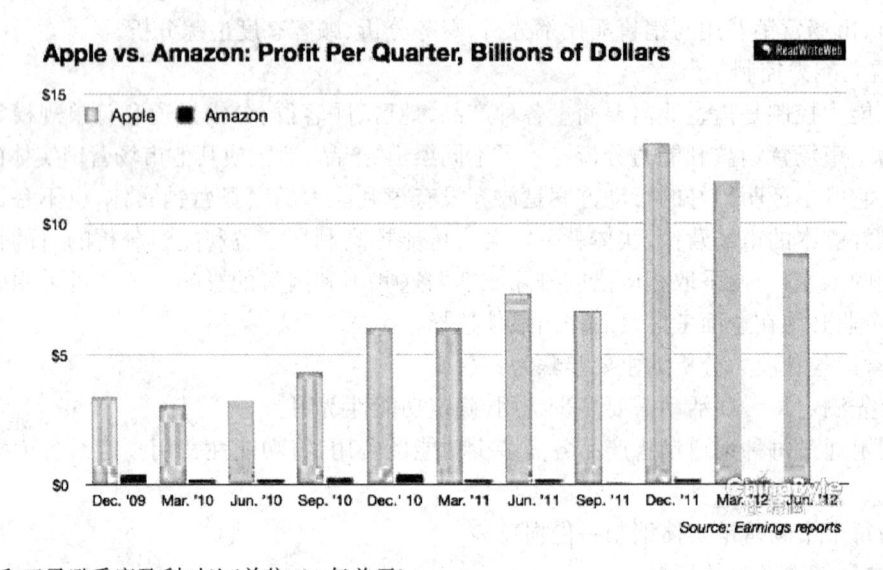

苹果和亚马逊季度盈利对比(单位:10亿美元)

北京时间 2012 年 9 月 11 日消息,据国外科技网站 Read Write Web 报道,对于苹果和亚马逊两家公司来说,二者从事的业务非常接近:设计小型电脑、平板电脑、电子阅读器、手机、媒体播放器,并都将这些产品出售给公众。但何种原因导致二者存在如此大的差别?

亚马逊的做法:先销售,后盈利

上周,亚马逊 CEO 杰夫·贝索斯(JeffBezos)在该公司为新的 Kindle 平板产品举行的新闻发布会上解释了他们的做法。"当用户使用我们的设备时我们才考虑赚钱,而非用户购买设备时就考虑盈利,"贝索斯说,"如果有人购买了我们的设备,并把它放在办公桌的抽屉里,从来没有使用它,我们不应该从这些用户身上赚钱。"

贝索斯解释说,他当然对亏损状态下销售一款设备不感兴趣。他最感兴趣的是亚马逊当前的业务模式,即在这些业务上赚点钱,在另外一些业务上赚点钱,这样用户比较好接受。"

贝索斯称,亚马逊信奉的理念是:"最重要的是与客户保持一致。客户胜利了,我们就胜利了,而且只有客户赢了,我们才能赢!"与大多数公司有一点不同的是,亚马逊采取了"与客户产生共鸣"的策略。

苹果的做法:从小设备上赚取大利润

苹果每推出一款小玩意儿,都能从每台设备产生上赚取的利润高达数百美元,特别是 iPhone 手机。它的媒体生态系统总能得到硬件的支持,换句话说,苹果的 iTunes 和 AppStore 的存在,在很大程度上得益于苹果出售了更多的 iPhone 手机、iPad 平板、Mac 电脑、苹果电视以及 iPod 播放器产品。

苹果 CFO 彼得·奥本海默(Peter Oppenheimer)在 2008 年的财务分析师电话会议上强调:"我们正考虑

在 App Store 零售店采取类似 iTunes 商店的同样运营方式。尽管它只会产生少量收入,但这将是一个小的利润增长点,而且 iTunes Store 将对 iPod 播放器更具吸引力,我们同样认为 App Store 零售店对 iPhone 和 iPod Touch 客户将更具吸引力。作为间接回报,我们希望看到通过 App Store 零售店能够销售更多的 iPhone 和 iPod touch 产品。"

显然,如果认为短期利润重要,苹果公司胜出。从图中可以看出,苹果已产生了超过 73 亿美元的利润,而亚马逊的利润约为 20 亿美元。苹果的盈利水平达到了亚马逊的三倍还多。苹果的做法明显着重于盈利。

话虽如此,亚马逊的做法也值得肯定。其通过推出低价格设备,使更多经济实力不足的用户有机会获得平板产品。仍有数以百万计的潜在用户会购买 200 美元的 Kindle Fire 而放弃 400 美元的 iPad。苹果正是瞅准了这一商机,计划在今年晚些时候推出其小号、更为廉价的 iPad 平板。

3. 效率控制

当一个企业发现其在若干个产品、地区或者市场中的盈利不好时,它是否有有效的办法来对相关的营销活动的推销员队伍、广告、促销及分销渠道等进行管理。一些公司有市场营销控制员,专门帮助营销人员提高营销效率。大公司的市场营销控制员用一种复杂的方法来计算营销支出与营销效果,他们检查营销活动与营销盈利计划是否一致,帮助品牌经理制订预算,测量促销效果,分析媒体成本,评估消费者和地区盈利,以及培训营销人员理解营销计划的财务意义。

(1)销售队伍效率。各级销售经理应该掌握其销售队伍的工作效率,有以下几个控制指标:

①每个推销员平均每天的推销访问次数;
②平均每次推销访问所需要的时间;
③平均每次推销访问的收入;
④平均每次推销访问的成本;
⑤平均每次推销访问的交易费用;
⑥订货单数与推销访问次数之比;
⑦每一时期新增加的顾客数;
⑧每一时期失去的老顾客数;
⑨推销队伍成本占总销售的百分比。

只要组织对上述问题进行调查,总会发现可以改进的地方,来提高营销效率。

(2)广告效率。广告效率是难以具体衡量的,但是可以通过下面几个指标来判断:

①每一媒体的千人广告成本,广告注意率、阅读率;
②消费者对广告有效性和广告内容的意见;
③测量广告前后消费者对产品态度的改变;
④由广告引发的消费者咨询次数以及每次咨询成本。

管理者可以通过一系列的步骤来提高广告效率,如对产品做更好的定位、明确广告目标、预试广告信息、利用计算机技术来选择广告媒体、寻找较好的媒体和做广告反馈调查。

(3)促销效率。对每次促销活动的成本和销售促进进行记录。可采用如下方式:优惠销售所占的百分比;单位产品陈列成本;赠券回收率;一次演示引发的询问次数。

(4)分销效率。研究分销效率可以帮助提高存货控制能力、选择最佳仓库位置和最佳运输方式。

分销效率控制的目的在于提高人员推销、广告、销售促进和分销等营销活动的效率,营销经理必须关注若干关键比率,这些比率表明上述营销职能执行的有效性,显示出应该如何采取措施改进执行情况。

【实战演练】

一、实训目的、要求

通过实训,要求学生能够对企业的各项能力进行分析控制。

二、实训主要内容

选择两家企业,以小组为单位对企业进行相应的盈利能力分析。

三、实训准备

要求学生查阅企业详细资料并做记录,并学习一些相关财务知识。

四、实训资料

企业详细资料、记录表。

五、实训操作步骤

第一步:寻找背景企业。

第二步:查询资料和数据,做好记录。

第三步:运用相应的比例进行盈利能力分析。

第四步:对两家企业的盈利能力进行比较。

第五步:制订针对性的盈利能力控制策略。

六、实训成果

记录表、分析表,最终盈利能力分析报告。

第三部分

营销技能的技巧化

第六章　推销常用技巧

【学习目标】
　　了解推销的一般过程，掌握说服技巧，掌握消除顾客异议的方法，掌握成交技巧。

【能力目标】
　　培养推销中说服能力，消除顾客异议的能力，成交能力。

第一节　推销你自己

　　一个成功的业务员，把自己推销出去就等于成功了一半。其实，推销自己是一种才能也是一门艺术，有了这种才能就可以安身立命，就能抓住机遇，获得成功。所以，你要推销的首要对象是你自己，你越是自信，就越能表现出自信的品质。当然，人们在接受你推销的业务时，有部分原因是在接受你的承诺本身。

一、向自己销售你自己

　　当你知道自己该怎样销售自己时，没有人能比你更好地进行销售！在把你自己（你的想法、你的愿望、你的需求、你的雄心、你的技能、你的经验、你的产品和服务）成功销售出去之前，你必须向自己销售你自己——100%的销售。

　　（一）显示你就是第一

　　如果你自己都不相信自己是第一名，别人绝对不会相信。从一定程度上说，这就是心理激励作用，这就是你在销售你自己。

　　世界上有三种人，一种是处于第一名的人，你很容易就能认出他们。这些人已经将自己销售给他们自己了。他们都功成名就了。他们满怀热忱，他们从不抱怨，他们的脸上挂着第一名的笑容。他们就是种瓜得瓜、种豆得豆的最佳例证。他们是赢家。他们有能力用热情给你充满电。他们就是你应该效仿的对象。

　　另一种是处于第二名的人。在每间办公室、每个部门、每个商店和每个教室里，都有这样的一个人。他们总是想找个肩膀可供偎依哭诉，找个人来听他们倾诉烦恼。他们自始至终都是一个满腹牢骚的人。他们是失败者，是别人都唯恐避之不及的人。他们是不仅自己从不振作，而且还想把别人也拉下水的人。如果不离开他们，你就有变成跟他们一样的危险。

　　还有处于第三名的人。他们远离了生活，轻易彻底地放弃了生活。他们的态度就是："这又有什么用?"他们曾经说的就是:"让别人去做吧。"从某种程度上来讲,他们甚至比第二名的人更加让人觉得可怜,因为他们从来都不准备去试一试。离开他们,切记!

(二)让你自己兴奋起来

面对销售压力,你最需要做的就是保持积极的心态,告诉自己你就是最棒的。

(三)化不满为称赞

不要为通向第一名的途中遇到的障碍而踌躇不前。要做到这一点,必须要先让自己发动起来,不要让自己陷入消极的陷阱中。第一名会被奚落和嘲讽,那些在生活中位于第二名和第三名的人永远也不会满足,直到他们把第一名也拉进他们的行列中。

在销售自己的过程中,你绝对可以赢得胜利,只要你相信自己是第一名,并且做的也像第一名。对自己要保持信念,相信你自己就是全世界最好的产品,你是一个没有人能和你旗鼓相当的人。你就是第一名!所有第一次成功地把自己销售给自己的人,他们的销售形式无非是:学会喜欢你自己。现在就行动!

二、向顾客推销你自己

一个人的外在形象,反映出他特有的内涵。倘若别人不信任我们的外表,你就无法成功地推销你自己了。推销员在与顾客初次见面时,要给顾客留下良好的第一印象。

(一)服饰

见面后,首先映入顾客眼帘的是服饰。因此,推销员应重视自己的服饰。据调查,一位外表整洁的推销人员是引起顾客购买欲的先决条件。美国一项调查表明,80%的顾客对推销员的不良外表持反感态度。服饰对推销员而言,也可以说是销售商品的包装纸。包装纸如果粗糙,里面的商品再好,也会容易被人误解为是低价值的东西。日本推销界流行的一句话就是:若要成为第一流的推销人员,就应先从仪表修饰做起,先以整洁得体的衣饰来装扮自己。

推销员的着装要符合个人的性格、爱好、身份、年龄、性别、环境、风俗习惯,不要赶时髦和佩戴过多的饰物。如果穿戴过于引起别人注意的服饰,反而会使人觉得你本人无足轻重,招致相反效果。

(二)谈吐举止

推销员要落落大方,谈吐得体。虽然没有一个统一的模式供推销员运用,但有一些问题,必须引起推销员注意。如说话速度太快、吐字不清、语言粗俗;声音粗哑、有气无力、说话不冷不热;批评、挖苦、吹牛、撒谎;油腔滑调、沉默寡言;太随便、与顾客勾肩搭背、死皮赖脸、死磨活缠;挖耳搔头、耸肩、吐舌、咬指甲、舔嘴唇、脚不住地抖动;不停地看表、皮笑肉不笑;东张西望、慌慌张张等。

(三)礼节

推销员的礼节是推销业务中非常重要的一环。推销员不懂礼节,往往会在无形中破坏交谈的结果。顾客是聪明的,他们只向值得信赖、礼节端正的推销人员去购买。讲求礼节的基本原则是:诚恳、热情、友好、谦虚。围绕这几个基本点去处理事情,就会收到预期效果。

第二节 说服技巧

一、说服的目的与方式

推销过程就是推销员说服顾客购买的过程。推销员说服顾客要把握三个方面：一是向顾客传递商品信息，使顾客对商品及交易条件有充分的了解，为购买决策提供依据；二是激发顾客的兴趣，让顾客喜欢你的产品；三是刺激顾客的购买欲望，诱导顾客产生购买行为。

生意是"谈"出来的，如果没有达成交易，是因为话没"说透"，即"买卖不成话不到"。但是，推销员光靠一张"巧嘴"还不行，因为，言语不是传递信息的唯一手段，也不是最有效的手段。文字、图片、样品等非言语手段，更可以传递大量信息，也更容易为顾客所接受。实践中，有的推销员言之凿凿，而顾客听之藐藐，一旦拿出样品，顾客马上理解。此外，还有大量的信息，只可意会，不可言传。对无法用言语传递的信息，推销员就要借助示范、推销工具等非言语手段来说服。

二、言语说服的技巧

推销介绍犹如做文章，平铺直叙显得平淡无味；就事论事不能打动顾客。推销员要用鲜明、形象、生动的语言打动顾客的感情，用事实和逻辑的力量折服顾客的理智。

（一）商品介绍要清楚、准确

推销员向顾客介绍商品，能使顾客对商品有全面的认识和了解，从而激发顾客的兴趣。为此，推销员介绍商品时，语言要清晰，明白无误，使顾客易于理解，并且要用顾客易懂的语言作介绍。对一个不懂行的顾客谈论技术细节，满口技术名词，会使顾客不知所云、印象模糊、兴趣全无。

对商品的介绍要准确，切忌语言含糊，造成顾客疑虑。在回答顾客异议时，避免使用"大概如此"、"也许"、"可能"等模棱两可的词，以免引起顾客的不信任感。

（二）说服要把握针对性，因人而异

推销员要根据顾客的不同性格和需求心理"对症下药"，只有针对性地说服，方能诱发顾客的购买动机。

（三）让顾客参与

推销是买卖双方的事，因此切忌推销员谈顾客听，应鼓励、引导顾客发表意见，请顾客动手试用产品。有关调查显示，若推销员一方"口说"，顾客一方"耳听"，事后，谈话内容在顾客的脑海中只能留下10%的印象和记忆，而让顾客参与面谈，所获得的印象则会大大提高。

（四）晓之以理、动之以情，刺激需求

晓之以理，就是理智地帮助顾客算细账，向顾客详细指出使用这种产品能够得到多少利益，使顾客确信他所购买的产品是合理的。动之以情，就是推销员要努力渲染推销气氛来打动顾客的感情，激发他们的购买欲望。研究表明，顾客购买习惯遵循一个90：10的公式。即在人们的头脑中，感情的分量与理智的分量各占90%和10%。顾客的许多购买行动绝非是深思熟虑的结果，而是由于感情冲动。因此，推销员要打动顾客的心而不是打动顾客的脑袋。

三、示范

(一)示范的作用

示范就是推销员通过对商品的现场操作表演等方式,把商品的性能、特色、优点表现出来,使顾客对商品有直观的了解。郑州柴油机厂为在内蒙古打开该厂"金牛"牌柴油机的市场,举行了一场场别开生面的"拔河赛"。一台装有"金牛"牌柴油机的拖拉机,与十几台装有相同马力、不同牌号柴油机的拖拉机轮番较量,无不取胜。该厂通过这种方式向顾客展示了"金牛"牌柴油机马力大的特点。示范的作用有两个方面:一是形象地介绍商品,有助于弥补语言对某些商品,特别是技术复杂的商品不能完全讲解清楚的缺陷,使顾客从视觉、嗅觉、味觉、听觉、触觉等感觉途径形象地接受商品,起语言介绍所起不到的作用。二是起证实作用。耳口为虚,眼见为实,直观了解,胜于雄辩。

推销员要善于进行示范,通过刺激顾客的感觉来吸引顾客:

听:商品能发出优美的声音吗?若能,就利用顾客的听觉器官。

视:商品的外观能使顾客大饱眼福吗?若能,就让顾客先睹为快。

触:通过触摸能感到商品的好坏吗?质地良好的商品能增加商品的价值。

嗅:商品有芬芳的气味吗?若有,就让顾客闻一闻。

味:商品有诱人的味道吗?若有,一定要让顾客尝一尝。

(二)示范的方法

具体地讲,示范的方法有:

(1)对比:拿推销的产品与竞争产品或老产品进行比较。凡是能说明推销品的优良性能、先进功能等优点、特点的,都可拿相应的产品进行对比。

(2)体验:让顾客试用(试穿、试戴、试听……)。

(3)表演:让商品处于运动、使用状况。

(4)展示:把商品的结构、原材料、功能等展现在顾客面前。

(5)写画:对无法携带的商品,推销员可使用"写画"的方式向顾客示范。如在谈到商品的外形时,可用笔在纸上素描轮廓等。

(6)参观:让顾客参观生产现场,以加深对产品的印象。松下幸之助认为,让人参观工厂是推销产品最快、最好的方法之一。

(三)示范的注意事项

推销员进行示范时,要做好以下工作:第一,要明确示范目的。示范是推销员向顾客提供的一种证据,示范之前,一定要明确商品要证实什么事实的目的。第二,不管顾客是否熟悉其商品,推销员都要示范,并且示范越早越好。第三,在使用中示范。推销员不仅向顾客介绍商品的外观,还要让顾客目睹产品的使用情况。第四,让顾客亲自参与,一起实践。第五,要突出重点。示范时间不可太长、太繁琐,要抓住商品的主要特征进行集中示范。

四、推销工具

(一)推销工具的作用

湖南某酒厂生产的"伏加特"酒要到美国市场上出售。行动前,该厂将第一批生产的10 000瓶酒进行了编号,然后在"圣诞节"前夕准备了精美的贺年卡,分别寄给了100多名美国最著名的大企业家,并写明"我厂生产一批喜酒,准备将编号第××号至第××号留给您,如果您要,请回信。"由于节日前夕收到大洋彼岸的贺卡,这些企业家分外喜悦,纷纷回信表示愿意。然后,推销员拿着100多名大企业家的回信,再去找批发商进行推销,结果一举成功。这说明,推销员善于利用推销工具,可大大增强说服的效果,为推销成功助一臂之力。

日本丰田汽车公司一个不可动摇的原则是:"一个优秀的推销员不只靠产品说话,而且要善于利用各种推销工具。"通常,顾客是凭听推销员对商品的介绍来购买商品的,如果推销员备有促进推销的小工具,则更能吸引顾客,激发他们的兴趣和好奇心,引发他们的购买欲。并且,人们有"耳听为虚、眼见为实"的心理,推销员要使顾客相信自己所说的一切是正确的,就要提供证据。

(二)推销工具的类型

可供推销员运用的推销工具有:

1.产品模型

有的产品不易随身携带,如大型产品;有些精密复杂的产品,如微型电机,无法展示其内部结构特征。这样,推销员就不能用商品本身向顾客做介绍,无法用产品的魅力吸引顾客。为了弥补这类产品很难进行实物展示介绍的缺陷,可制作模型向顾客介绍。

2.样品

这是最常用的推销工具。

3.图片

美国罗克公司的推销员,用印有大量彩照的册子来介绍多功能、大功率车床,引起了顾客的注意。在运用这种方法的6个月内,订货量增长了300%。

推销员使用精心制作、印刷精美的图片,能更加强烈地突出产品的特点,产生良好的说服力和感染力,使顾客通过视觉加深印象,直接引发顾客的购买欲。

4.推销证明材料

推销员应准备各种有力的推销文件、证明材料,以便向顾客出示,以取信于顾客。

推销证明材料是多种多样的,如统计资料、市场调查报告、顾客来信、专家内行证词、权威机构的评价、生产许可证、获奖证书、专营证书、鉴定书等。一封写得好的顾客来信,有时所起到的作用是不容忽视的。

5.录音、录像资料

采用录音、录像、幻灯等音响、影视资料是最大限度地调动顾客各种感觉,特别是视觉、听觉的有效方法。推销员通过这些辅助手段,不仅可以生动、真实、可信地塑造产品的形象,富有吸引力地向顾客传递商品信息,而且充分利用顾客的感情,活跃了推销气氛,从而使平淡的推销介绍变得饶有趣味,具有强烈的感染力。

此外,可供推销员运用的推销工具有:商品价目表、各企业同类产品比较表、买主名单一览表、报纸杂志有关本企业的报道等。

推销员推销的商品不同,所运用的推销工具也不同,推销员要根据自己的推销特点、环境条件等,去准备和运用各种推销工具。一个皮包里装满推销工具的推销员,一定能对顾客提出的问题给予满意的回答,顾客也会因此而信任并放心购买。

第三节 消除顾客异议

一、推销是从被顾客拒绝开始的

推销员面对的是拒绝的顾客。在推销过程中,顾客常常提出各种理由拒绝推销员。他们会对推销员说:"我不需要你的产品"、"我没钱"、"我们已有供应商"、"价格太高了",等等。据统计,美国百科全书推销员每达成一笔生意要受到179次拒绝。面对顾客异议,推销员必须正确对待和恰当处理。

推销员对顾客异议要正确理解。顾客异议具有两面性:既是成交障碍,也是成交信号。我国有一句经商格言"褒贬是买主,喝彩是闲人",即说明了这个道理。异议表明顾客对产品的兴趣,包含着成交的希望,推销员对顾客异议的答复,都可以说服顾客购买产品,并且,推销员还可以通过顾客异议了解顾客心理,知道他为何不买,从而有助于推销员按病施方,对症下药。对推销而言,可怕的不是异议而是没有异议。不提任何意见的顾客常常是最令人担心的顾客,因为人们很难了解顾客的内心世界。美国的一项调查表明:和气的、好说话的、几乎完全不拒绝的顾客只占上门推销成功率的15%。日本一位推销专家说得好:"从事推销活动的人可以说是与拒绝打交道的人,战胜拒绝的人,才是推销成功的人。"

二、处理顾客异议的原则

(一)事前做好准备

1. 基本原则

"不打无准备之仗",是推销员战胜顾客拒绝应遵循的一个基本原则。推销员在走出工厂大门之前就要将顾客可能会提出的各种拒绝列出来,然后考虑一个完善的答复。面对顾客的拒绝事前有准备就可以心中有数,以从容应付;事前无准备,就可能不知所措;或是不能给顾客一个圆满的答复,说服顾客。加拿大的一些企业专门组织专家收集顾客异议并制订出标准应答语,要求推销员记住并熟练运用。

2. 编制标准应答语

编制标准应答语是一种比较好的方法。具体程序是:(1)把大家每天遇到的顾客异议写下来;(2)进行分类统计,依照每一异议出现的次数多少排列出顺序,出现频率最高的异议排在前面;(3)以集体讨论方式编制适当的应答语,并编写整理成文章;(4)大家都要记熟;(5)由老推销员扮演顾客,大家轮流练习标准应答语;(6)对练习过程中发现的不足,通过讨论进行修改和提高;(7)对修改过的应答语进行再练习,并最后定稿备用。最好是印成小册子发给大家,以供随时翻阅,达到运用自如、脱口而出的程度。

(二)选择恰当的时机

美国通过对几千名推销人员的研究,发现好的推销员所遇到的顾客严重反对的机会只是差的推销员的十分之一。这是因为,优秀的推销员,对顾客提出的异议不仅能给予一个比较圆满的答复,而且能选择恰当的时机进行答复。懂得在何时回答顾客异议的推销员会取得更大的成绩。推销员对顾客异议答复的时机选择有四种情况:

1. 在顾客异议尚未提出时解答

防患于未然,是消除顾客异议的最好方法。推销员觉察到顾客会提出某种异议,最好在顾客提出之前,就主动提出来并给予解释,这样可使推销员争取主动,先发制人,从而避免因纠正顾客看法或反驳顾客的意见而引起的不快。

推销员完全有可能预先揣摩到顾客异议并抢先处理的,因为顾客异议的发生有一定的规律性,如推销员谈论产品的优点时,顾客很可能从差的方面去琢磨问题。有时顾客没有提出异议,但他们的表情、动作及谈话的用词和声调却可能有所流露,推销员觉察到这种变化,就可以抢先解答。

2. 异议提出后立即回答

绝大多数异议需要立即回答。这样,既可以促使顾客购买,又是对顾客的尊重。

3. 过一段时间再回答

以下异议需要推销员暂时保持沉默:异议显得模棱两可、含糊其辞、让人费解;异议显然站不住脚、不攻自破;异议不是三言两语可以辩解了的;异议超过了推销员的议论和能力水平;异议涉及较深的专业知识,解释不易为顾客马上理解,等等。急于回答顾客此类异议是不明智的。经验表明:与其仓促错答十题,不如从容地答对一题。

4. 不回答

许多异议不需要回答,如:无法回答的奇谈怪论;容易造成争论的话题;废话,可一笑置之的戏言;异议具有不可辩驳的正确性;明知故问的发难;等等。推销员不回答时可采取以下技巧:沉默;装作没听见,按自己的思路说下去;答非所问,悄悄转移对方的话题;插科打诨幽默一番,最后不了了之。

(三)争辩是推销的第一大忌

不管顾客如何批评我们,推销员永远不要与顾客争辩,因为争辩不是说服顾客的好方法,正如一位哲人所说:"你无法凭争辩去说服一个人喜欢啤酒。"与顾客争辩,失败的永远是推销员。一句推销行话是:"占争论的便宜越多,吃销售的亏越大"。

(四)推销员要给顾客留"面子"

推销员要尊重顾客的意见。顾客的意见无论是对是错、是深刻还是幼稚,推销员都不能表现出轻视的样子,如不耐烦、轻蔑、走神、东张西望、绷着脸、耷拉着头等。推销员要双眼正视顾客,面部略带微笑,表现出全神贯注的样子。并且,推销员不能语气生硬地对顾客说:"你错了"、"连这你也不懂";也不能显得比顾客知道的更多:"让我给你解释一下……"、"你没搞懂我说的意思,我是说……"这些说法明显地抬高了自己,贬低了顾客,会挫伤顾客的自尊心。

三、消除顾客异议的步骤

推销员要想比较容易和有效地解除顾客异议,就应遵循一定的程序。

(一)认真听取顾客的异议

回答顾客异议的前提是要弄清顾客究竟提出了什么异议。在不清楚顾客说些什么的情况下,要回答好顾客异议是困难的,因此,推销员要做到:(1)认真听顾客讲;(2)让顾客把话讲完,不要打断顾客谈话;(3)要带有浓厚兴趣去听。推销员应避免的现象是,打断顾客的话,匆匆为自己辩解,竭力证明顾客的看法是错误的,这很容易激怒顾客,并会演变成一场争论。

（二）回答顾客问题之前应有暂短停顿

这会使顾客觉得你的话是经过思考后说的，你是负责任的，而不是随意乱侃的。这个停顿会使顾客更加认真地听你的意见。

（三）要对顾客表现出同情心

这意味着你理解他的心情，明白他的观点，但并不意味着你完全赞同他们的观点，而只是了解他们考虑问题的方法和对产品的感觉。顾客对产品提出异议，通常带着某种主观感情，所以，要向顾客表示你已经了解他们的心情，如对顾客说："我明白你的意思"、"很多人这么看"、"很高兴你能提出这个问题"、"我明白了你为什么这么说"，等等。

（四）复述顾客提出的问题

为了向顾客表明你明白了他的话，可以用你的话把顾客提出的问题再复述一遍。

（五）回答顾客提出的问题

对顾客提出的异议，推销员要回答清楚，这才能促使推销进入下一步。这时，推销员应当避免的一个问题是：在后面的介绍中，又提及顾客前面提到的异议。这样做，只能夸大问题的严重性，容易在顾客脑子里留下不必要的顾虑。

四、消除顾客异议的方法

（一）"对，但是"处理法

对顾客的不同意见，如果推销员直接反驳，会引起顾客不快。推销员可首先承认顾客的意见有道理，然后再提出与顾客不同的意见。这种方法是间接否定顾客意见，比起正面反击要委婉得多。一位家具推销员向顾客推销各种木制家具，顾客提出："你们的家具很容易扭曲变形。"推销员解释道："您说得完全正确，如果与钢铁制品相比，木制家具的确容易发生扭曲变形现象。但是，我们制作家具的木板经过特殊处理，扭曲变形系数已降到只有用精密仪器才能测得出的地步。"

（二）同意和补偿处理法

如果顾客提出的异议有道理，推销员采取否认策略是不明智的，这时，推销员应首先承认顾客的意见是正确的，肯定产品的缺点，然后利用产品的其他优点来补偿和抵消这些缺点。推销员常对顾客说"价高质量更高"，即是通过质量更高的优点来抵消和弥补价格高的缺点。

它与"但是处理法"的主要区别在于后半部分，但是处理法后半部分紧接着否定顾客异议，而补偿处理法的后半部分则是指出推销品的优点，用以补偿顾客感觉到的不足。它是一种比较理想的方法。它的优点首先是承认顾客的观点，并没有间接否定，给人以实事求是的印象，增加了信任感。其次，通过对商品优点的宣传，容易使顾客获得心理平衡，让顾客感到购买此商品是合算的，有利于业务进行。

（三）反驳处理法

推销员对顾客异议直接否定。它与"但是处理法"相对应，也叫直接否定法，是业务人员根据有关事实和理由来直接否定顾客异议而进行针锋相对、直接驳斥的一种处理方法。这种方法最好用于回答以问句形式提出的异议或不明真相的揣测陈述，而不用于表达己见的声明或对事实的陈述。如买主可能焦急地问："这种颜色在阳光下会褪色吗？"业务员即可回答："不，绝对不会，试验已经多次证明，我们亦可担保。"

此法有优点，但局限性较大。它的最大的弱点就是直言不讳，毫无顾忌，很容易伤害顾客，用得不当会使顾客下不了台,甚至会激怒顾客。所以,用时一定要注意:必须摆事实,讲道理,并注意语气委婉,态度友好,而不能强词夺理,表达否定意见态度一定要真诚而殷切,不要像是在发动攻势,绝不能露出想发脾气的样子,那样会毁了自己的事。

(四)转化处理法

转化处理法又叫利用处理法或自食其果法,此法是利用顾客异议本身,对业务有利的一面来处理异议,把顾客拒绝购买的理由转化为说服顾客购买的理由。如一位业务员向一位中年女士推销一种高级护肤霜。顾客提出疑问:"我这个年纪买这么高级的化妆品干什么,我只想保护皮肤,可不像小青年那样要漂亮。"业务员回答:"这种护肤霜的作用就是保护皮肤,年轻人皮肤嫩,新陈代谢旺盛。用一些一般性护肤品就可以了,人上了年纪皮肤就不如年轻人,正需要高级一点的护肤霜。"

运用此法比较有效,它将顾客的异议变成说服顾客的理由,使自己从"守"转为"攻",易于保持良好的气氛,直接引证顾客自己的话更有说服力,往往可以顺水推舟达成交易。

采用此法要谨慎,语言尽可能诙谐风趣,态度一定要诚恳,以免使顾客觉得你在抓他们的话柄,钻他们的空子而感到有损于自尊。

(五)反问处理法

反问处理法又称询问处理法或质问处理法,是用对顾客提出的异议进行反问或质问的方法答复顾客的异议。

凡是顾客提出的异议必须都得回答,若以陈述句的形式摆出一些事实,往往会引起进一步异议;若以反问的形式回答异议,不但不会引起新的异议,并且能使顾客自己回答自己的问题。如一位顾客对推销吸尘器的业务员说:"你的机器太重。"业务员便可反问:"你为什么说它太重?"这样就迫使对方给出几个理由并使业务员获得一次实际展示机器的机会,以说明他的机器并不很重。难怪有专家说:在业务员使用的词汇中,有一个小词最有价值,它就是"为什么"。此法优点主要在于它能迫使你仔细听顾客说话,了解顾客的真实需要,又能摆脱困境,迫使顾客不得不放弃借口。但是,它也有一个最大的弱点,就是使用不当,会引起顾客的反感和抵触。所以,在运用时应用商量和征求意见的口吻回答。

处理顾客异议的方法很多,这就要业务员们在实际业务洽谈中总结经验,取长补短,还要注意处理方法的创造性和各种方法的配合使用,针对异议的具体情况进行灵活处理,争取凭自己娴熟的处理技巧,驰骋在业务洽谈的各种场合,为最后的成交铺平道路。

第四节　成交技巧

一、成交:推销的目标

(一)成交的含义

美国军事将领麦克阿瑟说:"战争的目的在于赢得胜利。"推销的目的就在于赢得交易成功。成交是推销员的根本目标,如果不能达成交易,整个推销活动就是失败的。

所谓成交,就是推销员诱导顾客达成交易,顾客购买产品的行为过程。成交的方式有两种,一是签订供销合同,二是现款现货交易。在实战中应注意以下问题。

（二）成交要求

1.学会接受拒绝

推销员不能主动地向顾客提出成交要求。这些推销员害怕提出成交要求后如果顾客拒绝会破坏洽谈气氛，一些新推销员甚至对提出成交要求感到不好意思。据调查，有70%的推销员未能适时地提出成交要求。许多推销员失败的原因仅仅在于他们没有开口请求顾客订货。美国施乐公司前董事长波德·麦克考芬说，推销员失败的主要原因是不要订单。不提出成交要求，就像你瞄准了目标却没有扣动扳机一样。这是错误的。没有要求就没有成交。顾客的拒绝也是正常的事。美国的研究表明，推销员每达成一次交易，至少要受到顾客6次拒绝。推销员学会接受拒绝，才能最终与顾客达成交易。

2.主动提出成交要求

推销员认为顾客会主动提出成交要求，因此，他们等待顾客先开口。这是一种错觉。一名推销员多次前往一家公司推销。一天该公司采购部经理拿出一份早已签好字的合同，推销员愣住了，问顾客为何在过了这么长时间以后才决定购买，顾客的回答竟是："今天是你第一次要求我们订货。"这个故事说明，绝大多数顾客都在等待推销员首先提出成交要求。即使顾客主动购买，如果推销员不主动提出成交要求，买卖也难以成交。

3.作出反复的成交努力

一些推销员把顾客的一次拒绝视为整个推销失败，放弃继续努力。研究表明，一次成交失效，并不是整个成交工作的失败，推销员可以通过反复的成交努力来促成最后的交易。

二、成交策略

推销员诱导顾客作出成交决定，往往需要注意以下几点内容。

（一）密切注意成交信号

成交信号是顾客通过语言、行动、表情泄露出来的购买意图。顾客产生了购买欲望常常不会直言说出，而是不自觉地表露其心志。顾客的购买信号有：

语言信号：顾客询问使用方法、售后服务、交货期、交货手续、支付方式、保养方法、使用注意事项、价格、新旧产品比价、竞争对手的产品及交货条件、市场评价等。

动作信号：顾客频频点头、端详样品、细看说明书、向推销员方向前倾、用手触及订单等。

表情信号：顾客紧锁的双眉张开、上扬、深思的样子、神色活跃、态度更加友好、表情变得开朗、自然微笑、顾客的眼神很认真等。

（二）把握成交机会

顾客产生购买意图之时就是良好的成交机会。成交信号是成交时机的表现方式。推销员一旦发现顾客有购买意图，就要迅速地诱导顾客作出购买决定，实现交易。

随时成交。成交并非是推销员留给顾客的最后一个话题。在推销中不存在最佳的成交机会，却存在着适当的成交机会，即顾客对产品的兴趣之时。推销员发现顾客的成交信号，都可随时提出成交要求。

抓住最后的机会。如果顾客拒绝，推销员还可以利用与顾客告辞的机会，采取一定的技巧来吸引顾客，创造新的成交机会。如一位推销员到一家日化厂推销塑料垫片，眼看厂长就要下逐客令了，他有意将自己发明的国际时差钟露出来。这只用各国国旗替代常见的时针分针的挂钟，立即吸引住了厂长，尤其是当厂长得知这只钟多次获奖，已申请了中国、美国专利时，顿时对他热情起来,最后这位推销员终于叩开了成功的大门。

(三)运用适当的成交方法

直接请求成交法。推销员用简单、明了的语言,直截了当地向顾客提出成交要求。如"王经理,不要错过这个机会,请在这里签字。"

选择成交法。推销员向顾客提出一些购买方案,让顾客在其中选择。如:"经理,您要这种型号还是那种型号?"选择成交法的特点,就是不直接向顾客问易遭拒绝的问题,而是让顾客在买多与买少、买这与买那之间选择,不论顾客如何选择,结果都是成交。

假设成交法。推销员假设顾客已决定购买产品,然后来采用一定的技巧诱导顾客同意。如"经理,我打电话给厂里安排马上送货。"这时,如果顾客让推销员打电话,就意味着成交了,尽管顾客没有明确提出订货。

最后机会成交法。就是告诉顾客,所剩商品不多,欲购从速。如:"这是最后 10 件,要买请趁早。"

SRO 法。告诉顾客,不马上买,就可能买不到了。如:"这种家具优惠 20%,到周末为止,欲购从速。""开张志喜,优惠供应 3 天。"

留有余地成交法。推销员为使顾客下定最后购买决心,应讲究策略。要对某些优惠措施先保留不谈,到最后关键时刻,开始提示,这是成交的最后法宝。例如,在成交关头,面对犹豫的顾客,推销员揭示推销要点,加强顾客的购买决心:"还有 3 年免费保修服务"等。有的推销员不了解顾客的购买心理,把所有的推销要点及优惠措施一泄无余,这样就会使推销员变主动为被动,不利于最后成交。

三、增加你的交易额——启发式销售

(一)启发式销售途径

所谓启发式销售,就是推销员提醒顾客购买与他已购买的商品相关的商品,使顾客购买更多的商品,增加交易额。启发式销售的途径有:

量大优惠。告诉顾客,如果能多买一些,可以给予某种优惠,如价格折扣、提供新的服务项目等。

建议购买相关产品。许多产品具有相关关系,顾客购买一种产品,要充分发挥商品的功能,客观上还需要其他商品,推销员可以把顾客需要的这些商品一同出售。如出售电视机就可以向顾客推荐电视天线。

建议顾客购买能保护所购产品经久耐用、发挥功能、保证其不受损失等的辅助产品。如出售整机时出售配件,保养产品等。

建议购买足够量的产品。有时顾客也拿不定主意该买多少。推销员可以告诉顾客在这种情况下一般买多少合适,这也是帮助顾客。因为,如果顾客买的少,不够用,就有可能误事,反而麻烦,并造成损失。

建议购买新产品。当你的企业开发了新的产品,并且这种新产品可以更好地满足顾客需要时,推销员就要不失时机地向顾客推荐新产品。

建议购买高档产品。大部分顾客都会多掏点钱买质量更优、价值更高的商品。推销员认为顾客能从购买更贵、质量更高的商品中受益时,就要向顾客推荐高档商品。

(二)启发式销售注意事项

推销员在运用启发式销售方法时,要站到顾客的立场上,想顾客之所想:自己购买了这种商品,还需要什么附属品?了解顾客的需求和要求,使用启发式销售就能成功。在使用这一方法时,应注意以下几点:

(1)在结束了第一次销售之后,再向顾客建议购买其他商品,当顾客还在考虑第一次商品的购买时,一定不要向他建议购买新的商品。

(2)从顾客的角度进行启发式销售。推荐的商品必须是能够使顾客获益的商品。这就要求推销员在第一次销售介绍商品期间,仔细倾听顾客的意见,把握顾客的心理,这就能容易地向顾客推荐能满足他们需要的商品,而不是简单地为增加销售量而推荐商品。

(3)有目标地推荐商品。如一位顾客买了一件新衬衣,不要问他:"您还需要什么东西?"而应说:"最近新进一批领带,您看这一种和您的衬衣相配吗?"这样,或许就能提醒顾客对领带的需要了。

(4)使你的顾客确信你为他推荐的商品是好商品,在可能的情况下最好做一下示范。

四、留给顾客一个难忘的背影

推销员费了九牛二虎之力,没能与顾客达成交易,怎样与顾客告辞也是需要注意的。

1.要正确认识失败。一些推销员面对失败,心中感到沮丧,并在表情上有所流露,失魂落魄,言行无礼。没谈成生意,不等于今后不会再谈成生意。古人云:"买卖不成仁义在。"虽然没谈成生意,但沟通了与顾客的感情,留给顾客一个良好的印象,那也是一种成功——你为赢得下次生意成功播下了种子。因此,推销员要注意自己辞别顾客时的言行。

2.友好地与顾客告辞。要继续保持和蔼的表情,不要翻脸;真诚地道歉,如"百忙中打扰您,谢谢。"推销员仅仅因为顾客耐心听完自己的话也要致以谢意。

第五节 推销技巧

一、真正的销售始于售后

销售,是一个连续的活动过程,只有起点,没有终点。成交并非是推销活动的结束,而是下次推销活动的开始。在成交之后,推销员要向顾客提供服务,以努力维持和吸引顾客。

推销的首要目标是创造更多的顾客而不是销售;因为有顾客,才会有销售;顾客越多,销售业绩就越大;拥有大批忠诚的顾客,是推销员最重要的财富。

推销员要创造出更多的顾客,一个重要途径是确保老顾客,使现有的顾客成为你忠实的顾客。确保老顾客,会使你的生意有稳固的基础。能否确保老顾客,则取决于推销员在成交后的行为。推销员不仅要做成生意,而且要与顾客建立关系。在成交之后,推销员要努力使顾客的大门对未来的销售总是敞开着,而不是断送机会。

一些推销员信奉的准则是:"进来,推销;出去,走向一位顾客。"他们在产品推销出去后便认为完事大吉,就像断了线的风筝一样,不知去向;待到要再次推销产品时,也不厌其烦地去敲顾客的大门,这是一锤子买卖的生意经。

这些推销员只顾寻找新顾客而丢掉了自己最重要的顾客,其结果找到的新顾客为丢掉的老顾客所取代,得不偿失。一位推销专家深刻指出,失败的推销员常常是从找到新顾客来取代老顾客的角度考虑问题的,成功的推销员则是从保持现有顾客并且扩充新顾客,使顾客越来越多,销售业绩越来越好的角度考虑问题的。对新顾客的销售只是锦上添花,没有老顾客做稳固的基础,对新顾客的销售也只能是对所失去的老顾客的补偿,总的销售量不会增加。

与失败的推销员相反,成功的推销员把成交之后继续与顾客维持关系视为推销的关键。他们信奉的准则就是:"真正的销售始于售后",他们的生意经就是:"推销的最好机会是在顾客购买之后。"他们就是靠在销售之后继续关心顾客获得极大成功的。

"真正的销售始于售后",其含义就是,在成交之后,推销员能够关心顾客,向顾客提供良好的服务,既能够保住老顾客,又能够吸引新顾客。你的服务令顾客满意,顾客就会再次光临,并且会给你推荐新的顾客。

"你忘记顾客,顾客也会忘记你",这是国外成功推销员的格言。在成交之后,继续不断地关心顾客,了解他们对产品的满意程度,虚心听取他们的意见,对产品和推销过程中存在的问题,采取积极的弥补措施,防止失去顾客。推销员与顾客保持密切的关系,可以战胜所有的竞争对手。

总之,赠给推销员的应是这句话:永远不要忘记顾客,也永远不要被顾客忘记。

二、保持与顾客的定期联系

推销员必须定期拜访顾客,并清楚地认识到:得到顾客重复购买的最好办法是与顾客保持接触。

长期以来,人们所认为的"推销精神",就是指在适当的时期,把适当的商品卖给适当的人。推销精神的确是由此产生出来的,但是为了使自己成为一个能干的推销员,就必须与顾客保持联系,以确保满意的推销结果,以及交易的增加的能力。

一名优秀的推销员坚持与顾客作有计划的联系。他把每个客户所订购的商品名称、交货日期,以及何时会缺货等项目,都作了详细的记录。然后据此记录去追查订货的结果。例如,是否在约定期限之前将货物交给顾客?顾客对产品的意见如何?顾客使用产品后是否满意?有何需要调整的?顾客对你的服务是否表示满意?等。

推销员与顾客保持联系要有计划性。如成交之后要及时给顾客发出一封感谢信,向顾客确认你答应的发货日期并感谢他的订货;货物发出后,要询问顾客是否收到货物以及产品是否正常使用。在顾客生日,寄出一张生日贺卡;建立一份顾客和他们所购买的产品的清单,当产品的用途或价格出现变化时,要及时通知顾客。在产品保修期满之前通知顾客带着产品做最后一次检查。外出推销时先去拜访买过产品的顾客等。

推销员应多长时间拜访顾客一次,笼统地讲是毫无意义的。推销员在确定这一问题时,根据不同顾客的重要性、问题的特殊性、与顾客熟悉的程度和其他一些因素,来确定不同的拜访的频率。推销员可以根据顾客的重要程度,将顾客分为A、B、C三类。对A类顾客,每周联系一次;B类顾客,每月联系一次;C类顾客,至少半年应接触一次。

推销员与顾客联系的方法也可以是多种多样的,除了亲自登门拜访外,给顾客打电话、写信、寄贺年片,都是与顾客沟通的好方法。

三、正确处理顾客抱怨

(一)正确处理顾客抱怨的意义

抱怨是每个推销员都会遇到的,即使你的产品好,也会受到爱挑剔的顾客的抱怨。不要粗鲁地对待顾客的抱怨,其实这种人正是你永久的买主。

松下幸之助说:"顾客的批评意见应视为神圣的语言,任何批评意见都应乐于接受。"正确处理顾客抱怨,具有吸引顾客的价值。美国一位销售专家提出了一个公式:

正确处理顾客抱怨的意义在于:

——提高顾客的满意程度;

——增加顾客认牌购买倾向;

——丰厚利润。

倾听顾客的不满,是推销工作的一个部分,并且这一工作能够增加推销员的利益。对顾客的抱怨不加理睬或对顾客的抱怨错误处理,将会使推销员失去顾客。美国阿连德博士1982年在一篇文章中写道:在工商界,推销员由于对顾客抱怨不加理睬而失去了82%的顾客。

(二)正确处理顾客抱怨的方法

1. 感谢顾客的抱怨

顾客向你投诉,使你有机会知道他的不满,并设法予以解决。这样不仅可以赢得一个顾客,而且可以避免他向亲友倾诉,造成更大的伤害。

2. 仔细倾听,找出抱怨所在

推销员要尽量让顾客畅所欲言,把所有的怨愤发泄出来。这样,既可以使顾客心理平衡,又可以知道问题所在。推销员如果急急忙忙打断顾客的话为自己辩解,无疑是火上浇油。

3. 收集资料,找出事实

推销员处理顾客抱怨的原则是:站在客观的立场上,找出事实的真相,公平处理。顾客的抱怨可能有夸大的地方,推销员要收集有关资料,设法找出事实真相。

4. 征求顾客的意见

一般来说,顾客的投诉大多属于情绪上的不满,由于你的重视,同情与了解,不满就会得到充分宣泄,使怒气消失。这时顾客就可以毫无所求,也可能仅仅是象征性地要一点补偿,棘手的抱怨就可圆满解决。

5. 迅速采取补偿行动

拖延处理会导致顾客产生新的抱怨。

四、向顾客提供服务

推销是一种服务,优质服务就是良好的销售。只要推销员乐于帮助顾客,就会和顾客和睦相处;为顾客做一些有益的事,就会造成非常友好的气氛,而这种气氛是任何推销工作顺利开展都必须的。

服务就是帮助顾客,推销员能够提供给顾客的帮助之处是多方面的,并不仅仅局限于通常所说的售后服务上。比如,可以不断地向顾客介绍一些技术方面的最新发展资料;介绍一些促进销售的新做法;邀请顾客参加一些体育比赛,等等。这些虽属区区小事,却有助于推销员与顾客建立长期关系。美国一家企业获得了轻合金技术资料,觉得适合另一家企业的需要,就提供给这家企业,这样就给顾客留下了好感。四川一位推销员为客户进行各种服务工作。他为某鞋厂生产新产品提供信息,为该厂派人到其他工厂参观学习生产工艺流程牵线搭桥,还将该厂在原材料提价后企业内部消化的经验写成报道,登在某报上。站在客户的立场上,他为客户做了大量的工作,赢得了客户的信赖,这家工厂就成为这位推销员的长期客户。

日本推销员认为向顾客提供服务的最好方式是"最新、最有价值的情报",这些情报最能让顾客感到欣慰。日本某食品公司了解到客户最需要"对客户经营最有效的情报"与"同业的情报"后,该公司立即将新产品的开发与经营情报的收集列入推销员的工作中,并以一个经营管理顾问的姿态帮助顾客。这样,密切了推销员与顾客间的关系。对推销员而言,为顾客提供有价值的信息,是最有效的服务方式。

第六节 推销过程中的感情关系

一、高超的推销术主要是感情问题

推销技术涉及的是人。推销过程既是负责双方的交易过程,也是推销员与顾客之间的感情交流过程。推销员既要用理性的力量去说服顾客,又要用感情的力量去打动顾客。推销员与顾客之间的感情关系,不仅影响着一次交易能否成功,而且影响着今后这种交易关系能否得到维持与发展。

在推销实践中,优秀的推销员都十分强调与顾客建立良好的感情关系。日本推销员把如何融洽与顾客的感情放在推销之道的首位。美国推销大王乔·吉拉德说:"你真正地爱你的顾客,他也会真心爱你,爱你卖的东西。"美国《幸福》杂志在一篇文章中也提出"高超的推销术主要是感情问题",深刻揭示了推销成功的真谛。

美国管理学家布莱克和蒙顿教授提出的推销方格理论,强调推销员要与顾客建立良好的感情关系。该理论认为,推销员有两个目标:一是达成交易,二是与顾客建立关系。前一个目标是关心销售,后一个目标是关心顾客。不同的推销员对顾客和销售的关心程度不同,从而可把推销员分成五种类型。一是事不关己型。推销员既不关心销售,也不关心顾客。二是顾客导向型。推销员只关心顾客而不关心销售。三是强销导向型。推销员只关心销售而不关心顾客。四是推销技术导向型。推销员对顾客和销售保持适度关心。五是解决问题导向型。推销员对顾客和销售保持高度关心。实践证明,既关心销售又关心顾客的推销员,其销售效果最好。在推销效果上,解决问题导向型比推销技术导向型高3倍,比强销导向型高7.5倍,比顾客导向型高9倍,比事不关己型高75倍。

顾客是人而不是机器,推销员应对"人"字抱有无限的敬意。一个不重视人际关系、不让顾客喜欢、不善于与顾客沟通感情的人,是无法做好推销的。

二、赢得顾容好感的策略

(一)谈令顾客愉快的话题

推销员谈一些令顾客愉快的话题,从而创造出一种有利于推销的融洽的气氛,是一个十分有效的策略。

推销员要与形形色色的顾客打交道,就必须要有适合多种多样顾客的丰富话题。推销员反复拜访某一位顾客,每次都提供一个具有魅力的话题并非易事。如果准备不充分,就会出现冷场。所以,日本一位销售专家提出,推销员应具备30种左右的话题。

话题可以是多种多样的,以下话题比较合适而且有效:气候、季节、节假日、近况、纪念、爱好、同乡、同学、同行、新闻、人性、旅行、食物、生日、经历、传说、传统、天灾、电视、家庭、电影、戏剧、公司、汽车、健康、经济、艺术、技能、趣味、姓名、前辈、工作、时装、出身、住房、家常。

推销员在选择话题时必须要选择对方感兴趣的话题。在推销中,最重要的是顾客而不是推销员自己。自己感兴趣的事不能提,而顾客感兴趣的事不能不提。

然而,闲话并非无话不谈。该说的说了好,不该说的说了不好。推销员下列话题不能谈:顾客深以为憾的缺点,竞争者的坏话;上司、单位、同事的坏话,其他顾客的秘密。

(二)认真倾听顾客谈话

一些推销员认为,做买卖应当有个"商人嘴",因此,口若悬河,滔滔不绝,顾客几乎没有表达意见的机会。这是错误的。认真倾听顾客谈话,是成功的秘诀之一。日本推销之神原一平说:"就推销而言,善听比善说更重要。"

倾听顾客谈话,(1)能够赢得顾客好感。推销员成为顾客的忠实听众,顾客就会把你引以为知己。反之,推销员对顾客谈话心不在焉,或冒昧打断顾客谈话,或一味罗罗嗦嗦,不给顾客发表意见的机会,就会引起顾客反感。(2)推销员可以从顾客的述说中把握顾客的心理,知道顾客需要什么,关心什么,担心什么。推销员了解顾客心理,就会增加说服的针对性。(3)可以减少或避免失误。话说的太多,总会说出蠢话来。少说多听是避免失误的好方法。

认真倾听需要技巧。推销员要注视对方,眼光和脸部面向顾客,表现出全神贯注的神情。推销员不可左顾右盼,或死死盯住对方。无论对方谈话内容如何,都不能拉长脸,或露出鄙夷的神态。推销员身体要向顾客方向微微前倾,适当地运用一些表示恳切的微小动作,如点头、微笑、轻声附和,避免呆若木鸡的神情。

(三)赞美顾客

真诚地赞美顾客,过去、现在和将来都是推销员获得顾客好感的有效方法。法国作家安德列·莫洛亚说:"美好的语言胜过礼物。"在实际生活中,每个人都有些自以为是的东西,并常常引以为自豪和骄傲,希望为人所知,受人称赞。推销员真诚地赞美顾客,就会满足顾客的自尊心,获得顾客好感。

推销员赞美顾客必须是真诚的。(1)赞美要发自内心,诚恳;(2)赞美要具体而不可抽象笼统;(3)要实事求是,不可言过其实;(4)间接的赞美比直接的称赞更有效;(5)赞美要适可而止,不可无限拔高;(6)赞美贵乎自然,千万不可做作。

三、与中间商保持良好的关系

目前,我国工业企业生产的产品中,有一大部分是通过商业部门销售的,因此,建立良好的工商关系,以调动商业部门的积极性,是很有必要的。工业企业与商业企业建立良好的感情关系,应注意以下几点。

(一)树立"工商一家"的经营思想

企业要通过与商业部门建立良好的关系来稳定和扩大销售渠道和销售市场。优秀的企业都十分强调这一点,松下公司的产品80%以上是通过2 000多家零售店销售给广大用户的,为此,他们十分重视与零售商建立融洽密切的关系,把零售店看成是自己的亲家。松下幸之助常告诫部下,要与零售店建立"亲密无间的血肉关系"。他本人经常亲临零售店,虚心听取意见。松下公司还出资对零售店的店主和职工进行培训,以提高零售店的经营管理水平,同时也促进了自家产品的销售。美国通用汽车公司提出通用汽车公司与经销店的命运是一体的。

(二)维护商业部门的利益

工商关系的实质是一个利益问题,因此,厂家要调动经销商的积极性,就要恰当地处理二者的利益关系。当工商企业发生利益冲突时,厂家应维护商业部门的利益,以树立信誉。"不为别人的利益着想,就不会有自己的繁荣。"这是应当信奉的经营哲学。厂家要树立与经销店共存共荣的意识,站到对方的立场上,考虑经销商的利益。杭州一家工厂指出:"只有经销店的生意兴隆起来,才有厂家的兴隆。"因此制定了"一用户,二经销店,三制造厂"的经营思想,与经销店相处融洽,从而扩大了产品销售。

(三)正确处理紧俏产品

企业要有长远的战略观念,从建立良好信誉、建立稳固的供销关系出发来处理紧俏产品。由于工商企业都愿多销紧俏产品,以取得更大的经济效益;但厂家也应看到,世上没有永不凋谢的花朵,紧俏货不可能永远紧俏。当前的市场,顾客的需求在迅速变化,任何紧俏产品都有可能在较短的时间内变成平、滞销产品。所以,企业应趁产品紧俏之机,与商业部门建立稳定的关系,为未来的发展打下坚实的基础。斤斤计较眼前的利益是鼠目寸光。古人云:"自古不谋万世者,不足谋一时;不谋全局者,不足谋一域。"其中道理,岂不值得企业深思?

第七节 推销员自信心的培养

一、自信是成功的第一秘诀

推销员的自信心,就是推销员在从事推销活动时,坚信自己能够取得推销成功的心理状态。

自信是推销成功的第一秘诀。相信自己能够取得成功,这是推销员取得成功的绝对条件。乔·吉拉德说:"信心是推销员胜利的法宝"。乔·坎多尔弗说:"在推销过程的每一个环节,自信心都是必要的成分"。

推销是与人交往的工作。在推销过程中,推销员要与形形色色的人打交道。这里有财大气粗、权位显赫的人物,也有博学多才、经验丰富的客户。推销员要与在某些方面胜过自己的人打交道,并且要能够说服他们,赢得他们的信任和欣赏,就必须坚信自己的能力,相信自己能够说服他们,然后信心百倍地去敲顾客的门。如果推销员缺乏自信,害怕与他们打交道,胆怯了,退却了,最终会一无所获。

推销是易遭顾客拒绝的工作。如果一名推销员不敢面对顾客的拒绝,那么,他就根本没有希望取得好成绩。面对顾客的拒绝,推销员只有抱着"不定什么时候,一定会成功"的坚定信念——即使顾客冷眼相对,表示厌烦,也信心不减,坚持不懈地拜访顾客,才能"精诚所至,金石为开",最终取得成功。

推销是不易取得成绩的工作。推销不像工厂里的生产,只要开动机器,就能制造出产品。

有时推销员忙忙碌碌，四处奔波，费尽千辛万苦，说尽千言万语，也难以取得成效。看到别的推销员成绩斐然而自己成绩不佳，就会对推销失去信心。

推销是向顾客提供利益的工作。推销员必须坚信自己产品能够给顾客带来利益，坚信自己的推销是服务顾客，你就会说服顾客。反之，推销员对自己的工作和产品缺乏自信，把推销理解为求人办事，看顾客的脸色，听顾客说难听的话，那么，推销员将一事无成。

相信自己的产品，相信自己的企业，相信自己的推销能力，相信自己肯定能取得成功。这种自信，能使推销员发挥出才能，战胜各种困难，获得成功。

二、消除自卑意识

（一）消除自卑意识的意义

许多推销员心中都笼罩一片阴影——自卑意识。推销是一个极易产生自卑感的工作。许多推销员都存在着自卑意识。他们往往是以"不能"的观念来看待事物。对困难，他们总是推说"不可能"、"办不到"。正是这种狭隘的观念，把他们囿于失败的牢笼。一些推销员在走到顾客的大门前时，踌躇不前，害怕进去受到顾客冷遇。常言道："差之丝毫，缪之千里。"推销员微妙的心理差异，造成了推销成功与失败的巨大差导。自卑意识构成了走向成功的最大障碍。自卑意识使推销员逃避困难和挫折，不能发挥出自己的能力。齐膝竹之助说："自卑感是推销员的大敌，是阻碍成功的绊脚石。"如果怀有自卑感，归根到底，在推销方面是不会有成功希望的。

（二）如何克服自卑感

1. 正确认识推销职业的意义

一些推销员具有职业自卑感，他们为推销工作感到羞愧，甚至觉得无地自容。美国某机构调查表明，推销新手失败的一个最大原因是职业自卑感，他们觉得自己似乎是在乞讨谋生，而不是在帮助他人。产生职业自卑感的主要原因是没有认识自己工作的社会意义和价值。推销工作是为社会大众谋利益的工作，顾客从推销中得到的好处远比推销员多。推销员要培养自己的职业自豪感。

2. 智力与成绩的关系

日本有人对推销员的智商与成绩之间的关系进行调查分析，结果发现，他们之间几乎没什么密切联系。智商高的销售成绩不一定高，有些智商高的销售成绩反而低；有些智商低的销售成绩反而高。因此，那些认为自己不如他人聪明而产生自卑感的人，必须放弃这种想法。

3. 性格与推销成绩的关系

有人性格内向、有人性格外向。一些推销员认为，推销员要与各类人物打交道，需要外向性格，那些性格内向的人便认为自己不适合从事推销工作。这实际上是个误解。在外向性格中有超级推销员，在内向性格中也有超级推销员。美国十大推销高手之一的乔·坎多尔弗便是内向性格，但他同样取得了巨大的成功。日本一家公司对其100多名推销员进行调查，发现推销成绩的好坏，取决于推销意愿而不是性格内向与外向。推销成绩差的是缺乏进取精神的人。

4. 对推销失败要正确认识

推销失败是不可避免的，但问题不在于失败，而是人们对失败的态度。有些推销员把失败看成是自己无能的象征，把失败记录看成是自己能力低下的证明。这种态度才是真正的失败。如果害怕失败而不敢有所动作，那就是在一开始就放弃了任何成功的可能。

推销员和运动员一样,面临的不是成功就是失败两种结局,但这并没有什么了不起,成功的道路是由无数个失败组成的。面对失败,保持信心,坚持不懈地干下去,这样失败就会成为你最好的老师,成为取得成功的动力。

5.对顾客拒绝要正确认识

推销员面对顾客的拒绝,害怕了,不敢前进。这样,与其说你是在一次一次地逃避拒绝,不如说你是在一次一次地赶走成功。面对顾客的拒绝,如何才能克服被拒绝而带来的沮丧情绪而更加坚定自己的意志呢?下面介绍一种克服"被拒绝"的公式。

推销员希望每次交易都能成功,百发百中。但事实上,推销员会因产品或服务的不同及推销能力的高低有别,从而使推销成功率有所不同。有人成功率为10％,也有人为20％。根据百分比定律,发展成下列公式:

(1)计算每次交易的销售额,假如一次成交额为200元。

(2)计算会见多少次客户才能成交,假如会见10次才能成交1次。

因此,每会见1次＝200/10＝20(元)。

(3)每次会见,尽管被拒绝,对方说"不",但是自己要告诉自己,顾客每个"不"字值20元。

这个公式使每个被拒绝的推销员,本来心情沮丧,但想到顾客的每次拒绝等于20元,就会变得面带微笑,感谢对方,然后心地坦然地去接受另一个20元,另一个被拒绝。在一次又一次被拒绝中走向成功。

三、培养自信心

(一)心理暗示

推销员抱着我一定能够取得成功的念头去推销,这就是心理暗示。从内心深处相信自己能够取得成功,这是获取成功的绝对条件。

日本首席推销员井户口健二在谈到心理暗示时说:"我一定能够卖出去,我早晨醒来的第一件事就是暗示自己:'今天能卖得出去,一定能卖得出去',走出家门后,仍然不断地提醒自己:今天推销一定会成功,无论哪种商品,无论走到哪里,我都可以把它卖出去。经常这样的暗示使我自信,更带给我超群的业绩。"

推销员进行心理暗示的方法是多种多样的。加拿大一位销售员每天早晨上班前,都要对着镜子说一遍:"真见鬼,我今天怎么这么好,以后还会更好的。"然后信心十足地去推销。日本一位推销员每到一个城市去推销,在拜访顾客之前,就要到商店买一条最高级的领带佩戴上,然后自己为自己鼓劲:"至少我的领带是最高级的。"

(二)重视自己的成功

自信来自于成功。推销员每天在外奔波,哪怕只签订很少的合同,也要正确对待。如果你持消极态度,认为只订了数量这么少的合同,把它看作是失败,就会心情沮丧。反之,你抱着积极的态度来看待,认为我今天又订了一份合同,取得了成绩,并为此而自豪,就会鼓起明天继续努力,取得更大成绩的信心。抱着积极的观念而不是消极的态度来看待自己的工作,从每一点工作中看到成就,看到成功,最后就会从自信中获得一次次的成功。

第七章　其他营销技巧

【学习目标】
　　了解常见的一般营销技巧,重点掌握势能营销、形象营销、事件营销。

【能力目标】
　　培养实践中常用营销技巧的运用能力。

第一节　常用营销技巧之一

一、势能营销

（一）势能营销的定义

　　营销在长期的实践中,都在追求一种销售状态,也就是使产品由导入期很快进入成长期,并逐步形成稳定的销售增长趋势。但事实上很多企业的产品往往是刚刚投放市场,便很快失去了踪影。这种营销之所以失败,其主要原因是在市场运作初期没有很好地"建势"。

　　物理学中的势能基本上可以定义为由物体各部分之间的相对位置所确定的能。在市场经济中,任何产品都有价值。当这种产品被市场接受后,就会在交易中产生顾客让渡价值,顾客让渡价值越大,就说明产品越具有吸引力。顾客让渡价值与企业的产品价值有一种高低差,这种高低差可以称作"势"。建势就是开展产品价值到顾客价值的增值活动,使顾客对产品形成并保持高度吸引力的过程。因而,势能营销就可以定义为：企业为使产品向顾客流动过程中形成增值差（即势）而进行的营销活动。

　　增值差可以分为正向差值和负向差值。正向差值就是顾客的让渡价值为正值,负向差值就是不存在顾客让渡价值,或顾客的让渡价值为零或负值。

　　势能营销则从研究顾客的心理入手,强调顾客从认知产品、接受产品,直至评价产品这一过程中的增值,以期使产品销售形成稳定的增长态势。

（二）势能营销理论的基本框架

　　引导顾客的购买过程,通常经过注意、兴趣、决策、购买四个阶段。所以营销的大部分工作就是对顾客的购买过程施加影响,以促成购买。而顾客对产品的认识要经历两个阶段：

1. 产品的感觉价值阶段

　　这是顾客通过企业广告、产品包装等媒介对产品进行评价期间。这时,顾客对产品的认识只是一种感觉而已,但这种感觉对企业营销来说却显得尤为重要。因为,顾客对一种产品产生感觉后会形成一种心理价格,如果顾客的心理价格高于产品价格,就会对顾客产生吸引力,这种反差越大,吸引力越强。如在房地产营销中,很多企业都很重视此阶段的营销,非常注重现场包装,让顾客感受楼盘的高品质与高价位,在广告宣传方面往往采用差异化策略,先声夺人,并为后期的热销打下了坚实的市场基础。

2. 产品的体验价值阶段

这是顾客通过对产品进行消费体验而形成让渡价值期间。如果体验价值大于感觉价值,就会创造顾客满意,以促进顾客再次购买本产品,同时通过口碑传播,能够进一步促进产品销售。从产品的固有价值到顾客的感觉价值再到体验价值,这样就形成了产品的增值链,这就是形成营销势能的基础。

企业如要保持产品销售处于良性增长状态,就必须确保体验价值＞感觉价值＞产品固有价值,尽量避免体验价值＜感觉价值＜产品固有价值,这是成功从事市场营销的根本所在。

(三) 开展势能营销的途径

1. 产品价值体现

这是企业成功营销的基础。没有好的产品,营销就变为徒劳的行动。

2. 广告推广传播

主要指根据市场需要,整合公关、广告、新闻宣传、包装、企业 CI 等相关资源,以引起客户对推广产品的注意,其主要目的是提高顾客的感觉价值。

3. 现场氛围营造

主要指通过营造销售现场氛围、或推广活动现场的氛围、或体验活动现场的氛围,其主要目的是赢得和增强客户体验价值。如房地产产品销售就是通过卖场气氛营造顾客体验的过程。

4. 员工素质技能培训

由于营销员工与顾客直接接触,往往会影响顾客的感觉价值和体验价值。所以员工的素质、技能技巧,以及心理都是培训的重点项目。

5. 售前、售中、售后服务

注重售前服务,绝不怠慢任何客户,就是销售不成功,也要让客户感觉服务满意;加强售中服务,绝不放走任何客户,并陪伴客户走完整个办理手续过程;关爱售后服务,让每个业主深感爱心永远伴随,因为售后服务直接影响客户的消费体验。记住:满意的客户会引来多个潜在客户购买产品。总之,搞好售前、售中、售后服务工作,其主要目的是提升客户的让渡价值。

(四) 势能营销的应用——以房地产企业为例

势能营销的基本观点是:在整个营销体系中,营销"建势"起着决定性的作用。而"建势"则是指以准确的市场定位为前提,以产品质量为基础,不断提升消费者的感觉价值和体验价值。只有当消费者的体验价值大于或等于消费者的感觉价值,且消费者的感觉价值大于或等于企业提供产品的固有价值,产品才能在整个市场链中具有营销势能,才完成了营销"建势"。因而,产品销售才能在市场上逐渐形成良性的销售循环,才能创造良好的销售业绩。

1. 准确的市场定位是势能营销的前提

一种产品的成功绝不是偶然的,必须经过发现市场需求、开发新产品、迎合市场需求的过程。就一个房地产项目来说,在拿地之前可能存在两种情况:一种情况是这家企业在这个区域性的市场上已经发现了新的市场需求,或某一市场需求虽已存在但市场仍存在较大的上升潜力,而这块地通过论证开发的产品正迎合了市场的这种需要。另一种情况是开发商并没有经过认真论证,就把地给拿下来了,然后再根据地去寻找市场需求,并策划具体做什么。应该说在目前的房地产市场上这两种情况都存在,但却反映了开发商不同的市场观念。前者的成功机会要大得多。没有定位的市场,无法提供适销对路的产品。因此,市场定位是势能营销的关键一步。

2. 符合市场需求的产品是势能营销的基础

符合市场需求的产品质量是营销的基础。这里的"质量"不仅仅是指建筑的技术质量,也包括消费者可以感知的建筑功能、外观设计、配套等质量,所以必须用"符合市场需求"作限定。

凡是消费需求的质量都是消费者可以感知的,比如消费者能够看得见的园林、建筑风格、建筑细节等,这些对营销来讲都显得非常重要,因为任何产品都存在两种质量:一是产品的固有质量,一是消费者的感知质量。提高消费者的感知质量已成为很多开发商质量追求的重要目标之一。

3. 提升客户感觉价值是势能营销的主要目的

提高顾客感觉价值的主要途径:

(1)样板展示。主要包括样板房、景观样板,通过这些实物样板来增强消费者的体验,提升顾客的感觉价值。

(2)现场包装。现在很多开发商都很重视售楼处的建设,以及以售楼处为中心的现场包装,现场包装的目的主要是让消费者感觉开发商的实力、楼盘的品质,提高本楼盘在消费者心目的心理价位。

(3)广告。广告一般分为纸质媒体、电子媒体、移动媒介等,但不管什么类型的广告,除了向消费者传递准确的信息之外,还要充分利用广告,对消费者展开心理攻势,以提高消费者的感觉价值。

(4)销售服务。销售人员处于销售第一线,与客户直接接触,能对消费者产生重要影响。较高的职业素质和专业技能能够为消费者提供高质量的服务,能够为企业及楼盘树立良好的形象,在一定程度上也会提升消费者的感觉价值。

(5)物业管理。在销售阶段,物业管理的介入能够为楼盘树立较好的形象,从而使楼盘的价值感提高。

4. 关注客户的体验,提升客户的体验价值

在房地产营销中,时常运用样板房、现场包装、开展一系列活动来增强消费者的现场体验,但并没有反映出消费者的体验价值。这是因为,现场开展的活动,以及观看样板房等,这个阶段的消费者没有对产品进行消费,所以仍处于感觉阶段。而消费者的真正的体验价值阶段,应从消费者购买入住之后才会开始,此时才能确定体验价值的大小,才会产生口碑效应。作为持续销售的大型楼盘,由产品的固有价值、到消费者的感觉价值、再到体验价值,由此而建立起来的价值链就显得非常重要。如果这条价值链是不断增值,就会产生强力的营销势能,从而使销售业绩出现良性的增长状态。

业主入住前,房地产开发企业围绕客户进行的一系列体验活动,只是促销的一种手段,在期房销售中确实发挥了很大的作用。但如果没有消费者对最终产品的体验及由此产生的满意评价,最终仍会使销售阻力重重。

5. 加强营销管控,促进销售业绩进入良性循环

引入势能营销是企业的一项战略选择,也是市场的必然要求。对房地产开发企业来说,进行势能营销,则取决于企业必须树立正确的市场价值观念、必须具备整合资源的能力、以及对客户关系的深刻认识。由于客户自身的复杂性,对同一产品其体验价值也会有所不同,那么如何对客户价值进行管理,并减少投诉就显得非常重要。所以企业就必须不断提高业务人员的经营管理素质,提高营销管理与控制的能力,竭诚为消费者提供优质服务并正确处理客户关系。

二、借势营销

(一)借势营销的概念

借势营销是将销售的目的隐藏于营销活动之中,将产品的推广融入到消费者喜闻乐见的环境里,使消费者在这个环境中了解产品并接受产品的营销手段。

具体表现为通过媒体争夺消费者眼球、借助消费者自身的传播力、依靠轻松娱乐的方式等潜移默化地引导市场消费。

换言之,便是通过借势、造势、顺势、任势等方式,以求提高企业或产品的知名度、美誉度,树立良好的品牌形象,并最终促成产品或服务销售的营销策略。

(二)借势营销的方法

1. 借"关联"便势促销

相关联的商品。如一家便利店老板,进了一批酒瓶起子。虽然这种商品利润相对较高,但他并不想卖。可总有零星的人到店里来用,又不能没有。开始,他将这些酒瓶起子放到一个角落里,有人用了,就指给别人看,卖得十分缓慢。后来,酒瓶起子的业务巡视终端,看见了该老板的陈列后,便出了个主意,让他把酒瓶起子放在酒旁边试试。老板试了,结果酒瓶起子的销售量成倍上升。他纳闷的是:有人甚至一次买好几个酒瓶起子。仔细一看,答案很简单!酒瓶起子做得这么漂亮,款式又多,可以挂在冰箱上当装饰品呀!这就是我们时常说的产品除了核心价值,还有延伸价值。但这些价值必须"时常被消费者看见"——就是我们在做陈列时要考虑的问题。酒瓶起子借酒之势,同样创造了不错的销售形势。

不相关联的商品,可通过特定的时间和事件关联在一起。如巧克力原来在糖果类产品的货架上,鲜花则放在生鲜区的旁边以利用其湿度。两种产品平时见不上面,情人节却让它们联系在一起。如果买了鲜花,又到糖果货架上去找巧克力,很不方便,如果将巧克力陈列在鲜花旁,顺利购买就可以达到提高销售额的目的。

2. 借旺销产品推广

新品入市不可能一下子就卖得很好,那么在卖场该如何选择陈列位置呢?旺销产品旁的位置是新产品的最好推广位置。研究发现:消费者在卖场闲逛时,一分钟可以经过100~200个产品,被消费者关注的产品会占用消费者5秒钟的时间。这就是所谓的"卖场5秒钟广告"。所有商家在卖场的"肉搏",都是要争取到这5秒钟的关注,但是消费者几乎平均不到0.5秒就会经过一个商品,要让新产品在100~200个产品中跳出来,受到关注,怎么办?旺销产品往往位于人流量最大的位置,消费者在其货架前停留时间也长,受到注意、被购买的机会自然就更多。如此旺势,不可不借。有资料表明:紧靠旺销产品陈列的商品,受到消费者关注的程度要远远高于其他产品。当然这些位置的价格会更贵一些,但是可以通过适当减少陈列面积来节

省陈列费的支出。另外企业将不好卖的产品和畅销品陈列在一起,就是借自己的畅销品之势。

3. 借对比优势彰显

(1)借价格优势。如果自己的产品和竞争者是同类产品,并且包装、质能、款式、品牌力都和竞争品牌在伯仲之间,但是价格比竞争品牌低,那么,紧贴着竞争品牌,能最直接突出价格优势。不要小看那张小小的价格标签,这往往是把消费者拉到自己旗下的最后机会。

(2)借特色优势。有一种可乐,它的主要竞争对手自然不是可口可乐和百事可乐这样的巨人,企业很明显地将竞争对手定位于二级可乐品牌。但是该产品有一个很显著的特点:可乐里含有丰富的维生素。于是企业在卖场的陈列策略是:远离可口可乐和百事可乐,紧贴着其他可乐,并给出醒目的POP广告:A可乐,年轻健康的汽水!很显然,紧贴竞争品牌,并努力突出产品品质的个性特色和优势,以达到产品更明显的区分。当消费者经过这些可乐时,看见其醒目的POP广告,对比优势自然就强烈异常。

(3)借自家产品优势。在同类产品里,如果自己的产品线更长,同样可以用紧贴陈列的策略来突出品牌优势。当产品优势明显的时候,陈列应当用紧跟策略。俗话说:"不怕不识货,就怕货比货!"紧跟,起到的作用就是让消费者进行比较,充分借竞争品牌的相对弱势,来提升自己的优势,一边打压,一边提升,效果不言而喻,这是陈列中的关键。

当然,一种产品相对于竞品,会在很多方面产生优势:价格、性能、品种、包装、促销等。企业有了紧跟意识还不够。最重要的是要在陈列中充分将区隔竞品的优势提炼出来,简单明了地告诉消费者。

4. 借顾客之势引导

(1)购买行为,常被忽视的借势契机。有这样一个故事。沃尔玛曾在对卖场销售数据进行分析时发现一个很奇怪的现象:尿不湿和啤酒的销售额增幅极其相近。曲线几乎完全吻合,并且发生时段一致。卖场经理很奇怪:这两个完全没有关系的产品销售变化,怎么会如此一致?他们在做了很多分析和调查后发现:很多被妻子打发出来给孩子买尿不湿的年轻父亲,都有喝啤酒的习惯,每次都会顺带着买些啤酒回家。于是为彻底方便消费,卖场干脆将这两种产品陈列在一起。这是借消费者购买行为之势的典型营销例子。注意观察和分析消费者的购买行为,从中发现规律并借势营销,将会收到出其不意的效果。

(2)购买习惯,值得注意的借势点。从消费者购买习惯出发,组合卖场的某些陈列,也是一个不错的借势方式。消费者购买习惯有一定的规律可循。比如,卖场靠近出口和入口的通道上人流要比别的地方多很多。这是所有消费者在卖场行走购物的规律,那么就可以根据这个习惯来陈列商品。再有,消费者的购买习惯可分为冲动型和目的型。对于前者,商品自然应该放在人流最为密集的地方。消费者走到跟前时,往往很习惯地就将这些商品放进了购物推车。这些商品有饮料、面包、收音机等商品。而对于后者,消费者购买时有明确的目的,则完全可以放在比较冷清的角落。消费者还有很多购物习惯可以借势,只要我们仔细观察、科学分析,完全可以找到其中的奥秘。这样的势借好了,也可以起到意外的效果。

(3)购买心理,微妙的借势力量。在卖场购物,绝大多数人都有这样的体会:收银处总是排着长长的队,购物的高兴劲儿都因为焦急等待埋单而烟消云散。卖场寸土寸金,不可能设立过多的收银台,但是很多人因为不耐烦等待,选好的商品又不是非要不可,时常放下就走了,这也给卖场丢掉了不少机会。一些产品,不适合在卖场给出较大的陈列面积,同时,这些产品有一定的私密性,导致消费者不会在这些产品面前逗留很多时间,这样的购物心理同样值得借势。

像安全套、避孕药等产品,购买者都是拿了就走,很少仔细挑选,因为东方人对此都有很强的羞怯心理,购买这些产品甚至像在做贼。一个卖场就十分聪明,在靠近收银通道边设立一个小小的陈列柜,将安全套和口香糖等小商品同时放在陈列柜里,消费者在不经意中就将这些私密性很强的商品带回了家。

消费者的心理千奇百怪,但是又有规律可循。如尊重感、安全感、亲密性等心理状态都是值得在陈列中利用的,只要运用得当便可创造销售机会。

(三)借势营销的误区

据相关报道,美国企业在借势营销上的总花费年增长率高过15%,而且39%的企业高层人士已经认同借势营销手段,并越来越重视借势营销。

但在中国,能很好地运用借势营销手段的人少之又少。很多企业在运用借势营销时,总是浪费资源、耗费精力而毫无所获。

比如,很多企业认为:"造势"就是大量电视广告、广播广告、报纸广告、杂志广告、户外广告进行地毯式轰炸,就是宣传画、宣传册以及各种夹页、传单满天飞。这些狂轰滥炸的造势方式,不是造成金钱的浪费,就是制造"彩色垃圾",让马路清洁工苦不堪言。认为:"借势"就是在各种类型的商品交易会、展销会、推广会甚至民间庙会上,锣鼓喧天,美女成行。有的甚至不惜重金,聘请名人加入促销队伍的行列,现场作秀。几乎把各种"造势"和"借势"的活动推到了"登峰造极"的地步。

这种"造势"、"借势"演绎的不是营销策略的竞争,不是智慧的竞争,而是成了企业财力的大比拼。一些没有实力或者是财力不足的企业,似乎是被"逼上梁山",举债"造势",最后由"造势"变成了"豪赌"。结果使得胜利者遍身鳞伤,失败者片甲不归。不知有多少企业的英雄好汉就是在这种"造势"和"借势"中倒下。

比如,观看一些商场开业活动、楼盘销售活动或者新产品发布活动,场面很热烈,活动很热闹,节目也不少,也很聚集人气。但仔细琢磨一下,就会发现活动形式并没有与活动主题有机结合起来,形式并不为内容服务。观看者全然不知道活动的主旨是什么,甚至还会闹出诸如哄抢礼品的笑话。这不但不能达成预先的宣传效果,还降低了活动品位,影响了企业的品牌形象。诸多的不协调因素就像盘里的夹生饭,难以下咽,更难以消化。

又如,许多服装厂家特别是内衣厂家,十分注重路演活动,经常在商场内外搭台做时装秀。这确实给了观看者大饱眼福的机会,让观看者免费欣赏了一场时装表演,但往往观看者不是目标消费者,他们的着眼点并不是商品本身,而是其他的意图。而真正的购买者还不知道这些服饰是什么牌子、什么料子以及什么价位,这样的活动又有什么意义呢?

很多企业只是注重短期行为,而没有关注长期的营销战略规划。企业缺乏整体企业战略,随意性很大,打水漂的例子在所难免。诸如花几十万赞助一次晚会、花几万做一次路演等,活动本身和企业以及产品的宣传并没有多大关系,自然就不能为企业造势,除了浪费企业的金钱,不会有什么更多的收获。其实,借势营销是一个不断投入的工作。作为一种新型营销手段,借势营销集新闻效应、广告效应、公共关系、形象传播、客户关系于一体,已经当之无愧地成为了企业新产品推介、品牌展示、建立品牌识别和品牌定位等营销活动的首选策略。因此,借势营销要对企业有所裨益,就不能做"一锤子买卖",要有战略眼光,从未来着想,从现在着手,围绕一定的主题不断调整营销活动。

三、借位营销

(一)借位营销的概念

有这样的现象:一个非常不起眼的景点由于发现了两个文物,考古学家验证出是远古时期的东西,于是马上给炙手可热的风景名胜吸引来广大的游客。在营销界每天都有类似的故事在上演。他们何以成功?其中的游戏规则是什么?

企业经常面临的困境是没有品牌,没有资金,没有渠道……但是很多企业面临同样的窘境却成功了。深入研究,我们不难发现,那些企业之所以能够获得成功,是因为它们最大限度和巧妙地利用了社会资源,通过社会资源的不断增值从而使其长盛不衰。就好像我们突然没有钱用的时候,第一个条件反射会是想去朋友那里借点来用用。营销当中的很多行为其实和我们借钱的道理一样,关键是你如何找到"借"的基础和"借"的理由。

营销的"借位"对于企业有着较大的促进作用,这里的"借",是指广义的借,而不是狭义上的"借钱"的"借"。简言之,就是企业在分析自己目前面临的营销的环境和已经具有的营销资源后,通过借助营销大环境中的一些资源来进行营销。

(二)借位营销的作用

凡是不具备高知名度的人,在社会上的位置也无足轻重。而要想做成一件事,通常需要足够显赫的地位。当位置分量不够时,可像做广告一样,或请大明星站台,或与知名品牌捆绑,这就是借位的具体表现。

在经济大环境中,企业应随时关注那些可以借用的资源,从大到国家的政策法规小到当今的流行时尚,甚至于竞争对手、合作伙伴和消费者,都存在"借位"的机会,只要借得巧妙,便可产生很强的"借位效应"。

"奥运会"不过是场运动会而已,但是2008年要在中国举办其意义就变得不同了,面对奥运,很多产品都大有可为,国内的运动品牌就提前打出了奥运营销的口号,就连手机商都要请奥运健儿做广告,并都获得了不错的业绩。可以看出,"借位"是目前营销中的一个行之有效的方法。

(三)借位营销实战方法

借位有很多方法,综合起来,可以分为以下一些形式。

1. 借渠道

一个做产品的企业,渠道非常重要,而如果通过一个产品建立起了一个渠道,那么为了让这个渠道发挥更大的作用,就可以推出多品牌的产品,比如宝洁等知名日用品生产商,一个品牌的洗发水渠道建立了,另外一个品牌同样可以通过这个渠道进行销售,降低了重复建设渠道的成本。最近青岛啤酒和燕京啤酒都进军茶饮料市场,其中有一个非常好的资源就是其啤酒的渠道可以为饮料的销售提供支持,从而使厂家可以把主要的精力放在产品的质量和品牌塑造上。中国联通与银行合作借助银行的渠道推广CDMA的业务,CDMA被销售了,银行的信用卡业务市场也拓展了,可见借渠道是一个可以多方获利的方法。

2. 借名

在这个讲究品牌的时代,企业或者产品不能够被广泛地认知,那么其市场是相当有限的,因此"借名"会是借位方法中最为常见的一种。比如一个不知名的展览公司,如果第一次举办展览会可以与政府机构、媒体进行合作,借助政府和媒体的名声,可以保证招商万无一失,同时举办完一次之后自然得到参展商的认可,下一次要举办时就不难了;有一些企业请名人做广告,即便广告再没有创意,但是只要名人往那里一站,就有消费者会买账,一夜就可以成为家喻户晓的品牌,比如由 TCL 首先借用金喜善掀起的国内手机厂商的"名女"广告都获利不小;一家广告公司为了扩大影响力,将自己的著作与《营销在中国》放在一起,借该书的名树立了自己的名。我们也可称之为拉郎配,就好像你和科特勒在一个论坛上出现,即便你学识尚低,别人也会尊称你为大师。

3. 借势

在政府或者各个领域,都会有一些重大的盛事,及时把握好这些盛事的机会也是企业和产品拓展市场的绝佳机会。比如 2002 年的世界杯,健力宝成功塑造了"第五季"的品牌,TCL、波导等手机厂商都举行了大量的促销活动,品牌知名度和销售量都有很大的提高;北京《科技智囊》杂志在借助两会之机,与北京现代汽车一起将杂志赠送到了两会代表的手中,成为唯一一本进入两会的财经类杂志,既为现代汽车做了广告,也为《科技智囊》开拓潜在读者市场和提高知名度起了很大的作用。在全民抗击非典的时刻,厂家借助公益广告提升品牌形象也是一种很好的借势策略。此外,一些国内的大型专业展览会、重大的文艺活动等都是企业和产品借势营销的突破口。

4. 借钱

借钱通俗易懂,但是这里的借钱的范围比传统意义上的借钱要上了一个台阶,连锁经营就是借钱的一个很好的例子,如果全国开店都要自己投资、自己经营,那么给企业带来的压力是很大的,因此,一些行业比如快餐、眼镜店干脆做特许经营,让代理商自己掏钱来做市场,回笼资金快,风险小,何乐而不为呢?一些开发商通过合理的概念和超常规的炒作,先收购房者的首付款再建房子,为资金不足降低了压力,资金流动起来,企业就活起来了。当然借钱的前提是要有信用的保障,国内未来信用评估会越来越成熟,这为借钱提供了很多便利的渠道。

5. 借资源

这里的资源是除掉钱和无形资产之外的资源,企业需要认真分析自己的合作伙伴、竞争对手、客户,因为他们都是某些资源的携带者。从这些资源身上同样可以借到可供自己使用的资源,例如,咨询公司与行业协会联合举办一些论坛,就可以借机获得很多客户资源。银行在房地产交易会上,除了办理住房贷款业务之外,还可以借机获得信用卡或者其他个人理财业务的客户资源。这些资源整合,其实就是互相的资源拆借,使资源的价值发挥到最大化。

企业在市场竞争中要想获得机会,必须具有敏锐的嗅觉和独到的眼光,而"营销借位"论就是企业的另一个思考视觉。企业要时刻牢记:单个企业的力量是微不足道的。那些成功的企业就是非常合理和巧妙地借用了社会资源。

6. 借机会

营销人在日常的营销活动中,必须随时关注以下的变化,以获得借位的机会:

(1)关注重大事件、政策和法规。这是借势和政府打"擦边球"的很好机会。

(2)关注社会生活中的时尚。时尚流行的背后蕴藏着的是商机,如果您的产品可以和时尚联系上,就可以借时尚之力进行营销。

(3)认真分析自己拥有的所有资源。分析目前拥有的每一类资源是否发挥到了最大化,企业有很多资源都在耗费,就好像国有不良资产一样是可以发挥更大的作用的,这些资源一旦可以被再次使用,将会带来新的效益。

(4)深入研究对手和合作伙伴。研究你的竞争对手和合作伙伴,甚至是一些毫不相关的企业,考虑是否可以借助某些资源为你的营销服务。

此外,如果借位借得巧妙可带来好的收益,即产生位增效应。但是如果借位不慎,或者操作不当,则可产生位减效应。因此,企业在运用借位论时也要慎重。

四、形象营销

(一)形象营销的概念

形象营销是指基于公众评价的市场营销活动,就是企业在市场竞争中,为实现企业的目标,通过与现实已经发生和潜在可能发生利益关系的公众群体进行传播和沟通,使其对企业营销形成较高的认知和认同,从而建立企业营销良好的形象基础,并形成企业营销宽松的社会环境。

当今,社会已进入了"无差别化"时代,商品生命周期缩短,市场瞬息万变,商品力的相对地位下降了。这时,形象力对企业的生存和发展显得日益重要起来。形象力与商品力、营销力一起成为决定企业生存和发展的三大要素。由此,借助企业形象、品牌形象、产品形象等形成的形象力来展开的营销活动——"形象营销"便应运而生。

(二)形象营销定位细分

1. 社会形象定位

区域市场公众印象、公关活动定位、企业价值表现等社会形象的规划整合。

2. 产品形象定位

产品形象的市场价值规划、包装策略、设计风格等产品形象的定位分析。

3. 传播形象定位

分析企业形象及文化、传媒要素及品牌内涵,以及诉求主题的传播形象定位。

4. 服务形象定位

企业形象系统涉及潜在营销系统,加深合作伙伴及客户诚信表现。

5. 环境形象定位

企业环境硬件和软件协调规划,利于客户认可和职员忠诚度提升。

6. 人员形象定位

整体形象整合定位,调整适合企业文化的整体内、外部品质形象。

7. 行为形象定位

在职、离职人员是对企业形象价值的推动要素,强制性执行规范。

(三)形象营销的作用

1. 为企业找准罗盘

(1)战略定位是"皮",形象定位是"毛"。

(2)缺乏核心竞争力的多元化使得形象模糊。

2. 为产品打造光环

(1)"光杆产品"不敌"光环产品"。国内的产品多为"光杆产品",而世界名牌却罩着一层光环,这便是名牌的形象,它是企业理念、文化背景、企业行为、店铺氛围、视觉形象所构成的企业形象与产品形象在消费者心目中的综合反映。

(2)竞争力=产品+光环。"变革大师"佐治亚州大学教授罗伯特·戈连比耶夫斯基说过,

"企业革新关键在于价值观重塑"。可见,要想成功打造光环,必先从革新意识做起。具体而言,就是:必须建立形象营销观念;必须输入新的竞争意识;充分认识光环不等于广告;充分认识光环能叠加放大。

3. 为品牌寻找捷径

(1)"三位一体"战略的优点。所谓"三位一体"战略是指将企业、品牌、商标三者名称合而为一,以获得单一名称的张力,便于形成集中、统一的形象,并增强名称的传递力。

对于中小企业或创业阶段的企业而言,运用"三位一体"战略,从形象营销的角度看,具有明显的优点:容易识别、易于传播、降低费用。

(2)"三位一体"战略的实现途径。从企业、品牌、商标三者形象的互动关系角度来看,"三位一体"战略的实现途径大体有以下三种:"商标、品牌形象主导型"、"企业形象主导型"、"同步培育型"。

当然,"三位一体"战略并不是对于所有企业都适用,如对各事业部门之间相关性不强、多元化经营的集团公司来说,采用"三位一体"战略就不一定适合。况且,"三位一体"战略还有"一损俱损"的风险。因此,要视具体情况来决定是否采用"三位一体"战略。

(四)形象营销八大法则

营销界有这样一句话:"推销产品先要推销自己"。所以说形象对营销员来说是极其重要的,而营销员的形象应包括衣着打扮、举止和礼仪等。一个穿戴整洁、举止有礼的营销员容易赢得客户的信任和好感,而一个衣冠不整、举止粗鲁的营销员却会给客户留下糟糕的印象。因此,要想成为优秀的营销员,首先就要塑造良好的个人形象。

1. 留好第一印象

人总是先看外表,形象关系到给客户留下的第一印象。作为营销员,如果不注重仪表,那么客户就会对你失去兴趣。美国营销大师法兰克·贝格说过:"外表的魅力可以让你处处受欢迎,不修边幅的营销员给人留下第一印象时就失去了主动。"

2. 装扮得体

营销行业处处以貌取人,衣着打扮品味好、格调高的代理人,往往占尽先机。然而这并不意味着打扮越华丽越好,对营销员来说,最重要的是打扮适宜得体,这样才能得到客户的信任和好感。可以说,注意着装是成功营销员的基本素养。

3. 带上微笑

微笑是与人交流的最好方式,也是个人礼仪的最佳体现,对于营销员来说,最为重要。"非笑莫开店"和"面带三分笑,生意跑不掉"都在告诉我们,以微笑迎接客户,给客户一个好心情,这样与客户洽谈才会容易成功。

4. 言谈有礼

保险营销是说服的艺术。营销员必须学会面对不同销售市场和销售对象。这就对营销员的语言提出了要求,不仅是"善谈",更主要的还要有"礼节",言谈的有礼与否往往决定了营销员的业绩。

5. 举止有礼

行为举止是一种无声的语言,是一个人性格、修养的外在体现,它会直接影响客户的观感和评价,因此,营销员在客户面前一定要做到举止高雅,坐、立、行、走都要大方得体。

6. 学会倾听

卡耐基认为：倾听是一种典型的攻心战略。一个不懂得倾听，只是滔滔不绝、夸夸其谈的营销员不仅无法得知客户的各种信息，还会引起客户的反感，导致营销失败。认真倾听客户讲话是赢得客户的一种非常有效的办法；学会少说多听是营销员获得签单的捷径。

7. 不忽略约会礼仪

在促销过程中，约见客户是个非常重要的环节。掌握必要的约会礼仪，才能够在与客户接触过程中，让他对你产生信赖和好感，这对约会能否成功，起着关键的促进作用。

8. 签单不成礼节在

营销时，大多数营销员都能够对客户彬彬有礼。但当单没签成且客户离开时，依然保持风度却不是每个营销员都能做到的。古人云：生意不成情义在，这是一个营销员的基本素养。这次不成功，可成为下次成功的伏笔，把一个良好形象深深地印在客户的脑海里，它甚至比做成一笔签单更重要，因为单是永远做不完的。

五、感性营销

(一) 感性营销的概念

所谓感性营销是指企业的营销活动情感化，将"情感"这根主线贯穿于营销活动的全过程。主要有两方面的含义：一是要研制开发出富有人情味的产品或服务；二是要采用充满人情味的促销手段。

(二) 感性营销的六大法则

1. 感性诉求　吸引客户关注

了解目标客户情感需求与心理需求，是企业成功的关键。企业顺势而为将会得道多助，逆势而为则会事倍功半。产品发展、设计创意与感性诉求才能打动人心。

2. 取得信任　采用情感交流

赢得客户的信任是营销成功的一大关键。无论是广告还是公关活动，当客户通过不同的渠道了解到企业信息时，内心会对产品产生一种期望。如果期望能够在购买和使用的过程中得到实现，客户就将会成为满意的客户。极度满意的客户是企业最好的销售人员，并会帮助企业形成良好的口碑。争取、维持消费者的信任，并牢记这份信任随时可能被消费者收回。一旦失去客户的信任，企业、营销人员将会面临生存危机。

员工是企业最早的购买者，只有极度满意的员工才能制造出极度满意的客户，在企业内部也必须建立良好的信任机制。

多赢、双赢才是企业、销售人员和客户都想看到的局面。只有双方利益一致时，才能营造出多赢的局面；只有取得客户信任后，双方的情感才能趋于一致；只有取得客户信任后，企业和客户的立场才能一致。

3. 感情互动　了解客户需求

表达是单向，对话才是分享，互动才能了解客户真正的需求，而沟通才能实现双赢。曾经有家餐馆在进行客户满意度调查时，发现只有自助餐部门受到的投诉最少。为什么？因为自助餐的部分工作是由客户自己完成的，客户与餐厅之间有互动，所以他们更加满意这种沟通方式。在设计品牌广告、产品和行销计划的过程中，邀请消费者参与，提供意见或创意思考是目前最新的品牌策略。

4. 充分沟通　引导客户购买

当前,了解客户的心声与购买动机,掌握客户的心理需求和内心深处的欲望,已经成为成功销售的关键。因此与客户进行充分的沟通,并调动客户的情绪,已经成为了营销工作的重点。

沟通的意义取决于让对方听到了什么,而不单单是营销人员想表达什么。沟通中说什么并不重要,重要的是对方听到了什么。所以,必须了解目标客户的思维方式,这样才能采用合适的方法与客户沟通。在沟通中,不仅要关注和设法满足客户的需求,还要影响客户的需求,让客户在不知不觉中接受销售人员的引导。

5. 现场体验　促进互动交流

品质决定价格,钟爱创造销量。企业向客户争取的,也许并不止单次交易所产生的利润。企业想基业常青,就必须永远关注客户是否满意、是否忠诚,是否会再会重复、交叉购买,是否会将好的口碑带回市场?追求成功,最重要的是谨守诚信道德与服务承诺。如果能将客户的愿望、希望、想法纳入产品形象、企业愿景和产品服务中,将会创造出令人印象深刻的感性经验。同时,根据市场的趋势、目标客户群的变化不断地调整企业形象,为消费者塑造不同的体验,企业才能更好地生存与发展。

6. 感性服务　保持关系长久

服务是销售,关系是认可。销售是从客户购买的那一刻开始,只要把顾客服务好,其余事情都好解决。比如说音响,从消费者的角度看,很少有客户是为了买音响设备而购买音响设备,客户真正购买的一种高质量的音乐感受。推而广之,就是企业需要提供内容完整、层次丰富的服务,通过服务来满足客户潜在的心理需求与情感需求,造成竞争的差异化,在塑造企业感性形象的同时,为客户塑造无法取代的感性经历。

当客户愿意与企业保持关系时,企业才真正赢得了客户这一票,才可能从这个客户点上延伸出去,补上木桶上的漏洞。所以,热诚员工是最佳的品牌大使,他们热情、专业、具有激情的服务将是最好的销售工具。

(三)感性营销应注意的几个问题

(1)对消费者的感情投入要把握好"度"。凡事都有个"度",都应做到适度。

(2)要树立做活生意,而不是做足生意的营销理念。

(3)在开发新产品前就要预先做好市场调查与预测工作。

(4)要看其与同类产品相比是否拥有"差别性优势"。

六、嫁接营销

(一)嫁接营销的含义

嫁接营销是指采取合作的方式,一方借用另外一方或者合作方的营销资源或营销平台,并将产品的营销嫁接在合作方的营销资源或营销平台上,从而为己方或者合作各方创造出更大的营销收益,同时降低营销成本且达到更广泛的消费群体。

嫁接营销是企业将产品的营销嫁接在其他企业的营销资源或营销平台的战略和战术;是企业借用了其他企业的营销资源或营销平台,追求非常规、非传统的营销模式推销产品;是一种超越传统营销模式的营销战略。这种战略突破了传统营销思维惯性,不再将企业的营销封闭在自我模式中,而是跳出自我营销资源和营销平台的局限和枷锁,寻找纵向和横向的其他企业的营销资源或平台。

(二)嫁接营销的内涵

嫁接营销寻求的是在其他企业的营销资源和营销平台上营销自己的产品,注重的是合作、互惠、双赢或多赢,而不是对营销资源和营销平台的拥有和控制。

1. 互惠互利的低成本方式

以互惠互利的低成本方式扩大了营销资源和营销平台的模式,合作代替了竞争,从传统营销模式的竞争思维转变为联合思维。

2. 一种求同的营销模式

嫁接营销是建立在合作伙伴之间有相同的市场理念、消费群体、价值认同基础上的,而非传统营销模式下的差异化思维。

3. 有目标的投入营销费用

嫁接营销是将自己的营销活动建立在合作中其他企业的营销资源和平台上,所以,其投入目标指向其他企业营销资源和平台所能够达到的目标。因此,嫁接营销是有目标的投入营销费用,而非传统营销模式。

4. 在已知消费群体中营销

嫁接营销是在已知消费群体中进行营销,而传统营销模式是在未知消费群体中进行营销。

5. 有偿使用优势营销资源

嫁接营销是企业之间优势营销资源的有偿使用,其思维模式是非线性的,也可成为复杂性思维,而非传统营销模式是直线性思维。

(三)嫁接营销的方式

1. 渠道嫁接

渠道嫁接大量运用在家用电器、IT、汽车、手机、日用品、快速消费品、耐用消费品、饮料食品等行业,指某一家企业借用另外一家企业的销售渠道进行产品销售,或者是双方优势的销售渠道互相销售对方的产品。

2. 促销嫁接

促销嫁接是指双方达成一项促销合作计划,其中一方企业的产品成为另一方企业的促销品或促销工具,或者双方均把对方产品作为己方产品的促销品。促销嫁接运用十分广泛,在食品饮料、家用电器、汽车等产品销售中经常出现,形式为一种产品将另一种产品或多种产品作为促销品,企业之间达成促销品供应合同或合作协议。

3. 品牌嫁接

其核心就是利用著名品牌在消费群体中的影响力、号召力、美誉度、好感度,使消费群体产生"爱屋及乌"的心理,使自己的产品和品牌在消费群体中留下高贵、高档、高水平、高科技的印象,从而使消费群体对产品和品牌产生身份地位的联想,进而产生购买欲望。

在IT、耐用消费品、快速消费品、日用产品等行业,都可以尝试品牌嫁接的形式提升产品和品牌的形象,巧妙地进入高端市场。

(四)嫁接营销的规则

嫁接营销是一种与著名品牌企业共舞双赢的营销模式,如何实现成功嫁接、如何与著名品牌嫁接,是企业在考虑和设计嫁接营销方案的关键。

1. 嫁接营销的目的

嫁接营销的目的是通过渠道、销售平台、消费群体及品牌号召力实现资源共享,并使得双方共同提高市场的竞争力和产品的销售量。

2. 嫁接营销的法则

嫁接营销的最高法则是实现合力,这种合力实现的前提是双方都具有有价值的渠道、营销体系或者品牌。

3. 嫁接营销的方式

跨行业的产品或者品牌嵌入是嫁接营销的常用方式,适合同样具有强大品牌号召力和大批忠实消费群体的企业,往往是不同行业之间的天作之合。比如,快速消费品和IT业、快速消费品和网络游戏业、电子消费品和汽车行业等。

4. 嫁接营销的影响力

嫁接营销可以产生远远超越传统营销模式如终端促销、广告、公关活动的效果,其对销售量和品牌的提升远非常规手段能比。

5. 嫁接营销的市场

嫁接营销中一方或者双方将对方的产品、渠道、品牌作为自己产品的销售、广告、品牌平台,这个平台的背后是已经开发成熟的市场。

6. 嫁接营销的优点

其优点是成本最小、效果最好、投入产出最高的营销模式。

(五)如何寻求嫁接营销的合作对象

(1)从企业的销售渠道、销售体系、客户群体、品牌知名度和美誉度的评估中发现企业价值,分析自身嫁接营销的可能性和优劣势。尤其是对于一些在市场中有稳定的较高市场份额、有着较大的固定消费群体、有着较高品牌知名度和美誉度的企业来说,应积极思考采取嫁接营销的方式。

(2)学会纵向思维方法,跨行业营销思考嫁接营销的方式,了解分析企业的消费群体的消费趋势和其他行业产品消费情况,发现与自身企业有着重合相交的消费群体的其他行业,同时分析评估其他行业对自己的消费群体的影响力度。

(3)探寻有着重合相交消费群体的行业中有着稳定的较高市场份额、有着较大固定消费群体、有着较高品牌知名度和美誉度的企业,思考这些企业的营销需求和对于自己企业的嫁接营销价值。

(4)设计与其他行业企业的嫁接营销合作方案,合作方案充分考虑双方的价值和合作模式,本着双赢的方式与对方积极探讨合作。

(5)严格执行合作方案,换取对方积极的配合,以取得实现设想的效果。嫁接营销,需要企业营销人跳出企业封闭思维模式,站在整个市场的角度、站在消费者的角度思考营销,将企业的销售渠道、消费群体、品牌不仅仅视为企业独享价值,更看作换取营销资源的可交换价值。交换是嫁接营销的本质和核心,学会交换、掌握交换的方式,是获得嫁接营销伙伴、获得嫁接营销效果的必须技能。

(六)嫁接营销案例分析

[案例1] 娃哈哈巧借腾讯使"激活"占领市场第一

2005年10月18日,双方正式签署了战略合作协议。合作第一期的规模是2亿瓶——娃哈哈所有"营养快线"饮料上将打上腾讯游戏产品的图标,腾讯为此提供总计1.5亿个小时的游戏时长。早在2004年,娃哈哈"激活"活性维生素水即与腾讯网的虚拟货币Q币开展"喝激活赢Q币"的互动活动,每月送出10万Q币。娃哈哈集团市场部副部长陈新华说,由于Q币注册采取先注先得的规定,经常是每月开放注册的首日全部10万Q币就被一抢而空。在腾讯的帮助下,"激活水"成为2005年中国维生素水市场的唯一赢家。

[案例2] 英特尔和麦当劳合作为迅驰CPU上市造势

2003年3月11日,英特尔宣布,将和全球最大餐饮业连锁店麦当劳一起通过一些麦当劳餐厅推广无线上网。他们首先将从曼哈顿的十家麦当劳开始,这是英特尔3亿美元推出Centrino系列产品宣传活动的一部分。作为该计划的一部分,麦当劳在未来三个月将使客户购买一种套餐后能够在餐厅里无线上网一个小时,然后,客户可以选择每小时付费3美元或者再购买一份套餐。

[案例3] 海尔和鄂尔多斯相互帮助对方提高市场份额和品牌形象

海尔作为国内家电行业巨头,其洗衣机作为企业支柱产品,背靠集团强大的综合实力,稳坐"大哥大"的宝座,在企业和品牌形象上,与鄂尔多斯较为吻合。海尔自动档数字变频滚筒洗衣机,是一款极为适合洗涤鄂尔多斯手洗羊绒衫的高新科技洗衣机,将有效解决羊绒衫的"机洗"洗涤问题。双方一拍即合,开始了一次优势互补的嫁接营销。

海尔滚筒洗衣机确保"鄂尔多斯"羊绒衫机洗的安全性,避免洗涤过程中可能产生的羊绒衣料损伤。海尔公司甚至向消费者承诺:在正确使用海尔自动档数字变频滚筒洗衣机洗涤鄂尔多斯羊绒衫的情况下,如果衣物产生损伤,海尔公司将承担赔偿责任。

鄂尔多斯的手洗羊绒系列有效地利用了海尔洗衣机家电市场的优势,在全国范围推广,为消费者留下先入为主的印象,印证了"鄂尔多斯"在羊绒领域的技术领头羊地位;而海尔洗衣机也借助"羊绒衫洗衣机"的个性形象,向消费者展示了其出众的技术与完善的服务。鄂尔多斯高档、轻薄、保暖、舒适的产品特性与海尔自动档数字变频滚筒"羊绒洗"的卖点相结合,优势互补,在嫁接营销中找到各自新的销售增长空间。

七、渠道嫁接

(一)渠道嫁接概述

随着产品同质化现象的普遍存在和竞争的日趋激烈,消费者的购买行为随环境的变化发生了相应的变革,特别是消费者整体生活水平的提高,其个性化消费行为日趋明显,现有的各种销售渠道早已对人们消费行为的变迁产生了影响。消费者行为的变化迫使企业创新渠道运作,进行跨产品的渠道嫁接,开创新的渠道来提升销售,开源引流。

在渠道创新的众多方法中,以通路横向拓宽、通路终端扩展为代表的渠道嫁接就是最为简捷有效的渠道创新方法。嫁接一直是创新的最通用手法,从植物嫁接培育新品种,到产品嫁接创新新产品,它能够在短时间内调动已有的资源优势,节省时间、精力、资源等成本,迅速、方便地达到预期的目的。在分销渠道运作上也是如此,很多销售经理在运作市场的时候,或多或少地也在运用这个方法。比如,选择经销商并非一定要求同行业的经销商,并非同类企业的经销商等。但是,渠道嫁接最大的价值不在销售一线,而在战略决策层,只有企业的决策者能够重视这个问题,才能发挥网络共享的最大化效应,取得超常的市场回报。

(二)渠道嫁接的模式

1. 同类产品渠道的直接嫁接

如许多公司在新产品入市前期都采取同行业合作的渠道模式,如飞利浦前期进入中国市场嫁接 TCL 的销售渠道、奇瑞进入美国市场嫁接梦幻的销售渠道等,通过"拉靠山,傍大款,借船出海"的方式来打开相对陌生的市场。

2. 跨行业、跨产品的渠道嫁接

通过"借鸡生蛋,合作共赢"的方式达成渠道拓宽和市场延展的目的,如可乐与第九城市、肯德基与腾讯的合作,前者就是借后者进入网吧渠道,而后者则借用了前者的品牌优势,形成了互补的效果。

3. 行业、产品相近

面对同一消费群的企业之间的渠道嫁接,如紫光借用 OA 渠道和 IT 渠道的融合来拓展市场推广惠普一体机,三星 CDMA 手机借电信运营商进行渠道拓展,都是因为面对同一消费群体而进行的渠道嫁接。

(三)渠道嫁接的基本条件

(1)渠道嫁接是渠道资源的共享,节约时间和资源成本,具有网络共享的理念;
(2)渠道嫁接的双方须有相同的经营理念或者经营目标;
(3)渠道嫁接的双方都能获得单独一方运作所不能取得的市场效果;
(4)渠道嫁接的主体是渠道资源;
(5)渠道嫁接的双方在某些方面必须有很高的关联度,如渠道、物流、市场、消费群体等。

(四)渠道嫁接的策略

1. 借船出海

如对于有些产品,可以在淡季借用别的处于销售旺季的公司的力量来实现销量的提升。当你的产品处于淡季的时候,可能其他行业的产品正处于销售的旺季,对于这些正在大搞特搞做促销的公司来说,我们可以把自己当作它们搞促销所需赠品的供应商,从而开发一种新的团购渠道。如某报刊采用买一份报纸送一瓶红茶的方式做促销;如饮料在冬天被用作促销的赠品;等等。

2. 渠道合作

有许多的渠道都可以运用合作的思维进行运作,特别是与一些传统的渠道合作,如邮政网点、银行网点、供销合作社系统的网点、高速公路的加油站、火车站和机场等。如饲料在乡镇和农村市场的开发过程中,其渠道的运作可以借道邮政网点,如江西宜春的邮政网点就与某饲料进行了分销合作,既利用了广泛的邮政网点,又采用了邮政便利的物流配送体系,可以进行服务功能性渠道的开发。

3. 渠道的互补

在渠道的嫁接过程中,要充分发掘互补型的渠道,如好记星的火暴销售就是有效利用了互补渠道,当别的同类型的电子产品在商场和电器城火拼的时候,他们在渠道开发初期就把货放在书店里进行销售,从而大获成功,在没有竞争对手的环境下促销员抢顾客、在没有对手的产品作比较的地方,消费者除了买好记星没有别的选择;如在湖南怀化,金丝猴奶糖进药店销售,有效互补,拓展了销售渠道;如可口可乐与九成、百事可乐与盛大等游戏开发商的合作,主要是为了与网吧进行渠道的互补运作;如燃气、家电、太阳能热水器与房地产的合作,既可以是促销赠品,又可以整体运作;如饮料或快速消费品与麦当劳、迪尼斯乐园等的合作同样是为了互补并整合资源。

4. 开道

在跨产品的渠道嫁接过程中,不仅可以借道,如啤酒在冬季可以通过火锅店进行销售;白酒可以与饮料捆绑等,而且需要开道,特别是一些新的渠道,如突破常规,在开拓渠道的过程中,"找个爱自己的人结婚"和"找个有钱人结婚",即如果对方愿意或兴趣很浓,或者是有足够的资金实力,哪怕不是经销你所在行业的产品,同样可以让其开道运作,通过扶持和培育,进而提升产品的销售。

八、事件营销

(一)事件营销的概念

1. 事件营销的定义

事件营销是企业通过策划、组织和利用具有名人效应、新闻价值,以及社会影响的人物或事件,引起媒体、社会团体和消费者的兴趣与关注,以求提高企业或产品的知名度、美誉度,树立良好的品牌形象,并最终促成产品销售的手段和方式。简单地说,事件营销就是通过把握新闻的规律,制造具有新闻价值的事件,并通过具体的操作,让这一新闻事件得以传播,从而达到广告的效果。

20世纪90年代后期,互联网的飞速发展给事件营销带来了巨大契机。通过网络一个事件或者一个话题便可以更加轻松地进行传播和引起关注,成功的事件营销案例开始大量出现。

2. 事件营销的过程

新闻的传播有着非常严格的规律。当一件事件发生之后,它本身是否具备新闻价值就决定了它能否以口头形式在一定的人群中进行小范围的传播。只要它具备的新闻价值足够大,那么就一定可以通过适当的途径被新闻媒体发现,然后以成型的新闻的形式来向公众发布。新闻媒体有着完整的操作流程,每一个媒体都有专门搜寻新闻的专业人员,所以,只要当一件事情真正具备了新闻价值的时候,它就具有了成为新闻的潜在能量。事件营销就是设法制造新闻事件,并通过新闻媒介传播,从而实现营销的目的。

3. 事件营销的特性

(1)免费的。从严格意义上来讲,一件新闻意义足够大的公关事件,应该充分引起新闻媒体的关注和采访的欲望。

(2)有明确的目的。

(3)事件营销的风险性。

(二)事件营销成功的要素

事件营销本质上就是让你的策划成为新闻。所以,事件营销的成功之要素,就是要分析一件普通的事为什么可以成为新闻,以及分析新闻从发生到被采访、被编辑、被出版的整个过程。然后,让你的策划能够顺利地通过这一过程。

一个事件从发生开始,一直到变成报纸上的一则新闻,它的内容是在不断"缩小"的。假如一个事件的数量是100的话,记者可能只会关心其中80%的具有新闻性的东西,并对此进行采访。而报社的编辑会对这一稿件进行删改,可能只保留文稿中80%的内容。再到版面安排时,由于版面的限制,可能编辑删改的文章只能有80%的部分见报。那么,最终见诸报端的内容将会是原来事件的多少呢?所以,一个成功的事件营销必须注意到这些环节,通过精心策划,以增强事件的新闻性,尽量减少被记者和编辑删减的内容。

1. 事件营销成功的四个关键要素

对于企业的公关人员来说，可能会经常遭遇这样的挫折。你费尽心思策划了一起公关活动，准备了长达数页的新闻通稿，邀请了各个领域的新闻记者。但是，第二天，当你满怀信心的买来报纸时却发现，只有少数几家媒体对你的公关事件进行了报道，而且他们用的笔墨少得可怜，这些媒体还是影响力最小的。最令人难过的是，有的报道中几乎完全没有引用新闻通稿中的任何文字。记者只是描述了公关事件中的一个很小的细节。

于是，这位倒霉的公关人员开始总结经验，她认为，一定是对媒体的打点不够，或者是自己的面子不够大。不是这样的！我必须要给公关人员一个答案：那就是，你的公关事件没有符合新闻价值规律的要求。

新闻能否被着重处理则取决于其价值的大小。新闻价值的大小是由构成这条新闻的客观事实适应社会的某种需要的素质所决定的。一则成功的事件营销必须包含下列四个要素之中的一个，这些要素包含的量越多，事件营销的成功几率越大。

(1) 重要性。指事件内容的重要程度。判断内容重要与否的标准主要看其对社会产生影响的程度。一般来说，对越多的人产生越大的影响，新闻价值越大。

(2) 接近性。越是心理上、利益上和地理上与受众接近和相关的事实，新闻价值越大。心理接近包含职业、年龄、性别诸因素。一般人对自己的出生地、居住地和曾经给自己留下过美好记忆的地方总怀有一种特殊的依恋情感。所以，在策划事件营销时必须关注到受众的接近性的特点。通常来说，事件关联的点越集中，就越能引起人们的注意。

(3) 显著性。新闻中的人物、地点和事件的知名度越是著名，新闻价值也越大。国家元首、政府要人、知名人士、历史名城、古迹胜地往往都是出新闻的地方。

(4) 趣味性。大多数受众对新奇、反常、变态、有人情味的东西比较感兴趣。有人认为，人类本身就有天生的好奇心或者称之为新闻欲本能。

事件的事实只要具备一个要素就具备新闻价值了，同时具备的要素越多、越全，新闻价值自然越大。当新闻同时具备所有要素时，肯定会具有很大的新闻价值，成为所有新闻媒介竞相追逐的对象。

2. 策划者必须了解新闻损耗率

新闻的加工过程充满了非常多的偶然因素，并非所有的新闻原材料都能呈现在你早晨阅读的报纸上，因为新闻有自己的损耗。所以对于事件营销的策划者来说，必须了解这一概念，并且尽可能地减少这种损耗。

(1) 新闻法规的限制。新闻必须要合法，有些事件虽然具有很大的新闻价值，但却与新闻法规或政策抵触时，一般很难成为公开的新闻。或者其中某些"敏感"的部分会被删减，在一定程度上影响新闻价值。

(2) 新闻传播者的限制。新闻从业人员的业务能力是影响新闻价值实现的重要因素。新闻采编者的新闻敏感度、写作能力、编辑技巧和知识修养等都直接影响新闻价值的实现。

(3) 新闻传播媒介的限制。新闻传播媒介的技术水平和工作质量也是影响新闻价值实现的因素。新闻编排处理不当，报纸印刷质量低劣，广播电视音像效果不佳，都可能影响受众对新闻的接受和理解。

(4) 新闻接受者的限制。报刊读者、广播听众和电视观众的文化知识水平和接受理解能力对于事件营销的实现同样具有影响作用。

(三)善于运用你的优势

事件营销的第一招就是分析自己企业和产品的定位,看是否具有足够的新闻价值。假如可以充分引起公众的好奇,那么就必须注意了,因为你的所有举动都有可能成为新闻。当然,你运作事件营销并取得成功的机会,也会比别人大得多。

1. 运用优势的分析

如果一个企业想要进行事件营销,它首要的工作就是分析:

(1)企业本身足够引起媒介的关注吗?

(2)企业是否代表了某个领域并与新闻媒介关注的方向保持一致吗?

如果上述两个问题的答案是肯定的,那么,你进行事件营销绝对是轻而易举。无论你做什么,只要通过合适的媒介把消息发布出去,你的策划就可以成功了。

2. 运用优势的关键点

关键点一:事件营销要与企业形象保持一致

对于大企业而言,很容易犯的一个错误就是,因为制造一个事件成为新闻太过简单,所以它在进行公关策划时往往会忽略是否符合自己的根本形象,会单纯为了造新闻而造新闻。

关键点二:大企业必须谨小慎微

一个企业或者产品只要出名了,它总是容易吸引记者的目光。因为需要通过采写稿件完成自己工作的记者都清楚,大企业或大产品容易出新闻。但我们必须要反过来再思考一次。对一个非常美好的事物而言,发生在它身上最大的新闻是什么呢?就是它并不美好。同样,对一个非常有名气的企业或产品而言,最大的新闻是什么呢?就是这个企业或产品并不好。

关键点三:有选择地向媒体透漏信息

企业公关事务中很重要的一个工作就是与媒体保持良好的信息沟通。因为从新闻的角度来讲,一个大的企业,它所掌握的数字,往往就是广大的人群所希望知道的,同时也具有新闻的价值。而如果一个企业能够经常性地出现在媒体上时,人们对它的信任度也会更高。

(四)事件营销的两种模式

事件营销无外乎两种模式:借力模式和主动模式。

1. 借力模式

所谓借力模式就是将组织的议题向社会热点话题靠拢,从而实现公众对热点话题的关注向组织议题的关注的转变。要实现好的效果,必须遵循以下原则:

(1)相关性。是指社会议题必须与组织的自身发展密切相关,也与组织的目标受众密切相关。最具代表性就是爱国者赞助《大国崛起》启动全国营销风暴。《大国崛起》将视线集中在各国"崛起"的历史阶段,追寻其成为世界大国的足迹,探究其"崛起"的主要原因,对于中国的崛起有着深远的启示。

而中央台播出的每集节目出现的"爱国者特约,大国崛起"的字幕,同时画外音道白:"全球爱国者为中国经济助力、为国家崛起奋进!震撼了每一个中华民族的拥护者,也极大地提升了爱国者的品牌形象。

(2)可控性。是指能够在组织的控制范围内,如不能在组织的控制范围内,其效果就有可能达不到期望。

(3)系统性。是指组织借助外部热点话题时,必须策划和实施一系列与之配套的公共关系策略,整合多种手段,实现一个结合、一个转化。

2. 主动模式

主动模式是指组织主动设置一些结合自身发展需要的议题,通过传播,使之成为公众所关注的公共热点。必须遵循以下原则:

(1)创新性。组织所设置的话题必须有亮点,只有这样才能获得公众的关注。

(2)公共性。避免自言自语,设置的话题必须是公众关注的。

(3)互惠性。要想获得人们持续地关注,必须要双赢。

(五)事件营销的运作方式

事件营销要从消费者关心的事情入手,才能打动消费者,才能实现营销目标。

1. 借势策略

所谓借势,是指企业及时地抓住广受关注的社会新闻、事件以及人物的明星效应等,结合企业或产品在传播上欲达到之目的而展开的一系列相关活动。

2. 明星策略

明星是社会发展的需要与大众主观愿望相交合而产生的客观存在。根据马斯洛分析的人的心理需求学说:当购买者不再把价格、质量当作购买顾虑时,利用明星的知名度去加重产品的附加值,可以借此培养消费者对该产品的感情、联想,来赢得消费者对产品的追捧。

3. 体育策略

主要就是借助赞助、冠名等手段,通过所赞助的体育活动来推广自己的品牌。体育活动已被越来越多的人所关注和参与,体育赛事是品牌最好的广告载体,体育背后蕴藏着无限商机,已被很多企业意识到并投入其间。

4. 新闻策略

企业利用社会上有价值、影响面广的新闻,不失时宜地将其与自己的品牌联系在一起,来达到借力发力的传播效果。在这点上,海尔做法堪称国内典范。在"7·13"申奥成功的第一时间,海尔在中央台投入5 000万元的祝贺广告随后播出,据说当夜,海尔集团的热线电话被消费者打爆,相信国人在多年后再回味这一历史喜悦时,肯定会同时想起曾经与他们一同分享成功的民族品牌的就是海尔。

5. 造势策略

所谓造势,是指企业通过策划、组织和制造具有新闻价值的事件,吸引媒体、社会团体和消费者的兴趣与关注。

6. 舆论策略

企业通过与相关媒体合作,发表大量介绍和宣传企业的产品或服务的软性文章,以理性的手段传播自己。关于这一点,国内很多企业都已重视到了它的威力,此类软性宣传文章现如今已经大范围、甚至大版面地出现在各种相应的媒体上。比如,奥林匹克花园不断地在全国各大报刊媒体撰文,来宣传其"运动就在家门口"的销售主张。

7. 活动策略

企业为推广自己的产品而组织策划的一系列宣传活动,吸引消费者和媒体的眼球达到传播自己的目的。

从80年代中期的迈克尔·杰克逊,到90年代的珍妮·杰克逊,以及拉丁王子瑞奇·马丁,再到香港的郭富城、王菲,百事可乐采用巡回音乐演唱会这种输送通道同目标消费群进行对话,用音乐来传达百事文化和百事营销理念。

8. 概念策略

企业为自己产品或服务所创造的一种"新理念"、"新潮流",就像全世界都知道第一个造出飞机的是莱特兄弟。

(六)事件营销的切入点

事件营销的切入点通常归结为三类,即公益、聚焦和危机。这三类事件都是消费者关心的,因而具备较高的新闻价值、传播价值和社会影响力。

1. 支持公益活动

公益切入点是指企业通过对公益活动的支持引起人们的广泛注意,树立良好企业形象,增强消费者对企业品牌的认知度和美誉度。随着社会的进步,人们对公益事件越来越关注,因此,对公益活动的支持也越来越体现出巨大的广告价值。

典型案例:2003年"非典"肆虐的时候,不少企业各施所长,通过捐助、广告、活动等形式展示了自身的社会责任感,有效地达到了提高企业和产品的知名度及美誉度的目的。

2. "搭车"聚焦事件

这里的聚焦事件是指消费者广泛关注的热点事件。企业可以及时抓住聚焦事件,结合企业的传播或销售目的展开新闻"搭车"、广告投放和主题公关等一系列营销活动。随着硬性广告宣传推广公信力的不断下降,很多企业转向了公信力较强的新闻媒体,开发了包括新闻报道在内的多种形式的软性宣传推广手段。

在聚焦事件里,体育事件是企业进行营销活动的一个很重要的切入点。企业可以通过发布赞助信息、联合运动员举办公益活动、利用比赛结果的未知性举办竞猜活动等各种手段制造新闻事件。由于公众对体育竞赛和运动员感兴趣,他们通常会关注参与其中的企业品牌。同时,公众对于自己支持的体育队和运动员很容易表现出比较一致的情感。企业一旦抓住这种情感,并且参与其中,就很容易争取到这部分公众的支持。

3. 危机公关

企业处于变幻莫测的商业环境中,时刻面临着不可预知的风险。如果能够进行有效的危机公关,那么这些危机事件非但不会危害企业,反而会带来意想不到的广告效果。

一般来说,企业面临的危机主要来自两个方面:社会危机和企业自身的危机。社会危机指危害社会安全和人类生存的重大突发性事件,如自然灾害、疾病等。企业自身的危机是因管理不善、同业竞争或者外界特殊事件等因素给企业带来的生存危机。据此,将企业的危机公关分为两种:社会危机公关和自身危机公关。

当社会发生重大危机时,企业可以通过对公益的支持来树立良好的社会形象,这一点前面已讨论过。另一方面,社会危机会给某些特定的企业带来特定的广告宣传机会。比如,生产家庭卫生用品的威露士在"非典"期间大力宣传良好卫生习惯的重要性,逐渐改变了人们不爱使用洗手液的消费观念,一举打开了洗手液市场。在通信企业也不乏这样的案例。又比如,在数次自然灾害中,手机成为受害者向外界求助的重要工具。事后,中国移动利用这样的事件,打出了"打通一个电话,能挽回的最高价值是人的生命"的广告语,其高品质的网络更是深入人心。

因企业管理不善、同业竞争或者外界特殊事件都有可能给企业带来生存危机。企业只能及时采取一系列自救行动,以消除影响,恢复形象。企业在面对这类危机时,应采取诚实的态度面对媒体和公众,让公众知道真的情况。这样才能挽回企业的信誉,将企业损失降至最低,甚至化被动为主动,借势造势进一步宣传和塑造企业形象。

(七)事件营销有哪些风险

事件营销本身是一把"双刃剑",事件营销虽然可以短、平、快的方式为企业带来巨大的关注度,但也可能起到相反的作用,就是企业或产品的知名度扩大了,但却不是美誉度而是负面的评价。

1. 事件营销切入点的风险

事件营销中的三大切入点可以按可控度进行排列,从大到小分别是公益、聚焦和危机。可控度降低的同时,影响度是递增的,即风险越大,营销效果越好。在公益事件中,企业通常占据着主动地位,几乎不存在风险。聚焦事件的主要风险在于营销活动不能与企业、产品的战略发展相融合,甚至破坏企业长远的战略形象。如很多企业在进行体育营销时仅使用单调的抽奖手段,与企业和产品形象相去甚远,结果收效甚微。危机事件最能吸引眼球,同时风险也最大。特别是处理企业自身危机时,更应该小心谨慎。企业进行危机公关时,若不能有效地控制媒体风向,极可能引起公众的质疑和反感。此时不但达不到营销效果,企业还会面临生存危机。

2. 事件营销的风险控制

事件营销的利益与风险并存,我们既要学会取其利,还要知道避其害。对于风险项目,我们首先要做的是风险评估,这是进行风险控制的基础。风险评估后,根据风险等级建立相应的防范机制。事件营销展开后还要依据实际情况,不断调整和修正原先的风险评估,补充风险检测内容,并采取措施化解风险,直到整个事件结束。

第二节　常用营销技巧之二

一、差异化营销

(一)差异化营销的定义

差异化营销又叫差异性市场战略,是指企业面对已经细分的市场,选择两个或者两个以上的子市场作为市场目标,分别对每个子市场提供针对性的产品和服务。同时,企业根据子市场的特点,分别制定产品策略、价格策略、渠道策略以及促销策略并予以实施。

(二)差异化营销的核心思想

差异化营销的核心思想:"细分市场,针对目标消费群进行定位;导入品牌,树立形象"是在市场细分的基础上,针对目标市场的个性化需求,通过品牌定位与传播,赋予品牌独特的价值和树立鲜明的形象,以建立品牌的差异化和个性化核心竞争优势。

差异化营销的关键:是积极寻找市场空白点,选择目标市场,挖掘消费者尚未满足的个性化需求,开发产品的新功能,赋予品牌新的价值。

差异化营销的依据:是市场消费需求的多样化特性。不同的消费者具有不同的爱好、不同的个性、不同的价值取向、不同的收入水平和不同的消费理念等,从而决定了他们对产品有不同的需求侧重,这就是为什么需要差异化营销的原因。

差异化营销的创新:是产品、概念、价值、形象、推广手段、促销方法等多方位、系统性的营销创新,而不是某个营销层面或某种营销手段的创新,并且在创新的基础上实现品牌在细分市场上的目标聚焦,取得战略性的领先优势。

（三）差异化营销的形式

企业可以选择几个利益最大的子市场作为目标市场,如果各子市场对企业都很有吸引力,并且企业也有能力为各子市场提供不同的产品和服务,企业可以把子市场作为目标市场。在世界著名的跨国公司中,宝洁公司是实行差异化营销的典型,它的洗衣粉就有11个品牌,中国妇孺皆知的有强力去污的"碧浪",但价格较高;去污亦强但价格适中的"汰渍";突出物廉价美的"熊猫"。洗发水则有6个品牌,有品位代表的"沙宣";潮流一族的"海飞丝";优雅的"潘婷";新一代的"飘柔"。此外,它还有8个品牌的香皂,4个品牌的洗涤液,4个品牌的牙膏,3个品牌的清洁剂,3个品牌的卫生纸等。

（四）差异化营销的策略

著名战略管理专家迈克尔·波特是这样描述差异化战略的:当一个公司能够向客户提供一些独特的、其他竞争对手无法替代的商品时,这个公司就把自己与竞争厂商区别开来了。

一般商品中,差异总是存在的,只是大小强弱不同而已。而差异化营销所追求的"差异"是产品的"不完全替代性",即企业凭借自身的技术优势和管理优势:产品开发方面,生产出在性能上、质量上优于市场上现有水平的产品;销售推广方面,通过有特色的宣传活动、灵活的推销手段,给予客户以全新的产品形象;销售服务方面,能满足顾客需求的售前、售中和周到的售后服务,在消费者心目中树立起不同一般的形象。

1. 产品差异化

产品差异化是指产品的特征、使用性能、可靠性、式样和设计等方面的差异。也就是说,某一企业生产的产品,在质量、性能上明显优于同类产品的生产厂家,从而形成独自的市场。对于同行业来说,产品的核心价值是基本相同的,所不同的是在性能和质量上,在满足顾客基本需要的情况下,为顾客提供独特的产品是差异化战略追求的目标。中国在20世纪80年代是10人用一种产品,90年代是10人用10种产品,而今天是1人用10种产品。因此,任何企业都不能用1种产品满足10种需要,最好推出10种产品满足10种需要,甚至满足1种需要。实施差异化营销可以从两个方面着手:

（1）特征。是指对产品基本功能给予补充的特点。大多数产品都具有不同的特征。在此方面实施最为成功的当数宝洁公司,以其洗发水产品来讲,飘柔消费者的购买目的无非是去头屑、柔顺、营养、护发、黑发,与其相适应,宝洁就推出相应的品牌海飞丝、潘婷、沙宣、润妍。在开发其他品牌的产品时,宝洁公司也多采用此种策略。我国的饮料企业在推出新产品时也采用了此种策略,如农夫山泉的"有点甜"、农夫果园的"混合"果汁及"喝前摇一摇"、康师傅的"每日C果汁"、汇源果汁的"真鲜橙"的特点在消费者心目中都留下了很深的印象。可见,产品特征是企业实现产品差异化极具竞争力的工具之一。

（2）式样。是指产品给予购买者的视觉效果和感受。以海尔集团的冰箱产品为例,海尔冰箱的款式就有欧洲、亚洲和美洲三种不同风格。欧洲风格是严谨、方门、白色表现;亚洲风格以淡雅为主,用圆弧门、圆角门、彩色花纹、钢板来体现;美洲风格则突出华贵,以宽体流线造型出现。再如我国的一些饮料生产厂家摆脱了以往的旋转开启方式,改用所谓的"运动盖"直接拉起的开瓶法也获得了巨大的成功。此外,对于一般的消费者而言,工作性能、一致性的质量、耐用性、可靠性、易修理性也是寻求差异的焦点。如汽车由标准件组成,且易于更换部件,则该汽车易修理性就高,在顾客心中就具有一定的竞争优势。

2. 服务差异化

服务差异化是指企业向目标市场提供与竞争者不同的优异的服务。尤其是在难以突出有形产品的差别时,竞争成功的关键常常取决于服务的数量与质量。

区别服务水平的主要因素有送货、安装、用户培训、咨询、维修等。售前、售后服务的差异就成了对手之间的竞争利器。例如,同是一台电脑,有的保修一年,有的保修三年;同是用户培训,联想电脑、海信电脑都有免费培训学校,但培训内容各有差异;同是销售电热水器,海尔集团实行 24 小时全程服务,售前、售后一整套优质服务让每一位顾客省心放心。

在日益激烈的市场竞争中,服务已成为全部经营活动的出发点和归宿。如今,产品的价格和技术差别正在逐步缩小,影响消费者购买的因素除产品的质量和公司的形象外,最关键的还是服务的品质。服务能够主导产品的销售趋势,服务的最终目的是提高顾客的回头率,扩大市场占有率。而差异化的服务才能使企业和产品在消费者心中永远占有"一席之地"。美国国际商用计算机公司(IBM)根据计算机行业中产品的技术性能大体相同的情况分析,认为服务是用户的急需,故确定企业的经营理念是"IBM 意味着服务"。我国的海尔集团以"为顾客提供尽善尽美的服务"作为企业的成功信条,海尔的"通过努力尽量使用户的烦恼趋于零"、"用户永远是对的"、"星级服务思想"、"是销售信用,不是销售产品"、"优质的服务是公司持续发展的基础"、"交付优质的服务能够为公司带来更多的销售"等服务观念,真正地把用户摆在了上帝的位置,使用户在使用海尔产品时得到了全方位的满足。自然,海尔的品牌形象在消费者心目中也越来越高。

3. 形象差异化

形象差异化是指通过塑造与竞争对手不同的产品、企业和品牌形象来取得竞争优势。形象就是公众对产品和企业的看法和感受。塑造形象的工具有名称、颜色、标识、标语、环境、活动等。以色彩来说,柯达的黄色、富士的绿色、乐凯的红色、百事可乐的蓝色、可口可乐的红色等都能够让消费者在众多的同类产品中很轻易地识别开来。再以我国的酒类产品的形象差别来讲,茅台的国宴美酒形象、剑南春的大唐盛世酒形象、泸州老窖的历史沧桑形象、金六福的福酒形象,以及劲酒的保健酒形象等等,都各具特色。消费者在买某种酒的时候,首先想到的就是该酒的形象;在品酒的时候,品的是酒,但品出来的却是由酒的形象差异带来的不同的心灵愉悦。

在实施形象差异化时,企业一定要针对竞争对手的形象策略,以及消费者的心智而采取不同的策略。企业巧妙地实施形象差异化策略就会收到意想不到的效果。例如,为了突出自己纯天然的形象,农夫山泉在红色的瓶标上除了商品名之外,又印了一张千岛湖的风景照片,无形中彰显了其来自千岛湖的纯净特色。农夫山泉为了表现形象差异化,2001 年推出"一分钱"活动支持北京申奥;2002 年推出"阳光工程"支持贫困地区的基础体育教育事业。通过这样的公益服务活动,农夫山泉获得了极好的社会效益,提升了品牌价值,实现了形象差异化。

(五)差异化营销的优点和缺点

企业采用差异化营销策略,可以使顾客的不同需求得到更好的满足,也使每个子市场的销售潜力得到最大限度的挖掘,从而有利于扩大企业的市场占有率。同时也大大降低了经营风险,一个子市场的失败,不会导致整个企业陷入困境。差异化营销策略大大提高了企业的竞争能力,企业树立的几个品牌,可以大大提高消费者对企业产品的信赖感和购买率。多样化的广告,多渠道的分销,多种市场调研费用,管理费用等,都是限制小企业进入的壁垒,所以,对于雄厚财力、强大技术、拥有高质量的产品的企业,差异化营销是良好的选择。

同时,差异化有自身的局限性,最大的缺点就是营销成本过高,生产一般为小批量,使单位产品的成本相对上升,不具经济性。另外,市场调研、销售分析、促销计划、渠道建立、广告宣传、物流配送等许多方面的成本都无疑会大幅度地增加。这也是为什么很多企业做差异化营销,市场占有率扩大了,销量增加了,利润却降低了的原因所在。

二、分众营销

(一)分众营销的基本概念

分众营销就是通过周密的市场调研后,将产品的目标消费群体进行细分,锁定一个特定的目标消费群,推出特定群体最需要的细分产品,制定适应特定群体的价格,通过特定的渠道、广告推广和促销方式,并运用精确营销手段进行营销。

传统的大众化营销模式针对的是广泛的消费者,不但不能有效区分真正的目标消费者,而且更不能区分细分后的目标消费者。因此,撒大网式的传统大众化营销模式,往往会导致广告成本的上升,出现广告资源的严重浪费,并且,随着消费者可接触媒体的增加,以及大众媒体竞争的加剧,这种浪费会越来越严重。

如此一来,这种浪费直接导致了企业营销成本的飙升、行业竞争门槛的水涨船高,企业的市场风险也由此增加。

而分众营销则不同,它的优势在于强调的是"分",强调将广义的目标消费群体进行细分,找到真正属于自己的目标消费者。由于针对性较强,这样一来产品的营销向心力更集中、作用更猛烈。

分众营销的精髓就是"精确"、"细分"、"实效"。分众营销不试图占有所有的目标消费群体;不试图生产目标消费者需要的所有产品;不试图进入所有广义的产品渠道;不试图制定细分目标消费者所不能承受的价格;不试图进行广种薄收式的传播和促销方式。总之,分众营销所能做的就是:在最恰当的地点,用最精确、最经济的方式把产品卖给最需要的目标消费者。从而最大限度降低成本和杜绝费用的浪费,并将营销的效力发挥到极致。

(二)分众营销产生的背景

1. 市场竞争加剧的结果

由于产品竞争的加剧,消费者可以接触到的同质化的产品越来越多。激烈的竞争导致企业如果继续采用过去的大众化营销模式,将使企业进入广告战、价格战、终端战的恶性循环,最终使企业的利润水平随着竞争的升级而不断下降。而应运而生的分众营销就是针对性更强、效率更高的营销手段。

2. 差异化产品需求剧增

随着人们收入的提高和物质生活水平的改善,整个社会的消费需求总量也在与日俱增。但值得注意的是:消费者需要的不再是泛泛的、万金油式的产品,而是一些能适合自己需求的个性化产品。所以,推出分众化产品、进行分众营销,无疑是企业的最好选择。

3. 传播方式的效率下降

由于大众媒体的不断增加及竞争的加剧,使消费者的注意力已经大大地分散。若延用大众化传播方式,同样的一个产品宣传推广,企业往往要花上相当于以前数倍的代价才能获得成功。于是,只有高投入、高风险,才有可能实现高收益已成为市场营销的一个新特征。但是实力雄厚、资金流充裕的企业毕竟是少数，相对一般企业而言，就必须寻找一种低投入、低风险的营销手段来适应形势的转变。此时，更精确、更实效的分众营销恰恰就提供了这种可能。

从以上三个方面来看，分众营销是顺应潮流发展的必然产物，将成为今后一段时间内，企业营销制胜的利器。

（三）分众营销的实施步骤

1. 锁定分众目标消费群体

传统的营销观念认为：品牌的目标消费群体越大，产品的销售面就会越广、销售量就会越大。然而，随着同质化产品的增多，品牌与品牌之间目标消费群体的重叠现象也越来越严重。同一功效的产品品牌，很难区分自己与竞争对手的目标消费群体有什么本质上的区别。于是，这一现象导致了不同品牌对同一目标消费群体的重复营销攻势，使得营销资源被极度浪费且收效甚微。事实说明：当竞争加剧时，目标消费群体越大，销售面就会越广，销售量就会越大。

而分众营销却是将大类的、广义的目标消费群体，根据年龄、性别、收入、职业等类别进行细分，然后将细分后的消费群体类别与市场上最吻合的品牌对号入座。通过调研和分析找到一个其他品牌相对较弱的目标消费群体类别，把自己的品牌锁定在这一分众目标消费群体内，然后再进一步具体了解分众目标消费群体的消费习惯、消费行为、消费心理等，为执行下一步骤做好充分准备。

2. 制造分众化的适宜产品

随着企业生产技术的不断提高，有了保障的质量不再成为众多品牌相互之间进行区别的手段，于是同质化品牌成为了市场竞争必须面对的新问题。制造差异化、个性化的产品，形成自己新的竞争屏障，已成为新兴企业的必由之路。

制造分众化的适宜产品必须把握以下两个关键：

（1）内在因素表现出色。好的分众化的产品必须在功能、功效等能够说明产品品质且起决定作用的内在因素上表现出色，以迎合分众目标消费群体的消费需求。

（2）外在因素迎合喜好。好的分众化的产品更要在外形、颜色、大小等外在因素上最大限度迎合分众目标消费群体的喜好，达到他们（她们）内心的期望。可通过调研获得这些信息，切忌模仿其他品牌和凭空想象。

3. 制定分众化的产品价格

不同的消费群体对价格的敏感程度也不相同。锁定分众目标消费群体，为分众化的产品制定价格时，一定要考虑分众目标消费群体对价格的敏感程度，然后才能针对这一群体制定特殊的分众化的价格。因为产品再好，要想有一个好的市场销售前景，其首要条件必须是目标消费群体要买得起才行，绝不能脱离实际，漫天喊价。如果企业不能准确把握价格的范围，可以通过价格测试结合消费者座谈会、现场调查等手段来获得一些宝贵的意见和资料。

4. 确认分众化的销售终端

（1）不同的产品有着不同的终端。很多营销经理们认为终端渠道越宽，产品就能卖得越好。事实上并非如此，盘点各种终端对产品销售的贡献，真正能发挥作用且最能接触到目标消费者的终端只占20%，而且这20%的终端，却占据了产品80%的销售额！由此可见，不同的产品有着自己的不同终端。

（2）必须让产品进入分众化的终端。当品牌进行分众营销时，必须要让分众化的产品进入分众化的终端。就像生产XO人头马酒的企业，不能把它的产品摆到边远山区的小卖部去销售一样。任何企业都不能让产品进入几乎接触不到目标消费者的终端。

(3)细分目标消费群凸显产品终端。经过细分后的目标消费群,其群体的特征会更明显、消费倾向更接近,能接触到的终端会变得更突出。如:儿童青少年型黄金搭档在刚进市时,主攻二、三线的城市市场却屡屡受挫。后经企业调研发现,由于观念和价格因素,二、三线的城市市场的目标消费者根本不接受儿童青少年型黄金搭档,所以购买率相当低。找到原因后,产品立即转向大、中城市,由于找对了终端,市场立即有了新的起色。

目前,可供企业选择的销售终端有大卖场、大型商场、连锁超市、农村供销社等,而这些销售终端又可以根据所在城市级别、周边环境、客户的购买力等因素,细分为很多个层次的分众化终端。在了解了自己的分众化产品所针对的分众目标消费群最常出现的分众化终端之后,企业就可以根据产品的不同时期的需要,让产品选择进入这些分众化销售终端来进行销售。

5. 分众营销的传播与促销

(1)采用分众化推广主题。消费心理学研究表明,不同年龄、不同性别、不同教育程度的消费者,对广告、促销的方式与内容的喜好呈现出一定的差异性。例如,25~30岁受过良好教育的女性的促销主题,最好和"年轻"、"美丽"这些词联系在一起;30~40岁受过良好教育的女性的促销主题,最好和"时尚"、"魅力"这些词联系在一起;55岁以上受过良好教育的女性,则最好和"健康"、"长寿"这些词联系在一起。企业针对分众目标消费群体进行广告宣传和促销推广时,不能笼统进行模式化的促销,必须有的放矢才能适销对路。

(2)针对性更强的传播方式。目标消费者在各个层面上对广告和促销产生不同的差异,使得企业在进行分众营销时必须认真研究分众目标消费群体的特征,区别对待。而进行分众化的广告和促销,必须运用针对性更强的传播方式和方法的运用,使广告和促销的效果最大化,最终实现投入与产出效益的最优化。

(四)分众营销——新营销利器

随着调研及科技的进步,企业和商家已经能够掌握越来越精细的分众群资料,并利用一些新兴的媒体或渠道,跟这些客户沟通。

1. 适应客户的独特要求

分众营销需要在产品设计阶段就充分考虑目标消费者的独特要求,让每位客户都感到自己与众不同。比如,福特公司的"风之星"家庭轿车在产品蓝图阶段吸收了一些女性参加设计小组。这是福特公司为了确保在设计汽车时能够最大限度地集思广益的策略之一。其他策略还包括网罗一批拥有各种背景的人以及开展名为"带着孩子们上班"的活动。

"风之星"取得成功的原因是因为在设计上增添了许多特色。其中一例就是顶灯的"婴儿睡眠状态"。有了这个功能,就可以在车门被打开的时候只有脚灯才亮,因为顶灯可能惊醒熟睡的婴儿。

2. 营造独特的营销氛围

分众营销要善于营造一种独特的营销氛围,好让每位消费者感觉到产品就是针对自己个人的。例如,美国有家"玩具熊制造工场"的商店,孩子们可以在店里制作自己的玩具熊或其他软式玩具。先是挑选到一台机器上(在店员的指导下)进行填充,接着从一个盒子里拿出一个心形的小布包,按店员教的那样抚摸并亲吻一下,然后许个愿,再把那颗心放到玩具里缝好。最后,孩子们还得为小动物准备一张出生登记表,并给它起个名字,也可以在带回家之前给它买件小衣服和别的饰物。给小动物起名字、填写出生记录、按自己的喜好给它穿衣服,专门针对孩子们的服务使"玩具熊制造工场"大获成功。

(五)分众营销工具——数据库营销

1. 数据库营销的含义

数据库营销是在 IT、Internet 与 Database 技术发展上逐渐兴起和成熟起来的一种市场营销推广手段,在企业市场营销行为中具备广阔的发展前景。它不仅仅是一种营销方法、工具、技术和平台,更重要的是一种企业经营理念,它改变了企业的市场营销模式与服务模式,从本质上讲是改变了企业营销的基本价值观。

所谓数据库营销就是利用企业经营过程中收集、形成的各种客户资料,经分析整理后作为制订营销策略的依据,并借助于 IT 和 Internet 技术,通过电子刊物发送、产品与服务信息传递、用户满意调研、在线销售服务等多种方式来提高企业的市场营销能力和水平,并作为保持现有客户资源的重要手段。

2. 数据库营销的目的

通过数据管理系统收集潜在客户们的相关信息,并归类整理在消费者数据库中,然后进一步将消费者区分,针对他们感兴趣的程度和个人的具体状况进行传播,然后再一对一地展开针对性沟通。最终使消费者与企业结成牢不可破的品牌忠诚。比如,纽约大都会歌剧院设立一个可容纳 150 万人以上的歌迷资料的数据库,歌剧院运用电脑分析各种类型消费者的特点,找出潜在的客户,然后用直接通信的方式宣传推销歌剧票,结果在歌剧票正式公开发售之前,70%以上的入场券就已经利用数据库销售出去了。

美国航空公司设有一个旅行者数据库,内存 80 万人的资料,这部分人平均每人每年要搭乘该公司的航班达 13 次之多,占该公司总营业额的 65%,该公司每次举行促销宣传活动,必以他们为主要对象,极力改进服务,满足他们的需求,使他们成为公司稳定的客户。

3. 数据库营销的作用

数据库营销可以为营销和新产品开发提供准确的信息。

通用汽车公司与万事达信用卡公司合作提供 GM 卡,结果通用公司拥有了一个 1 200 万 GM 卡持有者的数据库。通用公司介入信用生意,主要不是为了信用卡业务,或给持卡人提供购车折扣,而主要在于把它的结账过程看作是一个收集大量信息的途径。GM 卡销售总经理说"这是一座金矿"。通用公司向 GM 卡持有者调查他们是什么时候购车的,现在驾驶的是什么车,什么时候打算再买车,以及他们喜欢哪一种车型。如果某个持卡人表示对某种车有兴趣,则公司就会寄出有关车型的资料,同时把持卡人信息通报给持卡人当地销售公司,让他们派人去推销。

在网络营销环境中,客户数据获得要方便得多,而且往往是客户自愿加入网站的数据库。最新的调查表明,为了获得个性化服务或获得有价值的信息,有超过 50%的客户愿意提供自己的部分个人信息,这对于网络营销人员来说,无疑是一个好消息。请求客户加入数据库的通常做法是在网站设置一些表格,在要求客户注册为会员时填写。

4. 数据库营销的职能

(1)收集相关信息。客户服务是企业留住客户的重要手段和有效途径。在电子商务领域,客户服务同样是取得成功的最重要因素。比如,日本麦当劳公司,用电脑储存了全国 60 万儿童的出生年月日,每当他们生日时,总会收到一张生日贺卡。拿到生日贺卡的儿童,通常要和父母一起去麦当劳。麦当劳会为孩子送上生日礼物,当时在店的全体员工会向小朋友道"生日快乐",并鼓掌欢迎。攻心之战使全世界的儿童都会牵着父母的手哭着喊着要去麦当劳。

（2）进行长期跟踪。企业要对自己推销的产品进行市场跟踪。在长期的营销积累中通过电脑管理，建立客户案库，以便进行长期的消费者追踪、售后服务和产品的升级换代。比如，保时捷公司为推销其新款汽车向每位车主都寄发一张独特的海报，画面上是一部保时捷新车，车牌上印有车主的名字。车主们收到这一海报十分惊喜，因为这是完全属于他自己的礼品。保时捷公司绝妙地执行了一个犀利的消费者导向策略，由寄发个人海报为起点，充分利用赛车活动、电视、杂志广告和报纸附页，进行了一系列的整合广告活动。其中一项活动是将购保时捷汽车车主的姓名铭刻在保时捷车内的底盘上，甚至向车主赠送有其姓名的车牌。这一系列活动牢牢地将车主和保时捷联系在一起，并极大地发掘了潜在消费者。

（3）发掘终身价值。企业要想真正了解客户，就要对客户价值进行系统的分析。谁给企业带来的利润最多，评价客户的终身价值，如何开展建立客户忠诚度的市场活动等，通过价值分析，企业可以建立一个高质量的客户价值数据库，还可以通过分析找出最有效的市场营销及产品销售手段。最能让公司获利的20%的客户，贡献了公司总利润的80%。

对传统的营销人来说，往往针对单次的客户购买行为来判断这个客户的价值，客户买的多，价值就高，买的少就没价值。而分众营销则不这么短视，分众营销就是要发现最有价值的客户，不仅要发掘客户的单次价值，更要发掘客户的终生价值。所谓客户终生价值，是指某客户其一生所能带来的价值。

分众营销把握的是同一个客户在有生之年所提供的总体贡献，也许他这次只买了3 000元，但是每年会有4次交易，一共与我们往来了10年，它的终身价值便是3 000×4×10＝120 000(元)。

某品牌快餐的中国消费者，也许一次的消费只有十几元人民币，但美国麦当劳的消费者的终生价值却高达2万美元。而高档汽车的忠诚客户其终生价值则超过数百万美元。

三、细节营销

按照"细节决定成败"的信条，研究营销中关键细节点，是追求差异化的手段。

（一）细节营销的基本含义

细节营销，顾名思义，就是指企业营销工作的每一细节设身处地为消费者着想，借以最大限度满足其物质和精神需求的营销工作。

（二）细节营销的产生背景

1. 细节营销是市场发展的必然结果

市场经济是商品经济的高级阶段，是以消费者需求为出发点，并最大限度满足其需求的经济形式。而满足消费者需求，应该是全方位、多层次的，既要满足消费者对商品使用价值的需求，亦要满足消费者精神和心理需求；既要满足消费者对购买结果的需求，也要满足消费者对享受过程的需求；既要满足消费者对大的方面的需求，亦要满足消费者的细微需求。特别是随着消费者素质的不断提高，对消费过程中的细节越加重视。在这样的背景下，细节营销也就应运而生了。

2. 买方市场是细节营销诞生的土壤

当前，买方市场的形成已是不争的事实，人们的购买心态日臻成熟，消费预期日趋理性，表现为持币观望，等待最佳购买时机凸现，人们方才出手。而这种购买已不再是传统意义上的简单购物,它表现为消费者物质、精神的双重享受。如何聚集人气、参与竞争、刺激需求、扩大销售,是关系企业生存乃至发展的重要课题,而细节营销在买方市场的环境下扮演了催化剂的角色,起到了润物细无声、事半功倍的效果。企业在产品、价格、服务、渠道、促销等方面的细小处为顾客无微不至的考虑,为他们提供方便、快捷,给他们解决难题,为其消费带来超值享受,企业即使身处买方市场,同样能游刃有余且佳绩频创。

3. 细节营销是竞争克敌制胜的利器

企业要参与竞争并在竞争中取胜,必须要有独特的秘笈。竞争手段层出不穷、日新月异。作为现代营销观念具体体现的细节营销,使企业在竞争中处于强势地位,如虎添翼,由于在整个营销工作中事事处处为消费者着想,使其在消费中倍感温馨、快捷、便利,获得精神上的愉悦和物质上的享受,消费者自然对其情有独钟,企业势必在残酷的竞争中胜似闲庭信步,更胜一筹。

4. 细节营销是营销工作的深化发展

在社会不断进步,人们生活水平不断提高,消费意识不断增强,以及企业的产品、营销工作日趋雷同的背景下,不仅要求企业在经营决策等大的方面从消费者的需求出发,更要求企业在营销细节上考虑消费者各个方面的需要,突出自身的优势和特色,全心全意地为顾客服务。消费者在物质需求得到满足的基础上,同时得到了尽善尽美的延伸服务和享受,势必成为企业的忠诚顾客,从而实现了真正的"双赢。"

(三)细节营销的主要构成

1. 产品开发中的细节营销

产品开发中的细节营销是指在产品设计和生产过程中除了满足消费者基本需要外,同时在细节上做足文章。使消费者在消费商品时更加简便、安全、舒适。商品设计和生产中的细节营销,说到底,就是充分考虑消费者多层次需求,使企业营销工作更具人性化。如电动剃须刀的设计和生产,仅仅是将胡须剃掉是远远不够的,还应考虑不伤皮肤、节约时间、便于清洗、充电快捷和经久耐用等。

2. 推广促销中的细节营销

推广促销中的细节营销是指企业在促销的每一个环节和每一个细节充分考虑消费者需求,使企业促销事半功倍的工作。任何促销,均是一个复杂的系统工程,其中的每个细节都关系到促销成败。越来越多的企业已对此高度重视。促销中细节营销的实施,既促进了企业营销目标的实现,也使消费者的心理得到了满足,在购买商品时得到了更多的实惠,从而把传统的购买商品过程演变为享受消费的过程。从细小处为消费者着想,构造和谐的消费环境,为促销中细节营销的初衷。如提供免费药、饮用水、免费寄放老公、儿童、提供座椅等,均是细节营销的具体体现。

3. 渠道拓展中的细节营销

渠道拓展中的细节营销是指企业在其产品的渠道拓展和维护中实施的精细化营销工作。企业产品渠道的拓展和维护,关系到企业产品能否顺利流通乃至最终实现"惊险的一跃",决定着商品价值和使用价值的实现,最终决定着企业的生死存亡。细节营销的实施,对企业产品渠道建设起到了润滑和保养的作用,从而有力地巩固了流通链中各个企业的战略同盟地位。如对客户经常走访沟通,经常提建设性意见,节假日致电问候、赠送礼品等。

4. 销售服务中的细节营销

销售服务中的细节营销是指企业在服务的环节和细节上,力求尽善尽美,使消费者在愉悦和无憾中完成商品的购买和消费。服务的竞争,是更高层次的竞争。在服务中讲究完美细节,就能使企业永远处于不败之地。如售前为消费者传递企业和商品信息,免费提供必要的培训等;售中微笑服务,免费包装等;售后严格履行承诺,及时排忧解难等。

5. 企业文化建设中的细节营销

企业文化建设中的细节营销是指在企业文化建设中将企业的宗旨、营销观念、精神等,在细微处体现出来的工作。企业的文化建设,是企业营销工作的重要组成部分。细节营销贯穿于企业文化的建设中,更有利于企业文化的传承和发扬光大,更有利于在企业经营中体现企业宗旨,打造企业品牌,强化消费者对企业和产品的认知度,增强企业员工的凝聚力。

6. 满足顾客需求中的细节营销

营销工作应充分考虑消费者心理、生理和具体需求的特点,在商品的销售及消费过程中提供性价比最高的商品、创造最佳的消费氛围和环境。消费者的需求,是企业赖以生存的根基,如何挖掘、拓展和满足消费者的需求并使其得以延续,这是企业营销面临的重大课题,而细节营销,则是解决此问题的关键所在。只有通过大量、深入、细致的营销工作,才能找准企业的目标顾客,继而摸准他们需求的脉门,有的放矢地开展营销工作,最后使其物质的心理和精神的需求得以真正的满足。

(四)实施细节营销的关键点

1. 细节营销要坚持以人为本为宗旨

细节营销,说到底就是要使企业的营销更具人性化。从每一个细微之处为消费者着想,把"顾客是上帝"真正落到实处。现代营销就是把"以人为本"的理念寓于整个营销过程中,点点滴滴、事事处处尽显人文关怀。只有这样,消费者才能真正感受到现代营销理念带给他们的实惠,企业形象才能深深烙在消费者心中,企业也才能长盛不衰。

2. 细节营销要围绕消费者的需求设计

实施细节营销的目的,客观上是为了真正满足消费者的需求,主观上是为了提升企业的品牌形象,最终提高企业的经济效益。因此,无论是哪个环节或哪个领域的细节营销,均应把消费者需求放在首位,不遗余力、全方位地满足它,这样,细节营销得到的将是丰厚的回报。

3. 细节营销要为企业的营销目标服务

企业营销目标的实现,离不开细节营销的支撑。具体地说,企业营销目标实现的过程,也就是细节营销实施的过程。企业在实施细节营销时,要紧紧围绕营销目标的要求开展工作,并通过大量、扎实的基础工作,以促进顺利完成营销目标。

4. 细节营销必须整合企业资源统一认识

细节营销的实施,不仅仅是销售部门的事,而是企业各个部门共同的工作。企业的每一个部门、每一个员工都必须具有这样的意识。俗话说:"木桶装水的多少,取决于它最短的木块。"企业经济效益和社会效益的高低,靠的则是企业员工的共同努力。企业要整合好各个部门的资源,为细节营销的实施提供坚实的平台;作为员工,通过勤奋的工作,为细节营销的实施作出应有的努力。这样,点滴营销必然会汇在涛涛的江河,推动企业永远向前。

5. 细节营销要有自己的营销特色

如果把企业营销工作比作沙滩,细节营销犹如沙中熠熠闪光的沙金。在企业营销越来越趋于同质化的今天,差异化营销无疑成了克敌制胜的法宝,而细节营销则已成为差异化营销的主要表现形式,企业要根据自身的特点设计和开展细节营销,要注意扬长避短,出其不意。细节营销有了企业自己的特色,焉能攻无不克,战无不胜?

6. 细节营销的成功开展重在创新

创新,是世间万物发展的源泉。企业细节营销只有不断创新,才能永葆企业的活力,才能使企业的营销工作独具特色,才能增强企业的核心竞争力,也才能使企业的营销目标顺利实现和企业经济效益不断提升。可以这样说,创新是细节营销之魂,细节营销是企业营销创新的重要载体。没有创新的细节营销,不是真正意义上的细节营销。

7. 细节营销要根据不同的时间、地点、环节和对象来设计

企业营销是极富创造性的工作,没有固定的模式可循,细节营销亦然如此,因此,企业在制定和实施细节营销时,要根据不同的时间、不同的地点、不同的环节、不同的环境、不同的营销对象区别对待,既要敢于创新,又要灵活机动,切忌照搬照套。只有如此,细节营销才能收到意想不到的效果。

(五)细节营销的意义

1. 细节营销能多层次满足消费者需求

现代营销观念认为:满足消费者需求是企业营销工作的出发点和最终归宿。现代成熟的消费需求,既包括商品使用价值的需求,还包括精神和心理需求,同时也包括享受购买、消费过程的需求。而细节营销的实施,既为消费者营造愉悦的购物环境和气氛,也从物质、精神上满足其真正的需要,以人为本贯穿于营销过程之始终。

2. 细节营销是企业取胜的重要保证

市场经济的不断深入发展,竞争更是与日俱增,企业竞争战略和手段的推陈出新,使细节营销成为攻坚的利器。在营销上,其他企业想不到的,我们想到了,其他企业没做到的,我们做到了,其他企业没做好的,我们做好了,做好了细微之处,也就把满意送到了消费者心坎上。"一滴水能反映太阳的光辉",细节营销却能折射企业的形象和理念。"勿以善小而不为",当一个企业持之以恒地做到极致,平凡也就升华为不平凡。

3. 细节营销最终会转化为强大的社会效益和经济效益

细节营销的实施,使企业的知名度和美誉度不断提升,企业形象深入人心,消费者对企业相信有加,对企业及其产品形成偏好,由此带来社会效益和企业经济效益的同步增长。

四、对位营销

(一)对位营销的概述

对位营销讲究的是与客户需求位置的对应和匹配,这种位置不仅是指某一方面,而是在系统的市场行为和营销活动中要涉及的各个方面,只不过其难点在于有的"加速器"的位置比较直观,有的位置比较隐蔽,有的则需要通过参照物才能发现,从这个意义上讲,对位营销的第二层意义还在于对各种位置的充分整合,只有完成了这两个层面的实际作业,对位营销才能产生应有的品牌推动力量。

(二)对位营销的五大层面

1. 客户对位　在不同中选择相同

营销人员的惯有思维是,把客户按各种不同的标准细分成若干个群体,再运用诸如STP等营销工具来对市场造成区隔和分割市场。在市场容量有限的情形下,各种品牌蜂拥而至,竞

争变得异常激烈,越到最后,投入和产出的比例越大,品牌绩效的提升就越困难。不妨改变一下营销思维,比如,站在客户诸多消费情形的角度来为客户规划其需求位置。可以想象,很多不同类型的消费个体在日常消费生活中有很多心理需求的位置。比如,客户需要在晚间放松几小时,这时他们的需求位置就变得很多,看电影、按摩、去酒吧、喝咖啡或上网等等,尽管不是所有的位置都是需要满足放松欲望的时候所要对准的,但至少有几个选择是客户可以认真考虑的。而这几个选择,却是界定对位营销和惯有营销的分水岭。惯有营销是在相同的市场中选择不同类别的客户群体,对位营销是在不同的市场领域中选择相同客户的位置;惯有营销希望把客户众多的位置一一排除,剩下的越单一越好,强调和重视与众不同,对位营销兼顾到客户的几个重要位置并进行综合,这种细分和统合将产生截然不同的市场和品牌效应。

2. 价值对位 互为价值导向下的双赢模式

价值对位包含两个方面:品牌价值和客户价值。这两种价值,必须分别从对方的角度来感知和体现,如果品牌方和客户方不能互相感知对方提供的价值,并达到了自己所期望的结果,就是不能实现价值对位,双方或其中一方便会背离和放弃这种价值交换。只有找到对等的价值,即双方形成了价值对位,才能完成价值互换。而这种价值对位,便称之为互为价值导向下的双赢模式。

在着手进行价值对位时,要尽量规划出品牌价值和客户价值实际所包含的层面和重要元素,比如,品牌价值应该涵盖核心价值概念、实际功效、形象设计、销售环境、服务模式等,客户价值应该包括购买额、消费频率、偏好、评价、溢价等,只有把两个方面的重要元素规划和落实到位,才算真正做到了价值对位,而不仅仅是一个概念的定位和传播。

3. 文化对位 精神感召下的精神共鸣

品牌包含了两个层面,即物质层面和精神层面,而精神层面对市场和客户的影响往往更为深远,尤其对于快速消费品而言。我们最熟悉的莫过于可口可乐、万宝路等品牌了。当年百事可乐从可口可乐的脚底下抢地盘,靠的就是一波又一波对社会主流文化的极尽依附和精彩呈现,而万宝路的牛仔形象和美国人的精神旗帜融为一体,同样穿越了时间的长河成为传世的经典。这就是品牌,具有浓缩了的深邃文化的品牌。每个品牌都有自己的价值主张,这种价值主张应该与社会主流文化或价值观相吻合,因此,在挖掘品牌核心价值主张时,应该努力地为品牌找到与社会主流文化相同共融的地方,并进行精准的嫁接。一旦建立起对位的价值诉求体系后,品牌传播的广度和深度就具有强大的基础平台,并在沟通中引起客户强烈的情感共鸣。由此可见,品牌在客户的消费生活中起了一定的精神感召作用。比如,"纽崔莱"的"有健康才有未来"、央视广告部的"心有多大,舞台就有多大"等都是品牌核心价值与社会主流文化对位的鲜明体现。

4. 接触对位 编织密闭性的 N 度体验网

品牌的所有信息在向客户传递时都会遇到如何跟客户接触,在什么地方信息会与客户遭遇的问题。这时,品牌信息与客户进行接触对位便成为让品牌和客户互为感知价值的充分条件。品牌和客户的接触对位有两个关键方面的营销作业:

(1)对品牌价值全方位地细分,形成一个高密集性的品牌网,以便在品牌信息与客户的每一个接触点上形成强有力的价值传递火力,造成强势对位,比如,品牌背景、技术特点、制造工艺、核心效用、核心价值概念、包装风格、形象创意、形象载体等。在此基础上,对重点的价值指向进行整合,敲定需要传递的核心价值信息。

(2)对客户会在哪些最可能的接触点上对品牌进行体验实施规划,从而编织出一张高密闭性的多方位的客户体验网。在规划客户的接触点时,一个重要挑战是品牌价值如何与每个接触点进行对位,并能带给客户真正的品牌体验。不体验品牌价值自然就不能形成客户对品牌价值的认知和感受,提升品牌便成为泡影。因此,在这一环节上,除了要对客户的接触点进行翔实、全方位的规划外,还必须对每一个接触点上的品牌价值信息进行精准的评估,以达到对等互惠的理想境地。前者保证了体验网的高密闭性,后者保证了体验网的有效性。

5. 空间对位　互动式交流引爆情趣热点

让客户进行一次真切的、兴趣盎然的品牌体验,其重要方式是互动式交流,互动式交流最能激发客户的好奇心、新鲜感、神秘感、轻松感等。单一的交流往往具有封闭性的特点,因为不能有效互动,客户心中的许多有关对于品牌的期望、感知、评价、探讨、要求都会在单一的交流方式中被埋没,像电视广告、平面媒体广告终端促销等,这些层面的交流只能承担某个或某几个品牌体验的职能,而不能深入到客户的广阔内心,与之做更广泛的沟通和探讨,让客户有更多方面的品牌体验。美国营销大师阿尔·里斯在他的营销名著《公关第一,广告第二》里就互动式交流的公关活动给予了极高的评价。互联网,不但扩展了互动交流的范围,而且丰富了其内容,因为网络更像是一个整合的平台,能把品牌价值的很多关键信息全部集中在一个界面上,客户随时随地可以加入这个界面,参与各种各样、丰富多彩的品牌体验,在一个虚拟的空间里,客户的内心完全开放,客户的情趣热点被这种开放式的心灵对话完全引爆。

各个行业的众多品牌依靠互联网的推广正在当今的市场上大行其道,这种网络上的互动式交流把品牌和客户有效地连接在一起,它超越了许多为客户提供交流的单一方式,并有效弥补了品牌信息与客户进行接触对位时出现的纰漏,让客户的热情和趣味在一个轻松宽泛的空间里一点一滴地激发和释放出来。这种与客户在空间上的精确对位,是目前快速提升品牌的重要营销方式。

五、体验营销

(一)体验营销的定义

体验营销是通过看、听、用、参与等手段,充分刺激和调动消费者的感官、情感、思考、行动和关联等感性因素和理性因素,重新定义、设计的一种思考方式的营销方法。这种思考方式突破传统上"理性消费者"的假设,认为消费者消费时是理性与感性兼具的,消费者在消费前、消费中和消费后的体验才是购买行为与品牌经营的关键。比如,当咖啡被当成"货物"贩卖时,一磅卖 300 元;当咖啡被包装成商品时,一杯就可以卖 25 元;当其加入了服务,在咖啡店中贩卖,一杯最少要 30 元;但如能让顾客体验咖啡的香醇与生活方式,一杯就可以卖到 150 元甚至好几百元。星巴克真正的利润所在就是"体验"。在伯尔尼·H.施密特博士所提出的理论中,营销工作就是通过各种媒介,包括沟通、识别、产品、共同建立品牌、环境、网站和消费者,刺激消费者的感官和情感,引发消费者的思考、联想,并使其行动和体验。同时通过消费体验,不断地传递品牌或产品的好处。

(二)体验营销的产生

体验营销是 1998 年美国战略地平线 LLP 公司的两位创始人提出的,当今已在国内广泛传播。为什么体验营销在国内传播得如此之快呢?这与我国体验消费趋势有关,绝非偶然,原因归纳有以下几点:

1. 物质文明进步和消费者生活水平提高

在后工业社会,人们更加关心生活的质量,关心自己在心理上和精神上获得的满足程度。而体验可以说正在为代表这种满足程度的经济提供物质和精神需要。可见,人们的消费需求从实用层次转向体验层次是社会发展的结果。

2. 产品和服务的同质化趋向

激烈的市场竞争使技术传播速度加快,行业内提供的商品和服务越来越趋同。正是因为商品和服务的趋同抹杀了商品和服务给人们带来的个性化、独特性的感受和体验,体验营销才显得如此珍贵。

3. 科学技术的飞速发展

现代人们接触到的许多体验,如互联游戏、网上聊天、虚拟社区等都是现代科学技术的飞速发展而满足人们体验需求的。网络空间与生俱来就是一个提供体验的好地方,相信在未来几年里,信息技术内的电脑、电器和电信及生物技术的不断融合,提供给人体验的空间将更加广阔。基于科学技术的迅速发展,人们没有理由不期盼和要求更多的体验。

4. 先进企业对人们消费观念的引导和示范

许多体验性消费是由少数先进企业首先引导和示范的。例如,在索尼公司推出随身听之前,消费者并没有想到收听音乐会如此方便;在苹果公司制造出个人电脑之前,消费者不曾期望自己能够用上如此神奇的机器。先进企业如此深挖人们心中没有表达出来的潜在需求,以至于消费者对生产出来的新产品非常偏好。

(三)体验营销的主要策略

1. 感官式营销策略

感官式营销是通过视觉、听觉、触觉与嗅觉建立感官上的体验,其主要目的是创造知觉体验。感官式营销可以区分公司和产品的识别,引发消费者购买动机和增加产品的附加值等。以宝洁公司的汰渍洗衣粉为例,其广告突出"山野清新"的感觉:新型山泉汰渍带给你野外的清爽幽香。公司为创造这种清新的感觉做了大量工作,后来取得了很好的效果。

2. 情感式营销策略

情感式营销是在营销过程中,要触动消费者的内心情感,创造情感体验,其范围可以是一个温和、柔情的正面心情,如欢乐、自豪,甚至是强烈的激动情绪。情感式营销需要真正了解什么样的刺激可以引起某种情绪,以及能使消费者自然地受到感染,并融入到这种情景中来。在"水晶之恋"果冻广告中,我们可以看到一位清纯、可爱、脸上写满幸福的女孩依靠在男朋友的肩膀上,品尝着他送给她的"水晶之恋"果冻,就连旁观者也会感觉到这种"甜蜜爱情"的体验。

3. 思考式营销策略

思考式营销是启发人们的智力,创造性地让消费者获得认识和解决问题的体验。其运用惊奇、计谋和诱惑,引发消费者产生统一或各异的想法。在高科技产品宣传中,思考式营销被广泛使用。1998年苹果电脑的IMAC计算机上市仅六个星期,就销售了27.8万台,被《商业周刊》评为1998年最佳产品。IMAC的成功很大程度上得益于一个思考式营销方案。该方案将"与众不同的思考"的标语,结合许多不同领域的"创意天才",包括爱因斯坦、甘地和拳王阿里等人的黑白照片,在各种大型广告路牌、墙体广告和公交车身上,随处可见该方案的平面广告。当这个广告刺激消费者去思考苹果电脑的与众不同时,也同时促使他们思考自己的与众不同,以及通过使用苹果电脑而使他们成为创意天才的感觉。

4. 行动式营销策略

行动式营销是通过偶像,角色如影视歌星或著名运动明星来激发消费者,使其生活形态予以改变,从而实现产品的销售。在这一方面耐克可谓经典。该公司的成功主要原因之一是有出色"JUST DO IT"广告,经常地描述运动中的著名篮球运动员迈克尔·乔丹,从而升华身体运动的体验。

5. 关联式营销策略

关联式营销包含感官、情感、思考和行动或综合营销。关联式营销战略特别适用于化妆品、日常用品、私人交通工具等领域。美国市场上的"哈雷牌"摩托车,车主们经常把它的标志纹在自己的胳膊上,乃至全身。他们每个周末去全国参加各种竞赛,可见哈雷品牌的影响力不凡。

(四)实施体验营销的对策分析

1. 树立"顾客导向"的全面体验营销观念

顾客是公司最重要的资源,所有其他要素存在的意义就在于支持和保留你的顾客。一方面,如何维持企业现有规模,增加客户的保留度;另一方面,拓展企业发展空间,发现和挖掘潜在客户,提高顾客满意度便成了当前新经济下一个亟待解决的问题。诞生于体验经济,以"顾客导向"为中心的全面体验营销便是一剂新开的良药,这也是我国市场经济发展的必然要求。

2. 制定体验营销战略,实现体验营销立体化

企业战略,即企业发展方向。体验营销理念的树立,要求企业制定相应的营销战略。对企业而言,体验营销战略是确保企业战略目标的顺利达成,所有的营销环节包括市场调研、市场细分、市场定位、产品研发、广告宣传以及供应链管理等的组合。而体验营销立体化是指体验营销时间上的持续化和空间上的系统化。在企业的不同发展阶段,要适时对企业的营销策略作出修订,推陈出新,保证其在时间跨度上的连续性和空间分隔上的完整性,从而使体验营销取得良好的效果。

3. 充分利用现代计算机网络手段,实现体验营销的网络化

现代网络通信技术一日千里和生产技术的电子化、自动化、机械化,为体验营销的推行提供了良好的平台。借助现代计算机网络技术,可以大大提高消费者体验的参与度。从戴尔公司的直线营销为终端消费者提供个性化、人性化的网上订制服务到杰克·韦尔奇的"无边界管理",无不体现了"沟通零距离"的企业、顾客互动的体验营销新景观。企业应充分利用现代网络技术所提供的高便捷手段,建立顾客与消费者之间的网络系统。

4. 体验营销的策略组合

如:挖掘品牌核心价值,获取高溢价能力;制定体验价格;整合多种感官刺激,创造终端体验;充分利用纪念品,开展体验促销;等等。

六、忠诚营销

(一)忠诚营销的概念

忠诚营销,顾名思义就是在营销时,以培养顾客的忠诚度作为主要诉求点,不仅仅将顾客的需求作为营销侧重点,而在满足顾客需求的同时,让顾客在自己的产品上产生一种习惯和感情。

忠诚不是天生的,忠诚必须要去赢得。因此,系统性、计划性地让顾客忠诚已成为企业具

有战略意义的营销规划之一。

忠诚计划的大量投入是否能真正改变消费者的行为？通过对消费者单次消费行为的优惠和奖励来实施忠诚计划,企业的整体经济效益能否增加？最关键的是,企业制定经营战略时又能从忠诚计划中得到什么样的依据呢？

(二)客户忠诚度价值的体现

(1)保持一个老顾客的营销费用,仅为吸引一个新顾客所需营销费用的五分之一;

(2)向现有客户销售产品的成功率是50%,向新客户销售产品的成功率仅有15%;

(3)客户忠诚度下降5%,企业利润则下降25%;

(4)如将每年的客户关系保持率增加5个百分点,就可使企业利润率增长85%;

(5)60%的新客户来自于企业现有客户的推荐;

(6)顾客忠诚度是企业利润的主要来源。

经济学家调查世界500强企业时发现:忠诚顾客不但主动重复购买企业产品和服务,为企业节约了大量的广告宣传费用,还将企业推荐给亲友,成为了企业的兼职营销人员,是企业利润的主要来源。美国动能公司的副总指出:最好的顾客与其余顾客消费额的比例,在零售业来说约为16:1,在餐饮业是13:1,在航空业是12:1,在旅店业是5:1。

(三)营销战略和品牌管理的关键

自从有了会员制度、积分奖励、网络建设、客户通信、增值服务等这些并不复杂的构件,无数个忠诚计划被克隆出来,但由于仓促建立,由于成本和执行等方面的原因,又被仓促地搁置。当顾客无论去哪里消费都会得到一张名为"VIP"的折扣卡时,当企业花大价钱"赢得了"一大批不活跃的"死会员"时,单纯以消费折扣为手段的积分计划已不能为企业带来真正的有价值的忠诚顾客。忠诚营销的发展趋势必须是将忠诚计划与企业的营销战略和品牌管理结合起来,而将忠诚计划与经营理念、品牌美誉度结合,则会最终增加企业的核心竞争力。比如,万科集团的万客会便起到了建立品牌美誉度的功能。参加展销会时,万科并不着意于项目销售信息的宣传,常以形象展示为主。

(四)解惑客户忠诚计划

商业环境中的顾客忠诚被定义为顾客行为的持续性,是指顾客对企业产品或服务的信赖和认可,坚持长期购买和使用该企业产品或服务,即使出现了价格更加低廉的替代品,也不会轻易转投他人,同时还自愿向别人推荐企业的产品或服务。

客户忠诚可细分为行为忠诚、意识忠诚和情感忠诚。行为忠诚是客户实际表现出来的重复购买行为;意识忠诚是客户未来可能的购买意向;情感忠诚则是客户对企业及其产品或服务的态度,包括客户积极向周围人士推荐企业的产品和服务。

1. 满意客户不等于忠诚客户

传统观念认为,发现正当需求到满足需求并保证顾客满意,再到营造顾客忠诚,构成了忠诚营销的三部曲。因此,顾客满意造就是顾客忠诚的必然条件。但是,满意的客户并不等于就是忠诚客户。世界知名的美国贝恩管理顾问公司的研究表明,40%对产品和服务完全满意的客户也会因种种原因投向竞争对手的怀抱。

2. 客户满意度与忠诚度的区别

满意度衡量的是客户的期望和感受,而忠诚度反映的是客户未来的购买行动和购买承诺。客户满意度调查反应了客户对过去购买经历的意见和想法,只能反映过去的行为,不能作为未来行为的可靠预测。忠诚度调查却可以预测客户最想买什么产品,什么时候买,这些购买可以产生多少销售收入。

客户的满意度和他们的实际购买行为之间不一定有直接的联系,满意的客户不一定能保证他们始终会对企业忠实,产生重复购买的行为。在一本《客户满意一钱不值,客户忠诚至尊无价》的有关"客户忠诚"的畅销书中,作者辩论到:"客户满意一钱不值,因为满意的客户仍然购买其他企业的产品。对交易过程的每个环节都十分满意的客户也会因为一个更好的价格更换供应商,而有时尽管客户对你的产品和服务不是绝对的满意,你却能一直锁定这个客户。"

比如,许多用户对微软的产品有这样或那样的意见和不满,但是如果改换使用其他产品要付出很大的成本,他们也会始终坚持使用微软的产品。又如,大约25%的手机用户为了保留电话号码,会容忍当前签约商不完善的服务而不会转签别的电信供应商。如果在转约时可以保留原来的号码,相信他们一定会马上行动。

顾客满意度是导致重复购买最重要的因素。一般而言,顾客忠诚度的获得必须有一个最低的顾客满意水平线。当满意度超过这个水平线时,便会引起顾客忠诚度的大幅提高;而当满意度低于这个水平线时,顾客的忠诚度就会明显下降。由此可见,顾客满意度绝对不是顾客忠诚度的必然条件。

3. 提高转换成本是忠诚计划的关键

以国外电信运营商为例,他们主要从三个方面来培育客户的忠诚度:一是提高客户的满意度,二是加大客户的跳网成本,三是留住有核心客户的员工。据统计,有65%～85%的流失客户说他们对原来的供应商是满意的。因此,为了建立客户忠诚度,电信运营商还必须将工夫下在其他方面,尤其是努力加大客户的"跳网"成本,从而将顾客留住。这个"跳网"成本就是顾客的转换成本。"转换成本"的改变最早是由迈克尔·波特在1980年提出来的,指的是当消费者从一个产品或服务的提供者转向另一个提供者时所产生的一次性成本。这种成本不仅仅是经济上的,也是时间、精力和情感上的,它是构成企业竞争壁垒的重要因素。如果顾客从一个企业转向另一个企业,可能会损失大量的时间、精力、金钱,那么即使他们对企业的服务不是完全满意,也会三思而行。

4. 营销专家将转换成本分为八种:

(1)经济危机成本。即顾客如果转投其他企业的产品和服务,有可能为自己带来潜在的负面结果,比如说产品的性能并不尽如人意、使用不方便等。

(2)评估成本。即顾客如果转投其他企业的产品和服务,必须花费时间和精力进行信息搜寻和评估。

(3)学习成本。即顾客如果转投其他企业的产品和服务,需要耗费时间和精力学习产品和服务的使用方法及技巧,如学习使用一种新的电脑、数码相机等。

(4)组织调整成本。即顾客转投其他企业,必须耗费时间和精力与新的产品服务提供商建立关系。

(5)利益损失成本。即企业会给忠诚顾客提供很多经济等方面的实惠,如果顾客转投其他企业,将会失去这些实惠。

(6)金钱损失成本。如果顾客转投其他企业,可能又要缴纳一次性的注册费用等。

(7)个人关系损失成本。顾客转投其他企业可能会造成人际关系上的损失。

(8)品牌关系损失成本。顾客转投其他企业可能会失去和原有企业的品牌关联度,造成在社会认同等方面的损失。

八种转换成本又可以归为三类：

(1)程序转换成本,包括以上的经济危机成本、评估成本、组织调整成本和学习成本。

(2)财政转换成本,包括以上利益损失成本和金钱损失成本。

(3)情感转换成本,包括以上的个人关系损失成本和品牌关系损失成本。

5. 怎样应用转换成本

要提高顾客的转换成本,就应对顾客转投竞争对手时,将会在程序、财政和情感三方面有哪些损失进行仔细的评估。然后通过提高顾客八种转换成本中的一种或几种,来增加顾客转换的难度和代价。

(1)向顾客暗示程序转换成本高而复杂。有的企业通过宣传产品、服务的特殊性,让顾客意识到他们的转换成本将很高。例如,信用卡公司可以向顾客宣传金融服务的复杂性和学习过程很长,让他们感知到程序转换成本很高,因此不愿意轻易更改服务提供商。

(2)为顾客提供不可替代的产品或服务。同样,通过宣传企业自身的特殊性和不可替代性,为消费者提供一整套适合他们的不同功能的产品和服务,来增加顾客对他们的依赖性,从而让消费者意识到它是不可替代的,也有效地抵挡了其他企业忠诚计划的诱惑。

(3)增强情感融入,提供一对一服务平台。为消费者提供更加人性化、定制化的产品,与顾客建立情感层面的一对一的关系,也将大大增加消费者的程序和情感成本。如花旗银行将顾客的照片印在信用卡上,MCI 世界通信公司为消费者提供一个专供家庭成员使用的直拨家庭电话系统,使用这个通话系统,家庭成员之间的花费可以很少。

通常厂家与消费者的关系越密切,其不满的几率就越高。但只建立程序和财政转换成本来增加消费者离开的障碍,就会以牺牲消费者对产品的喜爱为代价,就会让消费者对品牌更加不满,就会最终损害顾客的忠诚。

目前,大部分的酒店、航空公司等忠诚计划的先行者,已经将忠诚营销的重点,从原来的提高程序和财政转换成本,转为提高情感转换成本。因为,情感转换成本比起程序和财政转换成本更加难以被竞争对手模仿。如某香港商人一直是希尔顿酒店的忠实顾客。在谈到为何不选择其他酒店时,她说:"每次我去曼谷出差,他们总是把我安排在同一间房间里,服务人员都认识我,了解我的爱好,房间里的设施都是我喜爱而且习惯了的,我就像在家一样自由自在。虽然别的酒店也有很多促销计划,但是我实在割舍不下希尔顿给我的这种感觉。"

(五)梯度忠诚计划升级

不同的企业应采取不同的方法找出目标细分忠诚顾客群,通过控制他们对产品和服务的满意度,以及提高转换成本,来制订忠诚计划,实现顾客对于企业的忠诚。

1. 一级阶梯忠诚计划

这级别的忠诚计划最重要的手段是价格刺激,或用额外的利益奖励经常来光顾的顾客。奖励的形式包括折扣、累计积分、赠送商品、奖品等,使目标消费群体的财务利益增加,从而增加他们购买的频率。这通常又被称为频繁营销。

显而易见,这个级别的忠诚是非常不可靠的。第一竞争者容易模仿。如果多数竞争者加以仿效,就会成为所有实施者的负担。第二顾客容易转移。由于只是单纯价格折扣的吸引,顾客易于受到竞争者类似促销方式的影响而转移购买。第三可能降低服务水平。因为,单纯价格竞争容易忽视顾客的其他需求。比如,美国航空公司在 20 世纪 80 年代初推出了提供免费里程的规划,凡乘飞机达到一定里程后的顾客,便可得到换取一张头等舱位票或享受免费航行和其他好处。当越来越多的顾客转向美国航空公司后,其他航空公司也相继推出了相同的规划。实施免费里程计划多年后,顾客手中持有太多的免费里程,便造成了兑换"拥塞",成为各个航空公司的巨大负担。

一级阶梯忠诚计划适合目标顾客群庞大,且单位产品的边际利润很低的企业。例如,生产日常用品的企业一般都采用一级阶梯忠诚计划。

2. 二级阶梯忠诚计划

这级别的忠诚计划主要形式是建立顾客组织,包括建立顾客档案和正式的、非正式的俱乐部以及顾客协会等,通过更好地了解消费者的需要和欲望,使企业提供的产品或服务个性化和人性化,更好地满足消费者个人的需要和要求,使消费者成为企业忠实的顾客。这些形式增加了客户的社会利益,同时也附加了财务利益。

比如,英国德士高超市连锁,就因此类忠诚计划建立了企业的核心竞争力,其推出的"俱乐部卡"被誉为世界最成功的零售忠诚计划。与其他超市推出的累计积分卡相比,"俱乐部"卡不仅仅是一张单纯的消费积分卡,它还为德士高提供了重要的顾客消费习惯和顾客细分的一手资料。在这些顾客资料的基础上,德士高"俱乐部卡"根据不同的消费者开展量身定做的促销计划。

3. 三级阶梯忠诚计划

这级别的忠诚计划为客户提供有价值的资源,而这个资源是客户不能通过其他来源得到的,借此提高客户转向竞争者的机会成本,同时也将增加客户脱离竞争者而转向本企业的收益。主要是增加与客户之间的结构性纽带,同时附加财务利益和社会利益。

三级阶梯忠诚计划中,其往往以俱乐部等顾客组织表现形式存在,与二级阶梯忠诚计划中的顾客组织则有着重要的不同点在于:其组织会花大力气为会员提供不能通过其他来源得到的资源,借以显示会员的特权。更为重要的是,这类顾客组织往往会延伸、演变为一个"社区",让志趣相投的一小撮人可以在这个"社区"中交流情感、分享生活。如果企业的顾客群比较集中,边际利润又很高,则可采用三级阶梯忠诚计划。如哈雷·戴维森摩托车公司建立了哈雷所有者团体,拥有 30 万会员。这些会员都具有明显的共性,向往大自然,追求自由的生活,常常喜欢聚在一起比试爱车和兜风旅游。因此,哈雷所有者团体就设计了一系列有针对性的活动,将这一团体变成了"哈雷·戴维森"之家。除了提供紧急修理服务、特别设计的保险项目,第一次购买哈雷·戴维森摩托车的顾客可以免费获得一年期的会员资格,在一年内享受 35 美元的零件更新等服务外,该团体还向定期会员提供一本杂志(介绍摩托车知识,报道国际国内的骑乘赛事)、一本旅游手册、价格优惠的旅馆,经常举办骑乘培训班和周末骑车大赛,向度假会员廉价出租哈雷·戴维森摩托车。目前,该公司占领了美国重型摩托车市场的 48%,市场需求大于供给,顾客保留率达 95%。

4. 阶梯计划的综合应用

企业需要根据产品和行业的特性,将这三个级别的计划融会贯通,贯彻到企业的经营中,如一般成立客户俱乐部的企业都会在开展各种形式的俱乐部活动的同时,为会员提供一定的积分计划奖励。

迪斯尼的俱乐部就是一个忠诚计划综合使用的典型例子。俱乐部对附近公司的员工提供迪斯尼乐园的特别折扣,同时,600 万迪斯尼乐园优惠卡的持有者能够得到一份特别杂志,在购买门票和商品时可以打折;俱乐部成员与迪斯尼的合作伙伴如德尔塔航空公司和全国汽车租赁公司发生交易时,也可以享受特定优惠。迪斯尼与俱乐部会员经常交流,鼓励他们及其家人更多地到迪斯尼乐园游玩,在其中逗留得更长,并且在需要吃住的时候选择迪斯尼的设施。该俱乐部还令迪斯尼获得了宝贵的消费统计数字和消费行为信息。现在,该俱乐部的活动遍及全球,有27 000家组织获得了参与资格,已经成为迪斯尼发展的重要的战略武器。

(六)忠诚计划的几种模式

近年来,随着以累计积分为主要形式的忠诚计划在各行各业的广泛应用,企业设立忠诚计划的模式有向纵深多方面发展的趋势。一些企业通过与其他行业合作伙伴的联盟,共享和扩大顾客资源,分担积分压力;也有些企业通过与细分市场的互动沟通,加深与消费者的情感联系和对消费者的了解。

1. 独立积分计划

独立积分计划是指某个企业仅为消费者对自己的产品和服务的消费行为和推荐行为提供积分,在一定时间段内,根据消费者的积分额度,提供不同级别的奖励。这种模式比较适合于容易引起多次重复购买和延伸服务的企业。很多超市和百货商店发放给顾客的各种优惠卡、折扣卡都属于这种独立积分计划。

在独立积分计划中,能否建立一个丰厚的、适合目标消费群体的奖励平台,是该计划成败的关键因素之一。同时,独立积分计划对于那些产品价值不高、利润并不丰厚的企业来讲,有很多无法克服的弊端。

(1)成本增大问题。自行开发软件,进行数据收集和分析,这些都需要相当大的成本和人工。

(2)客户流失问题。很多积分计划的进入门槛较高,能够得到令人心动的奖励积分的额度过高,而且对积分有一定的时效要求。这样做虽然比较符合 20/80 原则,将更多的优惠服务于高价值的顾客,也有助于培养出一批长期忠实的客户,但这样做也流失了许多消费水平没有达到标准的准高价值客户。

(3)多种持卡问题。随着积分项目被越来越多的商家广泛使用,手里持有多张积分卡的客户会越来越多。这些客户在不同的商家那里出示不同的会员卡,享受相应的折扣或者积分优惠,却对每一家都谈不上忠诚。

2. 积分计划联盟模式

联盟积分是指众多的合作伙伴使用同一个积分系统,这样客户凭一张卡就可以在不同商家积分,并尽快获得奖励。相比较于企业自己设立的积分计划的局限性,联盟积分则更有效、更经济、更具有吸引力。

目前世界上最成功的联盟积分项目是英国的 NECTAR,积分联盟由 NECTAR 这个专门的组织机构设立,本身并没有产品,只靠收取手续费赢利。项目吸引了包括 Barclay 银行、Sains bury 超市、Debenham 商场和 BP 加油站等很多企业加入。顾客凭 NECTAR 卡可以在特约商户消费,或者用 Barclay 银行卡消费者都可获得相应积分,并凭借积分参加抽奖或者领取奖品。NECTAR 因此把消费者对他们的忠诚转变成对特约商户的忠诚,并由此向特约商户收取费用。在很短的时间内,NECTAR 就将5 880万英国居民中的1 300万变成了自己的客户,并从中取得了巨大的收益。除此之外,航空业也普遍采取这种联盟形式,现在,更是出现了航空业、酒店业、租赁业等企业的联盟。这种联盟最大的问题,是联盟中商家实力不对等。如我国航空公司与国外战略伙伴在国际航线上的竞争力往往不对等，如果大量旅客在别人的国际航线上积累里程，而到我们的国内市场兑换免费机票，将对我国航空公司造成冲击。因此，在谈判联盟协议时要加以考虑。

企业的目标客户基数并不是很大，企业主要通过提高顾客的"钱包占有率"、最大限度地发掘顾客的购买潜力来提高企业的利润，则推出独立积分卡较合适；而联盟积分卡则可通过互相为对方提供物流、产品、顾客资料方面的支持，来降低企业的各种压力，使企业能获得更多的新的顾客资源。

3. 联名卡和认同卡

联名卡是非金融界的营利性公司与银行合作发行的信用卡，其主要目的是增加公司传统的销售业务量。例如，美国航空公司（American Airline）和花旗银行联名发行的 e 卡就是一个创立较早而且相当成功的联名卡品牌。持卡人用此卡消费时，可以赚取飞行里数，累积一定里数之后就可以到美国航空公司换取飞机票。美国电报电话公司的 AT&T Universal Card 也是很受欢迎的联名卡，它通过对客户长途电话的折扣与回扣，扩大了顾客群，提高了竞争力。

认同卡是非营利团体与银行合作发行的信用卡，持卡人主要为该团体成员或有共同利益的群体。这类关联团体包括各类专业人员。持卡人用此卡消费时，发卡行从收入中提成出一个百分比给该团体作为经费。运动协会（如美国橄榄球协会，NFL）、环保组织、运筹学管理科学协会的认同卡就是这方面的成功例子。与前述积分计划联盟模式不同点在于，联名卡和认同卡首先是信用卡，发卡行对联名卡和认同卡的信贷批准方式与一般的普通信用卡很接近，它们的运营和风险管理也有许多相通之处。在管理方式上，银行需要与合作的营利公司或非营利团体签有详细的利润分成合同。从市场渗透的角度而言，针对有一定特殊共性的消费群体来设计品牌，是一个极好的市场细分的手法，对加强信用卡发行单位和签约单位的顾客忠诚度非常有效。

4. 会员俱乐部

顾客群非常集中，单个消费者创造的利润非常高，与消费者保持密切的联系有利于业务扩展。企业往往会采取俱乐部计划和消费者进行更加深入的交流，这种忠诚计划比单纯的积分计划更加易于沟通，能赋予忠诚计划更多的情感因素。

作为忠诚计划的一种相对高级的形式，会员俱乐部是一个"客户关怀和客户活动中心"，但现在已经朝着"客户价值创造中心"转化。不过客户价值的创造，反过来使客户对企业的忠诚度更高。会员俱乐部能为企业带来综合性效果。

（七）客户忠诚的花费

忠诚计划的最终目的是提高企业的利润，但是，随着其在各个行业和不同规模企业的普及，人们发现，缺乏差异化的忠诚计划很难引起消费者的兴趣，而更大的瓶颈是，忠诚计划的实施成本过高，越来越难得到企业决策者和财务管理人员的支持。企业不仅要清楚它们在忠诚计划中的花费到底是多少，还必须清楚这些钱是怎么花出去的。忠诚计划实施过程的花费主要包括以下内容。

1. 会员注册和沟通费用

这部分费用主要指的是企业为了吸引消费者加入忠诚计划以及和顾客保持长期的关系，从而产生的相关费用，其中包括推广忠诚计划的广告费用、消费者注册的固定费用、计划实施过程中促销费用和沟通费用等。

"忠诚计划的会员基础"是忠诚计划实施的最大花费之一,因此高效的管理至关重要。任何会员制的目的都是帮助企业获得那些最具价值的顾客或潜在顾客。但是,常见的情况是,随着忠诚计划实施时间的延长,纳入计划的会员就会变得越来越多、越来越难管理。他们中还有相当一部分是"没有行动的会员",这些人不但没有让企业的销售和利润得到增长,反而大大地增加了企业的沟通成本。

酒店行业是最早意识到这一点的,它们每隔一段时间就会"修剪"一次它们的数据库,把那些不活跃的消费者从数据库中清除出去,保持一个清洁的顾客数据库。

选择用什么样的手段与顾客沟通也相当重要,便宜高效的直邮、店内促销和互联网是很好的沟通媒介。美国大陆航空公司尝试用登机牌代替直邮信件,通知顾客的账户状况和奖励里程。这一简单做法每年为公司节约了 50 万~100 万美元!

但是企业也不要自作聪明,曾经有一家信用卡公司将公司最新的促销信息印制在了顾客消费明细表背面。这种做法确实减少了成本,但是却完全没有达到传达信息的目的——因为顾客的视线完全集中在了账单上,压根就没有注意账单背后的促销信息。

2. 管理和行政费用

管理和行政费用主要包括处理消费者数据的软件安装和实施费用、日常管理的固定费用和管理人员费用等。一般来说,一套较大的 CRM 软件可能就要花去企业上百万美元。随着忠诚计划的扩大,以及和其他企业建立联盟,管理和行政费用所占的比例会有一定的降低。通常,这部分费用只占到预算的 15%~20%,不过中小型 B2B 企业运转费用要高一些。

3. 维持计划持续性的费用

维持计划持续性的费用主要指的是企业为了兑现积分计划,提供给消费者的奖励费用。忠诚计划一旦启动,就有比较长的生命周期,维持计划持续性的费用一般不菲,计划一旦出现错误,往往也难以纠正,让企业有欲罢不能、骑虎难下的感觉。比如,美国长话通信公司之间竞争激烈,经常推出各种促销计划吸引消费者。财大气粗的 AT&T,动不动就把 100 美元支票寄到不是 AT&T 顾客的家中,只要他们转到 AT&T 成为它的客户,就能兑现 100 美元支票。那么,AT&T 的忠诚顾客会得到什么呢?如果你"忠诚"于 AT&T,你首先得不到其他长话通信公司寄给你的优惠券(MCI 的优惠券通常在 40 美元左右),因为只有转出 AT&T 的客户才能兑现该优惠券。其次,AT&T 公司也不会把 100 美元的支票寄至你的家中。当然,你肯定也无法享受 AT&T 促销的优惠电话费率(往往只有正常电话费率的一半或三分之一)。所以,当时很多 AT&T 的顾客选择了接受其他公司的促销优惠券,离开 AT&T 公司,然后再接受 AT&T 的促销优惠券,享受 AT&T 的促销通话费。

企业实施顾客忠诚计划的结果,竟然促使"忠诚"的顾客变得不忠诚了,而且大大增加了企业的促销成本,让企业利润锐减!

由此看来,忠诚计划虽然是一个提高忠诚度的忠诚计划,但有风险,做不好则会损害忠诚度,对企业的品牌造成很大的影响。因此,无论是忠诚计划的贯彻还是奖品的质量,都必须得到充分的保障。麦肯锡建议,即使优惠很低的忠诚计划也会对顾客造成根深蒂固的影响,任何变动或终止都必须通知他们。某项忠诚计划一旦推出,即使顾客没有积极参与,也往往会因为被"剥夺"了某些实惠而产生反感情绪。而且,计划的推出越成功,结束这项计划便越困难。消费者参与某项计划有"不愉快"的经历之后,会加深对日后跟踪计划的不信任感,而且可能会丧失对这家公司的整体信赖感。

（八）客户忠诚度细分

1. 通过对忠诚度细分控制成本

麦肯锡调查得出，大约有一半以上的忠诚计划成员是搭顺风车类型的消费者，他们享受了商家提供的优惠，却没在那里多花一分钱。由于这些人得到了实惠，却没有给予回报，因而导致真正多花钱的顾客产生的利润必须负担他们自身及搭顺风车者的双重成本。因此，企业在制订忠诚计划，并对忠诚计划进行预算评估和成本控制时，要注意将顾客的忠诚度进行细分之后，再根据不同忠诚程度顾客的不同需求和潜力，制订有针对性的、不同的忠诚计划。

和任何营销计划一样，企业在推出忠诚计划之前一定要清楚自己的细分市场，只不过这个细分市场是按照顾客忠诚度来划分的。挑选真正有价值的忠诚细分市场，量身定做适合他们的忠诚计划，是企业控制计划实施成本的关键。

2. 顾客忠诚度细分

根据顾客忠诚的三种形式，营销界对于顾客忠诚度有很多种细分方法，比较常见的是麦肯锡忠诚度多维度细分方法和忠诚顾客五类细分法。

（1）麦肯锡忠诚度多维度细分法。麦肯锡的多维度细分方法强调：建立忠诚度并不只是像传统观念认为的那样，仅仅是防止顾客流失和鼓励顾客更多消费，而是要理解和管理所有六个忠诚度细分市场。他们根据消费者对于产品和服务的需求、对于品牌的态度和满意度，将顾客忠诚度由高到低细分为六个市场，其中感情型忠诚顾客、惯性型忠诚顾客、分析比较型忠诚顾客可以看为企业的忠诚客户；而生活方式改变型下滑顾客、分析比较型下滑顾客和不满意型下滑顾客对于企业的忠诚度正在降低，他们正在或准备转向其他企业的产品或服务。

（2）五类忠诚顾客的划分方法。有的营销人员偏向于通过顾客对企业提供的忠诚计划所给予的评估，将忠诚顾客划分为五种类型：垄断型、节约型、激励型、习惯型、忠实型。

（九）客户忠诚度的测量

1. 忠诚度的含义

忠诚度反映客户未来的购买行动和购买承诺，通过忠实度调查可以预测客户最想买什么产品，什么时候买，能产生多少销售收入，可以作为消费者未来行为的可靠预测。因此，一个好的"忠诚计划"，其所带来的结果和价值必须是可衡量和可被评估的。

2. 忠诚度测量的指标

衡量忠诚计划的效果有几个指标：

（1）客户保留：分为历史保留行为和预计保留意向两个指标，通过企业内部数据分析和客户调查获得。

（2）重复购买次数：只有进行重复购买的顾客才是有价值的忠诚客户。

（3）钱包份额和被其他供应商吸引的程度：在购买一类产品/服务时，客户可能从多个供应商处采购，但是倾向于更多购买其信赖企业的产品，这是你获得的客户的钱包份额。钱包份额越大，表明客户对你的信任程度越高，客户保留的概率越大，而了解客户被其他品牌吸引的程度可以帮助企业从另一个侧面把握客户的信赖程度。

（4）获得的新顾客数量。

（5）顾客的满意度调查以及顾客是否向亲友推荐公司产品和服务。

通过对以上指标的组合使用，可以有效地确定客户对你的信赖程度，并据此进行客户细分，对高度信赖、易受竞争对手影响、易流失的不同类别客户实施有针对性的客户忠诚计划。

(十)忠诚营销的发展趋势

1. 顾客越来越聪明,期望值越来越高

现在,消费者受教育程度越来越高,使得很多消费者从情感型忠诚顾客转变为理智型消费者,而且他们的信息来源和渠道也越来越多。这使得消费者能很好地在不同企业提供的产品和服务之间作出比较和判断。

2. 互联网导致了顾客的不忠诚

互联网作为一种有效的销售渠道,很大程度上改变了消费者的购物习惯,他们购买产品越来越便利,这使得很多习惯型忠诚顾客忠诚度大大降低。

3. 以价格为基础的"转换计划"会改变顾客的期望值

前面提到的AT&T的例子,寄给潜在消费者支票让他们转投公司的服务,不但不能增加顾客的忠诚度,还会让顾客总是关注其他更加便宜的产品和服务。

4. 市场全球化带来了更多的竞争对手

面对全球竞争,越来越多的企业加大力度实施"以价值为主要诉求点"的忠诚计划,期望建立竞争壁垒。

5. "以顾客为核心"的营销技术发展迅猛

消费者数据库已经过时了,以微软和甲骨文为代表的科技企业正在致力于能够自动收集和分析最有价值消费者的实时软件,而且已研发的E5软件能自动计算出每个忠诚顾客的投资回报周期。

6. 基础行业的垄断的终结,将使得顾客的选择更加多样

对于很多行业,如电信、银行等,垄断型忠诚顾客将不复存在。企业必须开发更多的忠诚顾客细分市场。

7. 企业间的并购将让忠诚顾客感到不安

企业间的并购对于品牌和产品忠诚度的影响相当大,很多忠诚顾客由此转投其他企业,特别是金融服务领域的影响最大。

8. 大众媒介的成本增长迅猛

大众媒介一直以来都是忠诚计划的主要推广方式。但是近年来其广告和促销成本增长太快,成为忠诚计划实施成本中最主要的部分。

9. 忠诚计划的同质性越来越大

在航空、酒店等领域,几乎所有的从业者都推出了相似的忠诚计划,最终结果是,忠诚计划根本不能成为企业的竞争优势,也不能为企业赢得更多利润。但是,企业又不得不推出忠诚计划,使自己在行业中立足。

七、概念营销

(一)什么是概念营销

所谓概念营销是指企业在市场调研和预测的基础上,将产品或服务的特点加以提炼,创造出某一具有核心价值理念的概念,通过这一概念向目标顾客传播产品或服务所包含的功能取向、价值理念、文化内涵、时尚观念、科技知识等,从而激发目标顾客的心理共鸣,最终促使其购买的一种营销新理念。

(二)概念营销产生的原因

时代背景的变迁,不断推动市场营销理念的创新。影响营销理念的关键要素发生了变化,最终促成了概念营销:

1. 信息爆炸引发注意力经济

伴随着互联网和信息通信技术的深入应用,信息爆炸的时代已来临。由于每个人的注意力有限,因此是一种稀缺资源。在信息爆炸的社会里,有限的注意力与无限的信息构成了一对矛盾。这就使得企业力求提升消费者对自身及其产品的注意程度。从某种意义上讲,概念营销就是通过塑造核心概念来吸引眼球,是一种典型的注意力经济。

2. 个性需求引发个性化营销

消费者的需求变化对营销理念有着重大影响。目前,消费者已不再满足雷同的产品,更需要个性化的产品,这在高端产品中表现得更为明显,个性需求的时代已经来临。个性需求引发了个性化营销,而如何实施个性化营销?概念营销是一种重要选择方式,通过概念营销可以把消费者的这种个性需求加以彰显。

3. 产品同质引发差异化营销

目前的市场已经形成了"买方市场"。在"买方市场"条件下,卖方如何在产品同质的情况下占领市场?这就需要进行差异化营销,构造同质产品的不同点,展开概念营销,以此作为卖点来迎合消费者的买点。概念营销是在产品同质条件下的一柄利器,通过塑造概念为产品的有形同质构造无形差异,进而赢得消费者,赢得市场竞争。

4. 竞争升级引发营销理念创新

从某种意义上来说,概念营销是市场竞争升级的必然产物。由"卖方市场"转向"买方市场",市场竞争的层次也在不断提升。伴随着竞争激烈程度的增加,低层次的营销方式已无法赢得市场,概念营销理念也就应运而生。

(三)概念营销的基本特征

1. 创造需求 引导消费

如果消费者的潜在需求没有被挖掘出来的话,是无法形成现实购买力的。概念营销的一大特征就是通过推出某一特定概念,展现产品的核心价值,从而把消费者的潜在需求引导出来,甚至达到创造需求的境界。如采力率先提出"亚健康"概念,这一概念被消费者认可,很快出现了一片新市场,占据了制高点。

2. 细分市场 主动定位

概念营销遵循 STP 理论,但是它又有所突破。即在市场细分,锁定目标顾客之后,采取的是主动定位的姿态,有时定位甚至先于细分市场。这是因为概念营销所要推出的概念在还没有推出前,谁也不知道,目标顾客也不一定就是非常清晰的。只有当企业提炼出概念以后,突破了产品的同质,引起了顾客的认同感,产品的市场空间和目标顾客才完全明晰。比如"亚健康"概念就是一种主动定位,即主动寻找不健康与健康之间尚存在的中间状态。

3. 差异营销 个性营销

概念营销的另一大特征是差异营销和个性营销,这三种营销理念互有相通。概念营销既是差异营销,因为概念几乎是唯一的,无法复制的;概念营销又是个性营销,在一定程度上它是为了满足个性需求而产生的。

(四)概念营销的运作方法

如何进行概念营销,有很多技巧与智慧。人的创意是无限,也是无从拷贝的,但是方法却是有章可循的。概念营销的运作方法主要为以下五种:

(1)顺应发展潮流;

(2)挂钩高新技术;

(3)联系重大新闻事件;

(4)契合顾客切身利益;

(5)匹配顾客消费心理。

(五)概念营销运作的注意事项

1. 概念营销须以市场调研为基础

市场调研是营销的基础和前提,只有通过调研才能最大限度地了解市场、降低营销风险。概念营销必须以市场调研为基础。如果概念的运作没有需求为基础的话,消费者一般是难以接受的,即使能够接受概念,也不一定会产生现实购买力。

2. 概念营销需要产品质量的跟进

在概念营销中,产品是概念的载体。换句话说,产品本身要能够体现这一概念,否则消费者即使被概念所吸引,由于对产品的不满意,也会造成购买力下降。因此,在概念营销中,需要产品质量的跟进,要确保产品本身的使用价值;要确保产品能满足消费者的需求;要确保产品的内在质量;要确保产品能够体现概念。

3. 概念营销需要营销渠道的整合

从概念营销到现实购买力,中间还隔着营销渠道,因此需要进行营销渠道的整合,从而确保最终购买。比如,在概念层次取得了成功,吸引了消费者,但是没有进行终端的整合,导致顾客在购买中虽认同概念,但选择了其他品牌的产品,概念没有促成最终购买。这就需要对终端销售人员进行综合培训,并建立激励机制,保障概念营销的效果。

4. 概念营销理应实现价值最大化

概念营销的目标是实现价值最大化。因此,须进行成本收益分析和风险报酬分析,科学合理地做出是否进行概念营销的决策。此外,还要从整个企业层面来看概念营销,在打造某一概念的同时,也可以带动本企业的他类产品。有时为了竞争的需要,在概念营销中应为跟随者制造进入壁垒,最大限度地实现价值最大化。

第四部分

营销人才技能检测

第八章 技能检测

一、市场营销技能测试题一

(一)市场调研部分

某市某超市连锁集团是该市最大的连锁店,由于市场份额逐年下降,超市领导正设法扭转这一局面,在采取具体措施之前,他们要求市场研究部门提出方案和必要的数据。老马是某市统计信息咨询中心主任,他接受委托,准备为该超市集团提交一份市场研究计划。

老马和超市集团市场部丁主任一起研究,丁主任提出了一个设想,要对顾客采取一项友好的姿态,以吸引顾客。具体办法是:对该集团所有超市出售的食品,向消费者提供该食品的营养信息。但是,不能肯定这些信息能否传达到消费者,以及消费者的态度如何,有了这些依据后,才能确定是否采取这一新措施。

现在,超市总部要求统计信息咨询中心进行调查,以表明:顾客是否愿意使用这一信息,并真正从这些信息中受益,如果回答"是",那么,即使销售额不马上增加,这一措施也是值得的。

测试内容:

制订一项调查计划,说明调查目的和调查对象。

这一调查的主要信息需求是什么?列出你认为最重要的5点,并说明理由。

本次调查采取什么样的调查方法比较合适?

(二)市场营销部分

20世纪90年代后期的一段时间,人们几乎每天都可以在中央电视台的黄金时间看到"活力28"的那则著名的"1比4"广告和听到"活力28,沙市日化"这句广告语。活力28洗衣粉也因此走进了千家万户。尽管如此,在广东市场,活力28的销量就是上不去。分析原因,问题出在它们的销售渠道的设计上。活力28洗衣粉在广州市场主要是与几个大百货商场和一些批发单位建立业务联系;在深圳、汕头、惠州等城市,多是选择当地某个批发部门合作。而在广东一般的小零售店,大都看不到活力28洗衣粉。对于洗衣粉这种大众化消费品,消费者一般不会为买几包洗衣粉而跑一趟大中型商场。经过调查发现,90%以上的消费者都是在居民小区附近的零售小店购买洗衣粉。因此,沙市日化决定加大力气调整,提高在居民小区的铺货率。

测试内容：
1. 从分销渠道宽度的角度，企业的分销战略有哪几种？沙市日化开始采取的是哪一种战略？为什么会出现问题？
2. 沙市日化最终确定采用的渠道是哪一种？主要考虑的是哪些因素？
3. 如果你是沙市日化的经理，你将采取什么措施来提高在居民小区的铺货率？

（三）推销与谈判部分

有一句名言："拒绝是推销的开始。"优秀的推销员不会因被拒绝而烦恼，他们总是从拒绝中体会推销的规律，在不断承受拒绝中增长才干。太平洋保险公司有一位推销员原是下岗工人，他给自己定一条规矩：每天必须完成向10个人推销之后才回家。有一次，当推销完8个人之后已经是晚10点多钟了，他上了末班车，思考第9个推销给谁？就决定推销售票员。与售票员谈了半个多小时，汽车到达终点，他给售票员留了一张名片下了车。这时已经近11点钟了，可给自己定的任务还差一个没完成，就决定去推销值班的警察，又与警察谈了半个多小时，认为自己完成了任务，这才回家。长此以往坚持下去，最后终于成为优秀推销员，业绩名列前茅。

测试内容：
结合实际谈谈如何寻找顾客并对待顾客的拒绝。

（四）公共关系部分

前几年，广州市委、市政府先后举办过直接为市长做参谋的"假如我是广州市长"征文活动（后定名为"市长参谋活动"）。它具体落实在为政府职能部门出谋献策，如"房改方案千家谈"、"菜篮子工程千家谈"等的"千家谈系列活动"；还有讨论广州市风和广州人精神的"羊城新风传万家"、"羊城居委新形象"等大型公众活动等，运用了报纸、杂志、广播、电视等媒介，动员了成千上万的市民参政议政，各抒己见，都收到了良好的社会效果，极大地提高了政府对市民的凝聚力和向心力。

测试内容：
试运用公共关系学中的相关知识分析评点这一案例。

二、市场营销技能测试题二

（一）市场调研部分

1998年福利分房的寿终正寝对于中国城市的老百姓来说无疑是最为关心的问题。综合有关方面的信息，我国房改的三大动向是：一是结束福利分房，新住宅一律禁止进入旧体制，以逼出购房需求；二是大幅度提高房租，给职工发放补贴，以刺激购房需求；三是个人买房贷款全面，以创造购房需求。那么长沙市居民在置业购房和居住方面的意愿和需求究竟如何呢？这一信息对房地产开发商掌握市场规模和趋势，寻找合适的市场切入点，设计开发方案、制定合理的价格策略，选择恰当的广告投入形式等具有重要的价值。

某市场研究公司受某大型房地产开发集团的委托,要在广州市区进行这项名为"长沙市居民购房意愿"的调查。老马担任了这个项目的经理。他准备向该房地产开发集团提交一份市场调查计划书。

测试内容:
1. 制订一项调查计划,说明调查目的和调查对象。
2. 这一项调查的主要信息需求是什么,列出你认为最重要的5点,并说明理由。
3. 本次调查采取什么样的调查方法比较合适?

(二)市场营销部分

1991年,海尔集团开始导入CIS理念,1993年,将企业名称简化为"海尔集团",将英文"Haier"作为主要文字标志,集商标标志、企业简称于一身,信息更加简洁、稳重、大方、信赖感和国际化。为推广"Haier"以中文"海尔"及两儿童吉祥物与"Haier"组合设计辅助推广,力求建立长期稳固的视觉符合形象。这种抛开抽象图形符合标志,追求高度简洁的超前做法,顺应了世界设计趋势,为企业国际化奠定了形象基础。在此基础上,把企业识别系统看作一个过程,而非一种表现形式。在企业发展中,以务实的态度不断完善企业形象。将主要产品如原有的"青空"牌空调器,"得贝"牌冷柜归入"海尔"商标名下。

测试内容:
1. 海尔采取的是什么家族品牌策略?其特点如何?
2. CIS的含义与构成是什么?

(三)推销与谈判部分

东方厂的多功能搅拌机在某商场设有展销专柜。推销员刘明是厂方生产车间的工人,他的突出特点是细心、耐心。在展销会上,他不断地向顾客介绍产品的用途、使用方法和优点。一位中年男顾客,看了一眼演示情况,就说这个搅拌机不容易洗干净,也不安全。刘明听了,二话没说,重新演示了一遍,并说明部件放置不到位,机器不会启动,有一定的安全保障。顾客又看了一下产品,犹豫不决地说,搅拌机功能多,是优点,但是零部件塑料制品多,容易坏。刘明拿出保修单,说明东方厂在商场所在城市设有多处特约维修点,对本产品实行:一年内不论任何原因损坏均可免费保修、包换;一年后,整机终身维修,修理费免收,零部件按成本价供应。

测试内容:
1. 你认为刘明处理顾客异议时,采用了哪种方法?
2. 你认为顾客异议是属于哪种类型?其根源是什么?

(四)公共关系部分

1. 背景介绍

杭州凯帝丝绸股份有限公司2003年成立,是由国家、企业职工和外商共同持股的综合型丝绸出口集团。如今凯帝丝绸已成为国际市场的名牌,深受海外客户的欢迎,那要从媒介传播说起。当时该公司作为商业大潮中的新生儿,要扩大其社会知名度,生产的丝绸报纸,就需用独具创意的公关宣传和媒介来报道,以塑造企业整体形象,渗透消费者心理,无疑是最快捷有效之策。同时,中国革命历史博物馆得知世界首版丝绸报纸诞生,也要求收藏还要求展出。

2. 调研

丝绸为材料印刷报纸属新闻界和印刷史上创举,便成媒介、公众焦点,具有高度的新闻价值和保留价值。

3. 目标

以有限的公关宣传费、巧妙借助丝绸报纸这一独特载体,赢得媒介和公关热切注视。

4. 公关策划创意。

杭州国际公关公司为其策划:以丝绸为材料印制浙江省内独家旅游服务报《江南游报》,并向中国丝绸博物馆、中国革命历史博物馆赠送世界首创的丝绸报纸。

5. 实施与执行

《江南游报》丝绸版共印刷100份。2003年6月15日,杭州国际公关公司在北京为该公司举行了向中国革命历史博物馆赠送丝绸报纸仪式。行家评价:阅读和观赏效果极佳,反映当代先进的真丝印花科技水平。

6. 评估

世界首创丝绸报纸被国内20余家报纸、电视台集中报道达30余次,海内外受众人数达2 500万人次。丝绸报宣传活动,既证实了中国高超的印丝术,也树立了该公司形象,从此开创了丝绸报纸的先河。

测试内容:

试运用公共关系学中的相关知识分析评点这一案例。

三、市场营销技能测试题三

(一)市场调研部分

某超市拥有固定会员2 500人,为了解会员对超市购物环境的综合评价意见,超市管理层拟采用简单随机抽样对会员进行电话调查。超市方面希望此次调查的误差限为0.1,调查估计值的置信水平为95%,预计回答率为60%。

测试内容:

试计算此次调查应访问的会员人数。

(二)市场营销部分

90年代中期香港牛奶公司先后分别以"新鲜牛奶"、"脱脂牛奶"的定位将产品推向市场,但销售业绩平平。这种定位与当时市场众多的牛奶品牌定位十分趋同,很难吸引消费者的关注。一份消费者调查资料显示,相当多的香港人开始意识到钙元素在预防骨质疏松症中的重要作用。这给牛奶公司的策划人提供了灵感:何不在牛奶中加入钙质,推出"高钙牛奶"——这对当时的香港人来说仍是一个全新的产品概念。另外,一些消费者担心喝含脂牛奶会摄入过多脂肪,而低脂牛奶通常又不够鲜美,因此,"高钙牛奶"还必须具有脱脂且味美的特点,才可能赢得市场机会。

牛奶公司的调研表明,在香港,有骨质疏松隐患的人以25~40岁女性居多。基于"高钙牛奶"能预防骨质疏松症的功效及脱脂、味美的特点,牛奶公司决定在这一阶段年龄的女性中寻找目标市场。"高钙牛奶"作为当时的一种全新产品,只有创新型消费者才可能尝试购买,而通常受过教育又具有较高收入的人才可能具有创新精神,成为创新型消费者。综合以上考虑,最后牛奶公司把目标消费者定为年龄在25～40岁的、受过教育的、有较高收入的女性。

"高钙牛奶"很快被生产出来并集中铺在许多主要街区的超市连锁店——目标顾客经常光顾的地方。在定价方面,考虑到消费者可能不愿为一个新产品付出高价而否定了撇脂定价;又害怕采取渗透定价使产品形象受到损害,所以最终采取了折衷定价方式,将价格定在主要竞争者的平均价格水平上。

牛奶公司的"高钙牛奶"电视广告非常成功,广告中,中青年妇女骨质疏松的隐患用一种高雅的方式表现出来,而产品的利益承诺也是用一种直接的、非常可信的方式传递给广告受众。虽然广告费投入不大,但效果很好:品牌认知率和广告认知率分别高达87%和76%。除电视广告外,牛奶公司还在香港各大报纸和杂志上刊登了广告,更详尽、全方位地展开了"高钙牛奶"的功效——强身健体。

牛奶公司向全港1 800多名医生与营养专家发送了宣传资料(有关骨质疏松症和产品介绍宣传单),希望通过医学专家将宣传单广发给目标消费者。为此,牛奶公司还赞助了多项有关骨质疏松症的学术研讨活动,博得医学界人士的好感。在1996年的食品博览会上牛奶公司成功地通过资深营养学家对"高钙牛奶"的功效进行了宣传,获得了良好的反响。

"高钙牛奶"取得了巨大成功,其销量比预期目标高出一倍,使牛奶公司的市场份额由54%升至70%。为此,牛奶公司荣获当年的HKMA/TVB杰出营销奖的桂冠,其优秀的电视广告也获得了杰出电视广告奖。

测试内容:
1. "高钙牛奶"的目标市场是什么?采取了什么目标市场策略?
2. "高钙牛奶"的市场定位策略是什么?
3. 作为一种新产品,"高钙牛奶"采取了哪种新产品定价策略?
4. "高钙牛奶"促销方案的特点有哪些?

(三)推销与谈判部分

有一个地毯推销员,一次在车上,听到前面两个人说一家医院老干部病房有一位老干部摔倒了,她们的话引起了推销员的注意:如果这家医院铺有地毯的话,老干部就可能不会摔倒,于是就询问是哪个地方的老干部病房老人摔倒了,她们说是××医院老干部病房,于是他就来到了××医院老干部病房,无巧不成书,他遇到的这个人就是昨天在车上讲话的那位女士,而她正是老干部病房的护士长,于是这个推销员就做成了十几万元的生意。

测试内容:
谈谈本案例中寻找顾客的方法,有何启示?

(四)公共关系部分

美国亨氏集团与我国合资在广州建立婴幼儿食品厂,但是,生产什么样的食品来开拓广阔的中国市场呢?筹建食品厂的初期,亨氏集团做了大量调查工作,多次召开"母亲座谈会",充分听取公众的意见,广泛了解消费者的需求,征求母亲对婴儿产品的建议,摸清各类食品在婴儿哺养中的利弊。

之后进行综合比较,分析研究,根据母亲们提出的意见,试制了些样品,免费提供给一些托幼单位试用;收集征求社会各界对产品的意见、要求,相应地调整原料配比,他们还针对中国儿童食物缺少微量元素,造成儿童营养不平衡,影响身体发育的现状,在食品中加进一定量的微量元素,如锌、钙、铁等,食品配方更趋合理,使产品具有极大的吸引力,普遍地受到中国母亲的青睐,于是,亨氏婴儿营养米粉等系列产品,迅速走进千千万万中国家庭。

测试内容:
请问要应用公共关系学的什么知识点,来分析评点该案例。

参考答案

一、市场营销技能测试题一

(一)市场调研部分

参考答案:(评分标准附后)

1. 调查目的:了解顾客对食品信息需求的态度,获取信息的渠道,通过提供信息能否吸引顾客。(5分)调查对象为居民户中经常购买食品的成年人。(5分)

2. 主要信息需求:

(1)了解顾客是否经常看食品的营养信息。(2分)

(2)顾客对食品的营养信息通常是从何种渠道得到的。(2分)

(3)顾客在购买食品时是否考虑该食品的营养(或哪些考虑、哪些不考虑)。(2分)

(4)顾客在购买食品时所考虑的各种因素中,营养因素处于什么位置(各种因素的重要性如何排列)。(2分)

(5)如果超市提供食品营养信息,顾客是否更愿意去买。(2分)

3. 调查方法:可在超市附近的居民户中进行入户访问,(3分)可采用系统抽样抽取样本。(2分)

(二)市场营销部分

参考答案:

1. 密集、独家、选择分销三种,广州采用选择策略,而在几个城市选择的是独家。产品的特点决定策略失败,结合案例具体分析。

(评分标准:几种策略答对一个给1分,企业采用的策略答对给2分,失败的原因分析正确给5分,共10分)

2. 最终确定密集分销,主要考虑了产品因素、消费者需求因素等。结合分析。

(评分标准:确定的策略回答正确给2分,因素说明正确给2分,结合适当分析的情况给予0~3分)

3. 可以直接面向终端,也可以通过数量众多的中间商,或者通过渠道激励的方式促使小区的零售商增加铺货量。要注意分析有道理。阐明理由。

(评分标准:采取的措施有道理的每个措施给 2 分,4 个以上的给 8 分即满分)

(三)推销与谈判部分

参考答案:

1. 寻找顾客的原则:寻找范围的有效性;寻找方法的多样性;寻找方法的连锁性;寻找意识的随时性;寻找活动的有序性。

(评分标准:每条 3 分,共 15 分)

2. 面对顾客的拒绝:顾客的拒绝是正常的反应;坦然接受拒绝,迎来下一个成功。(10 分,讲到两条要点每条给 3 分,加以解释每条给 2 分)

(四)公共关系部分

参考答案:

知识点:

(1)满足公众的知情权。政府公共关系工作除了要广泛地了解民意之外,还要尽可能争取公众的了解。这就需要加强政府自身的传播工作,提高政府的透明度,满足公众的知情权。

(2)政府公共关系的一种形式。公众议政活动除了面对面的对话渠道之外,现代各种大众传播媒介为社会沟通提供了具有更为广泛的参与性的方式。围绕着政府官员"头痛"、公众关心的热点问题,运用大众传播媒介,动员公众献计献策,集思广益,也是政府公共关系的一种形式。

分析评点:

(1)政府与公众的双向沟通的重要性。一个社会的开放度越高,公众对政治生活的参与性就越强;公众对政治生活的参与性越强,政府机构与公众的双向沟通就越重要。因此,开拓公众参与性强的社会沟通渠道,让公众的意见能够有比较充分的机会和有效的方式公开地表达出来,不仅能够使政府及时、广泛地了解各种不同意见,为制定政府政策提供依据。

(2)避免压抑引起的冲突和震荡。开拓公众参与性强的社会沟通渠道,还能使各种潜在社会摩擦与冲突能量在"微调"的状态中得到释放和缓解,避免长期压抑或积聚而引起爆发式的冲突和震荡,从而有利于形成既生动活泼,又稳定和谐的政治局面与社会秩序。社会主义的民主是人类社会历史上最广泛的普及的民主,应该发展一系列公众议政参政的社会渠道。

(评分标准:知识点寻找与解释正确得 10 分,分析评点正确得 10 分,与案例的结合度得 5 分,共 25 分)

二、市场营销技能测试题二

(一)市场调研部分

参考答案:(评分标准附后)

1. 调查目的:了解长沙市居民在置业购房和居住方面的意愿和需求,以制定相应的房产开发等策略。(5 分)调查对象为长沙市居民。(5 分)

2. 主要信息需求:

(1)了解居民现有住房的情况。(2 分)

(2)了解居民的收入水平。(2 分)

(3)居民对职业购房的意愿。(2分)

(4)居民对居住方面的需求。(2分)

(5)居民在购房时考虑的主要因素是哪些。(2分)

3. 调查方法:可在长沙市各区的居民户中进行入户访问,(3分)可采用系统抽样抽取样本。(2分)

(二)市场营销部分

参考答案:

1. 统一品牌名称,即企业决定其所有的产品都统一使用一个品牌名称。统一品牌名称决策的主要好处是:企业宣传介绍新产品的费用开支较低;如果企业的名声好,其产品必然畅销。

(评分标准:品牌策略正确5分,特点中优点3分,缺点3分,适当的分析加1~2分,共13分。)

2. 企业形象识别系统(Corporate Identity System,CIS),是指将企业经营理念与精神文化,运用整体传播系统(特别是礼觉传达设计),传达给企业周围的关系或团体(包括企业内部与社会大众),并促使其对企业产生一致的认同和价值观。换言之,也就是结合现代设计观念与企业管理理念的整体性运作,以刻画企业个性,突出企业精神,使消费者产生深刻的认同感,从而达到促销目的的设计。它的构成因素由以下三个方面组成:MI(Mind Idenfify)经营理念识别,BI(Behavior Identify)经营活动识别,VI(Visual Identify)整体视觉识别。

(评分标准:含义6分,构成每个2分,共12分)

(三)推销与谈判部分

参考答案:

1. 刘明采取的是补偿法,用详尽的展示解释产品,根据顾客的疑虑进行针对性的措施,打消顾客的疑虑;

(评分标准:10分,讲到要点给5分,加以解释给5分)

2. 此顾客异议属于产品异议,应该是因为该产品结构比较复杂,顾客需要较长时间才能了解。(15分,讲到要点给8分,加以解释给7分)

(四)公共关系部分

参考答案:

知识点:

杭州国际公关公司为其策划,从中可以看到:

1. 公共关系公司的含义

公共关系公司由职业公共关系专家和各类公关专业人员组成,是专门为社会组织提供公共关系咨询,或受理委托为客户开展公共关系活动的信息型、智力型、传播型的服务性机构。

2. 专业公关公司服务的特点

(1)较为客观公正。专业公关公司以专业的眼光,从外部公众的角度去处理客户的公共关系问题,不容易受客户内部因素的干扰,容易做到客观公正。

(2)技术全面,专业性强。公关公司能够利用各种技术专长和丰富的专业经验为客户工作,拥有更多的专业资料,更多元化的传播媒体,更广泛的社会关系,能够提供较高水准的专业服务。

(3)较灵活,适应性强。公关公司可以根据客户的需要随时提供不同的公关服务,具有时间和空间的机动性和适应性。

分析评点:

(1)丝绸报纸——全新的名词

(2)借机造势,推陈出新:平凡处见不凡,融阅读、收藏、观赏、传播为一体。

(3)联动实施,凸现主旨:三分点子七分实施,公关公司与企业联手合作,使书面策划付诸具体操作,赢得莫大的社会效果与市场回报。

(评分标准:知识点寻找与解释正确得10分,分析评点正确得10分,与案例的结合度得5分,共25分)

三、市场营销技能测试题三

(一)市场调研部分

参考答案:(评分标准附后)

1. 已知 $N=2\,500, e=0.1$,样本量的计算步骤如下:

第1步:计算初始样本量 n_1:

$$n_1 = \frac{z^2 \hat{P}(1-\hat{P})}{e^2} = \frac{(1.96)^2(0.5)(1-0.5)}{(0.1)^2} = 96 \qquad (9分)$$

第2步:根据总体大小调整样本量:

$$n_2 = n_1 \frac{N}{N+n_1} = 96 \times \frac{2\,500}{(2\,500+96)} = 96 \qquad (5分)$$

第3步:根据抽样的设计效应来调整样本量:

$$n_3 = B n_2 = n_2 = 92 \qquad (5分)$$

在这个例子中,由于假定采用简单随机抽样设计,所以 $B=1$。

第4步:根据无回答情况进行调整,确定最终的样本量 n:

$$n = \frac{n_3}{r} = \frac{92}{0.6} = 154 \qquad (5分)$$

为了解会员对超市购物环境的综合评价意见,在置信度为95%,误差限为0.10且假定回答率为60%条件下,超市方面需从2 500个会员中随机抽取154人进行电话调查。(1分)

(二)市场营销部分

参考答案:

1. 目标消费者定为年龄在25~40岁的、受过教育的、有较高收入的女性。

有骨质疏松隐患的香港中青年妇女。

(评分标准:本题回答正确5分)

2. 基于"高钙牛奶"能预防骨质疏松症的功效及脱脂、味美的特点,功能性产品的定位,是属于躲避竞争者锋芒的定位方法。

(评分标准:定位回答正确得3分,定位策略回答正确的得3分,共6分)

3. 在定价方面,考虑到消费者可能不愿为一个新产品付出高价而否定了撇脂定价,又害怕采取渗透定价使产品形象受到损害,所以最终采取了折衷定价方式,将价格定在主要竞争者的平均价格水平上。

(评分标准:定价策略回答正确得3分,分析正确得3分,共6分)

4. 除电视广告外,牛奶公司还在香港各大报纸和杂志上刊登了广告,更详尽、全方位地展开了"高钙牛奶"的功效——强身健体。牛奶公司向全港1 800多名医生与营养专家发送了宣传资料(有关骨质疏松症和产品介绍宣传单),希望通过医学专家将宣传单广发给目标消费者。为此,牛奶公司还赞助了多项有关骨质疏松症的学术研讨活动,博得医学界人士的好感。在1996年的食品博览会上牛奶公司成功地通过资深营养学家对"高钙牛奶"的功效进行了宣传,获得了良好的反响。

(评分标准:电视、报纸杂志、宣传资料、赞助学术研讨活动、参加食品博览会答对一个给1分,适当分析给1~3分,共8分)

(三)推销与谈判部分
参考答案:
寻找顾客的原则:寻找范围的有效性;寻找方法的多样性;寻找方法的连锁性;寻找意识的随时性;寻找活动的有序性。(评分标准:15分,每条3分)
本案例属于寻找顾客意识的随时性。(10分,答对要点给5分,加以解释给5分)

(四)公共关系部分
参考答案:
知识点:
产品定位的客观依据有以下几点:(1)关于产品的调查研究;(2)对于消费者的调查研究;(3)市场情况的调查研究;(4)关于竞争对手的调查研究;(5)关于传播媒体的调查研究;(6)关于流通领域情况的调查研究。
分析评点:
这里应该着重强调的是对于消费者的调查研究。我们必须通过对于消费者的调查去发现消费者和潜在的消费者群。要弄清楚消费者为什么要购买这种产品及服务。在调查中要弄清具有不同需求的消费者的性别、年龄、收入、教育、职业、婚姻等情况以及这些不同的消费者对于产品品质、耐用性、样式、价格、使用方法等方面需求的差异性。亨氏集团多次召开"母亲座谈会",充分听取公众的意见,广泛了解消费者的需求,征求母亲对婴儿产品的建议,摸清各类食品在婴儿哺养中的利弊。产品定位的信息,大多来自公众,亨氏集团重视对于消费者的调查研究,认真收集产品反馈信息,从而一举成功。此例说明,重视对于消费者的调查研究,搞清消费者对产品的需求趋势,为企业的产品定位找到科学的依据,这样才可以帮助企业赢得市场。

(评分标准:知识点寻找与解释正确得10分,分析评点正确得10分,与案例的结合度得5分,共25分)

参考文献

[1]菲利普·科特勒.营销管理.北京:清华大学出版社,2011.
[2]吴健安.市场营销学.北京:高等教育出版社,2011.
[3]徐鼎亚.市场营销学.上海:复旦大学出版社,2011.
[4]周立华.市场营销学.北京:清华大学出版社,2010.
[5]郭国庆.市场营销学通论.北京:中国人民大学出版社,2009.
[6]纪宝成.市场营销学教程.北京:中国人民大学出版社,2008.
[7]科特勒,阿姆斯特朗.市场营销原理.北京:清华大学出版社,2007.
[8]苏兰君.现代市场营销能力培养与训练.北京:北京邮电大学出版社,2005.
[9]朱晓杰.市场营销理论与实训.北京:北京理工大学出版社,2009.
[10]姚丹,鲍丽娜主编.市场营销实训教程.大连:东北财经大学出版社,2009.
[11]李红梅主编.市场营销实务.北京:电子工业出版社,2010.
[12]刘昱编著.经典营销案例新编.北京:经济管理出版社,2010.
[13]吉拉德、凯斯摩著,王淑贤等译.怎样销售你自己.北京:中国人民大学出版社,2007.
[14]吉拉德、舒克著,刘志军等译.怎样成交每一单.北京:中国人民大学出版社,2007.
[15]赵欣然,王霖琳.推销原理与技巧.北京:北京大学出版社,2011.
[16]彭先坤等编.推销技巧.北京:北京理工大学出版社,2011.
[17]江礼坤等.网络营销推广实战宝典.北京:电子工业出版社,2012.
[18]石建鹏著.网络营销实战全书.北京:北京联合出版公司,2012.
[19]唐·E.舒尔茨、菲利普·J.凯奇著,黄鹂、何西军译.全球整合营销传播.北京:机械工业出版社,2011.
[20]李毓佩著.发现潜在价值:整合营销关键点.太原:东方出版社,2010.